Ma vie musicale

Walter Damrosch

Writat

Cette édition parue en 2024

ISBN : 9789359941455

Publié par
Writat
email : info@writat.com

Contenu

je

ENFANCE—1866-1875

Je suis un musicien américain et je vis dans ce pays depuis ma neuvième année. Je suis né à Breslau, en Silésie, le 30 janvier 1862, et mes premiers souvenirs sont liés à la guerre, la guerre austro-prussienne de 1866. J'avais quatre ans et je me souviens d'avoir été avec ma mère dans une chambre de notre appartement à Breslau. , qui était rempli de fleurs et de plantes en croissance (ma mère a toujours eu un don merveilleux pour entretenir et soigner les plantes) et divers amis venus lui présenter leurs condoléances pour la mort de mon petit frère, Hans, décédé du choléra, qui était alors fait rage à Breslau. Le deuxième enfant de mes parents, né en 1860, avait été baptisé Richard, du nom de Richard Wagner, qui avait officié comme parrain à la cérémonie. Cet enfant ne vécut que peu de temps et Wagner avait juré de ne plus jamais être le parrain des enfants de ses amis, car la malchance qui l'avait poursuivi toute sa vie se propageait ainsi jusque dans leurs familles.

Afin de protéger le reste de ses enfants du danger de la terrible maladie à laquelle le petit Hans avait succombé, ma mère a emmené mon frère aîné Frank, moi-même et une petite sœur dans la campagne près de la frontière de Bohême, là où la guerre se déroulait. étant combattu. Je me souviens de mon frère et de moi-même debout sur une route de campagne, chacun armé d'un énorme bouquet de fleurs que nous avions cueilli, et surveillant le passage du général Steinmetz et de son armée en route vers le front. Pendant qu'ils passaient, mon frère a courageusement couru vers l'un des officiers et lui a offert ses fleurs, mais mon courage m'a lâché et j'ai jeté mon bouquet pour qu'il tombe par terre, d'où l'un des soldats l'a ramassé en souriant et l'a collé. sur sa baïonnette. Le même après-midi, Frank et moi étions allongés sur le sol, nos oreilles collées contre lui et nous pouvions clairement entendre le grondement du canon.

Lorsque la paix fut déclarée, le roi Guillaume de Prusse (plus tard l'empereur Guillaume Ier), accompagné du prince héritier Frédéric, de Bismarck, de Moltke et d'un brillant cortège d'officiers, firent leur entrée triomphale à Breslau à cheval. Mon frère et moi avons regardé ce spectacle magnifique avec des yeux ravis depuis le balcon de notre appartement. Ma mère jeta une couronne qui tomba sur l'encolure du cheval qui portait le roi Guillaume et celui-ci, levant les yeux, la salua.

Lorsque mon père arriva pour la première fois à Breslau en 1858, immédiatement après son mariage, les conditions musicales étaient assez misérables et ce n'est que lorsqu'il fonda, avec quelques passionnés de musique, le « Breslau Orchester Verein » qu'un orchestre symphonique régulier fut créé avec un série de concerts sur abonnement. Tous les grands artistes de l'époque venaient à Breslau pour participer à ces concerts, et généralement ils logeaient chez nous, même si nos logements étaient très simples: Liszt, Wagner, von Bülow, Clara Schumann, Tausig, Joachim, Auer, Haenselt, Rubinstein. Je me souviens vaguement de certains d'entre eux, mais bien sûr, de nombreuses histoires et anecdotes circulaient dans la famille concernant leurs visites.

Lorsque Tausig, le plus grand élève de piano de Liszt, passait une nuit dans notre maison, le lit de la chambre d'amis tombait en panne au milieu de la nuit et il disposait calmement son matelas sur le sol et continuait son sommeil. Mais sa visite était particulièrement liée dans l'esprit de mon frère et dans mon esprit à un certain pouding aux pommes qu'il adorait et que ma mère préparait toujours spécialement pour lui, de sorte qu'il est devenu connu dans notre famille sous le nom de « Tausigsche Apfel-Speise ». C'était un délicieux mélange de pommes, de raisins secs et d'amandes enrobés dans une croûte à tarte délicate et légère.

Mon père et Tausig s'engageaient parfois dans les discussions les plus violentes sur des sujets musicaux ou philosophiques, et ce dernier devenait souvent si furieux qu'il se précipitait hors de la maison, jurant de ne jamais revenir. Ensuite, il courait autour du pâté de maisons et revenait au bout de cinq minutes, souriant et disant : « Viens, Damrosch, jouons ensemble une sonate de Beethoven », et tout irait bien.

Quand Joachim arriva, il trouva un grand

« WILLKOMMEN MONSIEUR JOACHIM »

en feuilles vertes au-dessus de la porte de notre salon de musique, soigneusement disposées par mon frère et moi. Nous l'adorions parce qu'il aimait les enfants et qu'il découpait pour nous toutes sortes de figures merveilleuses dans du papier.

Liszt est venu spécialement pour officier comme parrain lors du baptême de mon frère aîné, Frank (Franz), qui portait son nom, mais, comme je n'étais pas né à cette époque, mon souvenir n'est pas très vif.

Un jour, lorsque Hans von Bülow arriva pour le dîner, ma mère elle-même avait rôti un lièvre en son honneur. À son grand désespoir, elle découvrit à table qu'elle l'avait assaisonné avec du sucre au lieu du sel, mais Bülow, en parfait gentleman qu'il était, demanda une seconde portion, insistant sur le fait que le sucre améliore toujours énormément le lièvre rôti.

Ma lecture préférée à l'âge de huit ans était une merveilleuse édition de « l'Iliade » et de « l'Odyssée » d'Homère dans une belle traduction métrique de

Voss et avec de nombreuses et belles illustrations de Friedrich Preller, de Weimar, chez qui ma mère (Hélène von Heimburg) s'est fiancée à mon père. À la suite de la lecture de ces chroniques grecques très passionnantes, j'en ai constamment mis en scène des scènes. Les doigts intelligents de ma mère ont façonné pour moi un casque , une armure et un bouclier en papier d'argent et en carton ; et comme A chills je traînais Hector (ma petite sœur Marie) sur mon char (deux chaises renversées) autour des murs de Troie (la table de la salle à manger).

En hiver, on patinait toujours sur l'Oder et je me souviens qu'à l'âge de sept ou huit ans, on me donnait de l'argent pour acheter un billet d'entrée et pouvoir patiner à ma guise. Une partie de ce billet a dû être conservée et abandonnée à la sortie de la glace. Bien sûr, j'ai perdu ce billet et, me voyant refuser la sortie par le préposé en uniforme, j'ai patiné lamentablement pendant des heures, devenant de plus en plus effrayé à mesure que le soleil se couchait et que la rivière devenait de plus en plus déserte. Je pensais que je devrais y rester pour le reste de ma jeune vie, et c'est un petit garçon très pleurant et misérable qui courut vers la chère Tante Marie qui, devenue inquiète de mon absence, était venue voir où je me trouvais. était et qui m'a libéré, en payant un autre billet, de mon terrible emprisonnement.

Tante Marie est une sœur cadette de ma mère qui est venue vivre avec nous à l'âge de seize ans et qui est devenue l'aide la plus proche de ma mère pendant de nombreuses années de tempête et de stress, dont le sacrifice de soi doux et patient ne lui a jamais fait défaut et qui, grâce Dieu est toujours vivant et aussi merveilleux que jamais, le dernier lien avec ce sombre passé d'il y a longtemps.

Je pense que j'avais un peu peur de mon père à cette époque. Il était plutôt sévère et taciturne. La vie était dure et la lutte pour l'existence difficile. Il était quelque peu sévère à propos de mes études et comme c'était l'époque où fouetter les enfants pour méchanceté était considéré comme un élément essentiel de leur éducation, j'ai reçu ma part de cette punition. En fait, parfois j'étais fouettée à l'école et je devais ensuite rapporter mon bulletin scolaire à mon père et il répéterait peut-être la dose. Mais j'étais néanmoins très fier de lui et j'avais plaisir à trotter à ses côtés le long de la promenade au bord de l'Oder, car tant de gens lui tiraient leur chapeau avec déférence à son passage.

Il a également consacré une grande partie de son temps à nous, les enfants, en nous lisant des livres qui stimuleraient notre imagination et cultiveraient notre instinct du beau : les « Contes de fées » de Grimm et d'Andersen, les « Mille et une nuits » et certaines des paraboles de l'Antiquité. Nouveau Testament.

Mais chaque fois que j'étais envoyé au lit sans dîner ou confiné dans ma chambre pour quelque méfait, c'était toujours ma mère qui me réconfortait et peut-être m'apportait secrètement une assiette de soupe ou de dessert et me parlait doucement jusqu'à ce que mon obstination fonde et que je sois prêt à frapper au bureau de mon père et à lui demander pardon. Une fois, je n'ai pas osé, mais j'ai plutôt dessiné une image de moi debout, pénitent, à sa porte et sous les mots : « Sept fois soixante-dix fois tu pardonneras ». Je l'ai glissé sous la porte de son bureau et cela a produit l'effet escompté, car cela a fait sortir mon père et l'a mis d'humeur très indulgente.

L'un de mes péchés était que je ne pouvais tout simplement pas supporter de manger des épinards, et comme à cette époque, il était considéré comme le devoir absolu d'un enfant de manger tout ce qu'on lui présentait parce que « Dieu avait fait pousser des épinards et d'autres légumes afin de nourrir les enfants affamés », et « il y avait des milliers de petits enfants pauvres qui seraient trop heureux de manger des épinards », j'ai été obligé d'en manger même si cela m'étouffait souvent et me rendait malade. Même aujourd'hui, je ne supporte pas les épinards et, malgré tout le respect et la profonde affection que j'ai pour mon père, je ne pense pas qu'il ait eu raison dans ce cas particulier en ce qui concerne ses théories pédagogiques.

Les extraits suivants des lettres de von Bülow jettent un éclairage intéressant sur les conditions dans lesquelles mon père travaillait à Breslau à cette époque.

À la princesse Carolyn Sayn-Wittgenstein (l'amie la plus proche de Liszt)

Berlin, 10 février 1859.

. . . Anticipant la promesse de Liszt, j'ai envoyé la partition de son « Idéale » à Damrosch qui fera copier les parties et présentera l'œuvre à son public dès ce mois-ci. Si seulement nous pouvions avoir à notre disposition une demi-douzaine de soldats comme Damrosch ! . . .

À Felix Draescke (compositeur et disciple de Liszt pour qui Bülow avait tenté d'obtenir une place)

Berlin, 16 octobre 1860.

. . . Je suis assuré de mon manque total de pouvoir pour aider. Parvenir à un tel résultat pour Damrosch a également échoué. D., avec femme et enfant, et un autre dans un avenir proche, est *quasiment* au bord de la famine. Il m'a fallu beaucoup de temps pour découvrir finalement que je ne pouvais pas aider. . . .

À Hans von Bronsart (ami commun et musicien. Intendant de l'Opéra Royal de Hanovre. Dans le cadre d'un concert commun avec Bülow)

. . . À propos de! Veuillez fixer les honoraires de Damrosch aussi haut que possible. Il en a besoin. Pour mieux le récompenser, je ne désire aucun violoncelliste. J'avais arrangé avec lui en votre nom huit Louis d'or. Vous m'aviez autorisé à donner jusqu'à dix pour Laub. Damrosch est Laub + ½. . . .

Laub était un violoniste distingué vivant à Berlin.

À Richard Pohl (éminent écrivain sur la musique et propagandiste pour Wagner, Berlioz et Liszt)

Berlin, septembre 1861.

. . . Damrosch avait été engagé par Tausig pour des soirées communes à Vienne et une longue tournée de concerts en Russie, mais l'affaire a soudainement échoué, et bien qu'on ne puisse pas accuser T. d'irresponsabilité, Damrosch est de nouveau si misérablement lié à ce Breslau stérile. Un pauvre type très talentueux et honnête doit se frayer un chemin à travers le plus grand *misère* . N'a-t-il toujours aucune chance à Weimar ? . . .

À Joachim Raff (compositeur allemand de distinction)

Berlin, 10 novembre 1860.

. . . Je dois jouer votre sonate pour piano et violon à Leipzig. Laub et Singer ont peur du Gewandhaus et ne l'aiment pas, c'est pourquoi je ne sais pas encore qui je suis pour les accompagner. Damrosch, avec qui j'ai joué la composition il y a six semaines, la conçoit tout à fait exceptionnellement selon mes vues. L'adagio, par exemple, est bien mieux joué que Laub. Très probablement, nous nous tournerons vers lui. . . .

En 1870, les journaux étaient remplis de récits sur « l'insulte scandaleuse du roi Guillaume par l'ambassadeur de France Benedetti » et l'attitude hostile de l'empereur Napoléon III. La guerre fut déclarée et, bien sûr, nous, les garçons, commençâmes immédiatement à imiter les exercices militaires des soldats de notre ville. La nouvelle la plus excitante et la plus bienvenue pour moi à l'époque était que mon professeur de piano avait été recruté et que j'avais de grands espoirs de ne plus avoir à subir la triste nécessité des exercices quotidiens des doigts, mais hélas, mes espoirs ont été brutalement anéantis. quand un remplaçant chauve est apparu pour continuer les leçons.

Bientôt les trains arrivaient, amenant les blessés et les prisonniers français, parmi lesquels les zouaves et les Turcs à la peau foncée excitaient particulièrement notre intérêt. Nous regardions avec envie les garçons plus âgés de notre école qui, ayant étudié le français, allaient voir les officiers français et leur demandaient s'ils pouvaient faire quelque chose pour eux.

La guerre prit fin et mon jeune professeur de piano revint, resplendissant dans son uniforme aux boutons de cuivre brillants, dans lequel il rendit sa première visite solennelle à mon père et à ma mère. Ma mère, voulant le mettre à l'aise, lui demanda de raconter un peu ses expériences de guerre, mais il ne s'exprimait pas très bien. Oui, il avait assisté au siège et à la capitulation de Metz.

"C'est merveilleux," dit ma mère, "et que t'est-il arrivé là-bas ?"

"Oh, eh bien, ils... ils nous ont tiré dessus."

Et c'était tout ce que nous pouvions tirer de lui.

Entre-temps, mon père était de plus en plus mécontent des conditions musicales, sociales et politiques à Breslau. Il était vraiment républicain dans l'âme et la bureaucratie prussienne, de plus en plus accentuée par la guerre, l'irritait et le mettait en colère. C'est avec de grandes difficultés qu'il parvint à subvenir aux besoins de sa famille et il trouva la population de Breslau, à l'exception d'un petit groupe de fidèles dévoués, imprégnée de matérialisme et peu favorable à l'art, en particulier aux compositeurs allemands modernes.

En 1871, mon père reçut une invitation de la part d'Edward Schubert, l'éditeur de musique de New York, à venir en Amérique en tant que chef d'orchestre de l'Arion Society, et même si cette ouverture était assez petite, elle semblait lui offrir une opportunité grâce à laquelle des choses meilleures et plus grandes pourrait se développer et dans des conditions plus libres que celles qui étaient possibles en Allemagne à cette époque. Il décide donc, à quarante ans, de franchir le pas et de précéder sa famille en Amérique afin de découvrir si une vie et une nouvelle carrière pourraient être rendues possibles dans le Nouveau Monde. L'Arion Society occupait une place honorable dans la vie sociale et musicale des Allemands vivant à New York.

Je me souviens de son concert d'adieu, à Breslau, au cours duquel il interprétait la Neuvième Symphonie de Beethoven. Il y avait des couronnes de laurier, des choristes en blanc, et il y avait une atmosphère générale d'enthousiasme et de beaucoup de larmes, mais mes souvenirs sont particulièrement liés à mon étonnement de voir mon professeur d'arithmétique que je détestais, se lever brusquement au milieu de le parquet pendant l'entracte et lorgner les dames avec une paire de jumelles. Jusqu'alors, il ne m'était jamais venu à l'esprit d'enfant qu'un horrible professeur d'école puisse être un homme comme les autres hommes dans la vie privée.

Un événement très tragique a eu lieu lorsqu'une de mes bretelles a éclaté pendant la Neuvième Symphonie, et pendant le reste de la représentation, j'ai eu une peur mortelle que mon pantalon ne « reste pas en place ».

Après le départ de mon père, nous, les enfants, ne jouions bien sûr qu'à naviguer sur un bateau, encore une fois principalement à l'aide des meubles du salon et de la salle à manger. Nous avons lu « Robinson Crusoé » et mis en œuvre ses chapitres avec une grande satisfaction pour nous-mêmes. C'était très amusant pour nous, mais l'angoisse de quitter le pays dans lequel ils avaient grandi et vécu pendant tant d'années, et la peur de l'inconnu dans un pays étranger, ont dû être terribles pour mon père et ma mère.

Enfin arriva une lettre enthousiaste de mon père nous invitant à le suivre à New York ; nous embarquâmes donc en août 1871 sur un petit navire du Lloyd de l'Allemagne du Nord, le *Hermann* de Brême, ma mère, Tante Marie, Frank, moi-même et deux sœurs cadettes. J'ai eu désespérément le mal de mer pendant plusieurs jours jusqu'à ce qu'un dimanche matin, alors que j'étais allongé sur un banc sur le pont, le jeune capitaine m'a brutalement donné un coup de pied en me disant : « Écoute, mon jeune, tu es malade depuis assez longtemps, maintenant prépare-toi. ", ce que j'ai fait et j'ai énormément apprécié le reste du voyage. Le capitaine était d'humeur très romantique car il devait épouser une jeune Américaine à son arrivée à New York. Le soir, ma mère chantait Schubert et Schumann sur le pont et le capitaine nous offrait à plusieurs reprises des feux d'artifice, des fusées, etc., en l'honneur de ses prochaines noces.

Quand nous sommes arrivés à New York, nous avons trouvé mon père arpentant anxieusement le quai où il attendait, depuis tôt le matin, depuis huit heures, pour nous emmener en calèche depuis Hoboken jusqu'à une maison de la 35e rue Est qu'il avait louée et meublée entièrement. de haut en bas pour surprendre ma mère. L'eau chaude et froide à chaque étage, le gaz et les tapis ont été pour nous une révélation, car ces commodités modernes étaient à peine connues à Breslau à cette époque. Ma plus jeune sœur, Elizabeth (maintenant Mme Harry T. Seymour), est née dans cette maison.

Mon frère et moi avons été immédiatement placés dans le département primaire de l'école publique n° 40 de la 23ème rue Est, et comme nous ne connaissions pas un mot d'anglais, nous avons été inscrits dans la classe la plus basse, alors que j'avais déjà été dans la Sexta du Gymnasium (lycée) et mon frère de la Quarta, et moi avions étudié le latin et lui le latin et le grec. Mais nous avons consciencieusement épelé CAT, DOG, etc., jusqu'à ce qu'après quelques semaines nous soyons promus, et ainsi ces promotions se sont poursuivies à une vitesse fulgurante jusqu'à ce que nous ayons acquis l'anglais et puissions entrer dans une classe plus appropriée à nos années, neuf et neuf ans. douze respectivement.

J'ai continué mes études de piano auprès d'un ancien professeur, Jean Vogt, et après son retour en Allemagne, j'ai étudié avec Pruckner, von Inten, Max Pinner et Boeckelman. Ce dernier, sentant que je ne pouvais pas lever assez haut mes doigts des jointures, me donna une machine à ressorts d'acier qui, grâce à des anneaux attachés aux doigts, devaient les élever plus haut que la nature ne le permettait. Malheureusement, cet appareil a provoqué une faiblesse au troisième doigt de ma main droite dont je ne me suis jamais complètement remis et qui, malheureusement ou heureusement, m'a empêché de devenir un virtuose professionnel du piano. Mais j'avais acquis une bonne technique et une qualité de ton chantant qui me servirent bien des années après lorsque je commençai à donner des récitals de piano sur les drames musicaux wagnériens, au cours desquels je jouais la partie orchestrale au piano pendant que je récitais le texte. et expliqué les différents motifs musicaux et leur relation avec le texte.

Ma première apparition dans un orchestre fut, je suis désolé de le dire, un échec total. Je n'étais qu'un garçon de quatorze ans et mon père avait préparé une charmante opérette de Schubert, « Der Häusliche Krieg », pour une « Fête des nuits d'été » de la Société Arion. Ici se produit une délicieuse marche des croisés avec un fort fracas de cymbales au point culminant. Il ne semblait pas utile d'engager un musicien au « tarif plein syndicat » pour ce choc et c'est pourquoi on m'en a confié la tâche. Aux répétitions, je comptais mes mesures et guettais ma réplique avec une telle perfection que les cymbales résonnaient avec grand succès au moment opportun et de la manière appropriée, mais lors de la représentation, hélas, une grande nervosité m'envahit et, à mesure que la marche avançait, et je me rapprochais de plus en plus du moment crucial, ma main semblait paralysée, et lorsque l'œil étincelant de mon père m'indiquait que le moment était venu, je n'arrivais tout simplement pas à soulever les cymbales qui pesaient soudain comme une centaine de tonnes. La marche a continué mais j'avais l'impression que toute la soirée avait été gâchée par moi et que tout le monde dans le public devait savoir que j'avais « dérangé ». Dès que j'ai pu, je me suis glissé hors de la fosse d'orchestre sous la scène et dans la nuit noire, sentant que la vie n'avait plus aucune joie pour moi. Je ne pouvais supporter d'entendre la suite de l'opéra ni de rencontrer le regard de reproche de mon père.

CAFÉ DE L'APRÈS-MIDI À LA MAISON DAMROSCH, BRESLAU,
1867

Frank , Tante Marie, Mère, Marie, Père, Walter

II

BAYREUTH EN 1876—LE THÉÂTRE DE MA POUPÉE

Au cours de l'été 1876, Wagner inaugure le Théâtre de Bayreuth avec la première production de sa grande « Trilogie des Nibelungen ». Tous les vieux amis et les musiciens qui avaient été à l'avant-garde du combat dans les premiers temps où le génie de Wagner n'était pas généralement reconnu, s'y rassemblaient de loin et de près pour assister à ce qui devait être une magnifique démonstration du triomphe final de la cause.

Mon père, bien sûr, avait envie d'être là et de se réjouir avec ses anciens collègues. Il n'était pas retourné en Allemagne depuis qu'il l'avait quittée en 1871 pour fonder sa famille dans le Nouveau Monde. Il n'avait jamais regretté cette démarche, mais de nombreux liens sentimentaux et de nombreux vieux amis l'attiraient en Europe. Hélas, il n'avait pas d'argent pour un tel voyage et il ne semblait pas possible d'en obtenir. Il existait une loterie organisée par quelques passionnés de Wagner dont les bénéfices devaient être reversés au Fonds Bayreuth. Le gagnant du numéro porte-bonheur devait recevoir un billet pour la première représentation, et mon père achetait un numéro, mais bien sûr il n'a pas gagné, et il y avait en plus le prix du passage en bateau à vapeur à payer et les frais d'entretien en Europe. . Dans son désespoir, il fit part de sa détresse à son vieil ami Schirmer, l'éditeur de musique new-yorkais, et Schirmer dit immédiatement :

"Docteur, vous devez simplement y aller, et voici un prêt de cinq cents dollars, que vous pourrez me rembourser chaque fois que vous en aurez les moyens."

C'était un acte si amical et généreux que cela me fait plaisir de l'enregistrer ici, d'autant plus que ses deux fils, Rudolph et Gustav, ont également continué à entretenir une intimité des plus amicales avec moi depuis leur enfance jusqu'à leur mort bien trop prématurée. Un autre ami de mon père, Charles A. Dana, le grand rédacteur en chef du *New York Sun,* lui a demandé d'écrire quelques articles sur ses expériences à Bayreuth pour *le Sun* et lui a versé cinq cents dollars supplémentaires, afin que mon père reçoive généreusement des fonds pour son voyage en Europe.

Cette visite, les retrouvailles avec Wagner, Liszt, Raff, Lassen, Porges et de nombreux autres vieux amis, ainsi que toutes les merveilles de la première production de la « Trilogie des Nibelungen », rafraîchirent énormément mon père physiquement et spirituellement, et lorsque il rentra chez lui et nous raconta toutes les splendeurs du voyage. J'en souffris de joie et je commençai immédiatement à dépenser tout mon argent de poche dans la construction d'un théâtre de poupées très remarquable d'environ trois pieds de large et d'égale hauteur afin de produire Wagner moi-même. J'ai peint tous les décors et les poupées d'acteurs, et j'ai eu les effets de lumière les plus brillants et un rideau qui montait et descendait avec une perfection pas toujours observée même sur la scène réelle.

Comme j'avais un certain talent pour la peinture et que j'avais suivi les cours de dessin à Cooper Union, je connaissais quelque chose en couleurs et en perspective et j'étais particulièrement ravi de concevoir des intérieurs de palais avec des dizaines de piliers qui, commençant en grande taille à l'avant-scène, allaient en diminuant. jusqu'aux plus petits piliers, peu à peu perdus dans les lointains obscurs, de sorte que mes palais semblaient toujours longs de plusieurs kilomètres.

Mon collègue réalisateur était mon petit ami, Gustav Schirmer, fils de l'éditeur, et notre première production était, bien sûr, un drame musical de Wagner. La mère de Gustav était une wagnérienne enthousiaste qui a finalement passé une grande partie de sa vie à Bayreuth et Weimar. "L'Or du Rhin" m'a semblé particulièrement adapté à notre théâtre car il offrait des possibilités scéniques presque illimitées. L'effet de l'eau dans la première scène qui est censée représenter les profondeurs du Rhin, j'ai réussi avec beaucoup de succès par plusieurs rideaux alternés de gaze bleue et verte, et derrière le récif rocheux au centre de cette scène un brûleur à gaz était très astucieusement cachée, dont la lumière, à mesure qu'elle augmentait progressivement en force, simulait avec brio le réveil de « l'Or du Rhin ».

Les enfants réunis des familles Schirmer et Damrosch ainsi que leurs aînés constituaient le public. Les enfants payaient cinquante cents d'entrée, mais Gustav et moi permettions à nos parents respectifs de contribuer autant que leur générosité le permettait, et nous considérions cela comme une subvention du même genre que celle que le roi de Bavière avait accordée à Wagner. à Bayreuth.

Le théâtre avait été très intelligemment placé dans l'embrasure de la porte entre deux pièces, mais comme le piano se trouvait dans la même pièce où était assis le public, je devais continuellement me précipiter d'avant en arrière. Par exemple, lorsque Gustav tirait le rideau pour révéler les profondeurs du Rhin, je jouais la musique du Rhin, puis je me glissais sous la table sur laquelle le théâtre était placé et je l'aidais à manipuler les Filles du Rhin. Puis je revenais précipitamment pour jouer la musique accompagnant le réveil de l'Or et ainsi de suite jusqu'au changement de scène où, alors que le soleil levant brille sur les puissants murs du Walhalla, je reproduisais les harmonies majestueuses du motif du Walhalla.

Quand j'y repense aujourd'hui, cela a dû être une représentation absolument folle, mais le public était extrêmement ravi et a contribué si généreusement que mon co-metteur en scène et moi avions un surplus avec lequel commencer les préparatifs d'une autre pièce.

Certains parents, en lisant ceci, pourraient penser que tout cela était une énorme perte de temps, mais je ne peux pas être d'accord avec eux. Indépendamment du fait qu'il m'a beaucoup appris sur l'utilisation du pinceau, c'était un grand stimulant pour l'imagination et un exutoire bienvenu au désir qu'ont tous les enfants de vivre dans un monde imaginaire et imaginaire. Quoi qu'il en soit, Gustav Schirmer et moi pouvons affirmer que nous avons été les premiers à produire « L'Or du Rhin » de Wagner en Amérique, et il est possible que ce soit le germe de ma décision dix-huit ans plus tard de créer la Damrosch Opera Company uniquement dans le but de de produire Wagner dans toute l'Amérique.

Le théâtre de poupées n'était cependant pas mon seul détournement par rapport à mes études scolaires et musicales.

Lors d'un Noël, mon père et ma mère m'ont offert un coffre à outils très complet, avec lequel j'ai construit, entre autres, une maison de poupées pour mes sœurs et toute une petite flotte de bateaux. Je me souviens d'un trois-mâts, d'environ trois pieds de long, dont j'avais obtenu le bois auprès d'un contremaître de l'usine de pianos Steinway, alors située sur Park Avenue. Ce trois-mâts toutes voiles dehors a gagné pour moi plusieurs courses sur l'étang de Central Park.

À cette époque, Central Park était considéré comme très éloigné des quartiers chics et, là où aujourd'hui les palais des millionnaires bordent ses frontières, des squatters irlandais vivaient dans des huttes improvisées autour desquelles les chèvres gagnaient leur maigre subsistance grâce aux rochers qui s'étendaient de tous côtés. Ces squatters ont établi une sorte de privilège sur le terrain, qui, je crois, a été reconnu comme ayant une certaine force juridique lorsque la propriété est devenue de plus en plus précieuse et que les propriétaires ont commencé à classer le terrain à des fins résidentielles.

Comme au début à Breslau, nous avons continué à célébrer le réveillon de Noël en Amérique à la bonne vieille mode. Quelques semaines auparavant, une délicieuse atmosphère de mystère et de secret avait commencé à envelopper chaque membre de la famille. Le « salon de devant » est devenu tabou pour nous, les enfants. Les colis commençaient à arriver et y étaient stockés. Le sapin de Noël, qui était toujours soigneusement choisi par ma mère et qui, selon les anciennes réglementations, devait toucher le plafond avec sa cime, était apporté le soir après que nous ayons été soigneusement « chassés » à l'étage dans nos chambres respectives.

Nous avons découpé des dizaines de feuilles de papier d'or et d'argent en guirlandes scintillantes pour le sapin et, bien sûr, nous devions offrir à nos parents, la veille de Noël, quelque chose façonné de nos propres mains, ou être capable de réciter un poème ou jouer un nouveau solo de piano. De tout cela, ils étaient censés ne rien savoir jusqu'au grand jour, bien qu'ils aient dû entendre notre triste pratique pendant des semaines auparavant.

La célébration avait lieu la veille de Noël, avant le souper. Mon père et ma mère disparaissaient dans la pièce interdite pour allumer les cent bougies du sapin et mettre la dernière main aux tas de cadeaux. Ensuite, mon père jouait une marche au piano et nous entrions tous en troupe, essoufflés, devant l'arbre si joliment éclairé par la douce lumière des bougies. Nos cadeaux seraient, bien sûr, principalement constitués de produits de première nécessité en vêtements et sous-vêtements, chaussures, etc., que nous aurions reçus de toute façon, mais qui gagnaient en éclat en raison de l'occasion. Mais il y avait toujours des livres, et l'arbre était rempli de gâteaux, de bonbons et de fleurs en papier aux couleurs gaies, et il y avait des jouets et des chants joyeux de chants et d'hymnes de Noël autour de l'arbre. Puis venait un délicieux souper, accompagné d'une coupe dont le vin du Rhin et des tranches d'ananas constituaient les éléments constitutifs.

Après le souper, nous, les enfants, devions réciter nos vers ou jouer nos solos de piano et, hélas, ces expositions se terminaient parfois dans les larmes, car les événements passionnants qui précédaient cette contribution aux festivités émoussaient parfois nos souvenirs et nous restions « coincés » dans le milieu. Ensuite, nous jetions un regard effrayé sur mon père, qui avait peut-être l'air plutôt sérieux jusqu'à ce que le sourire de ma mère ou quelque plaisanterie nous remette, lui et nous, de bonne humeur.

Ces merveilleuses célébrations de Noël de mon enfance se sont poursuivies dans ma vie conjugale. Puis, lorsque mes enfants sont arrivés, en plus de participer à l'arbre de ma mère, nous avons essayé, ma femme et moi, d'apporter chez nous, en ce beau jour, une sorte de fête festive qui devait transmettre à nos enfants et à nos amis ce que mon père et ma mère et Tante Marie m'avaient si généreusement donné.

Nous avons vécu des Noëls merveilleusement joyeux. Mes quatre enfants et leur cousin, Walker Blaine Beale, ont pris sur eux le fardeau affectueux de notre divertissement. On écrivait parfois une pièce de théâtre ou on improvisait des charades, pour lesquelles les placards des étages étaient fouillés à la recherche de costumes et autres accessoires avec une telle hâte et dans une confusion si impitoyable que Minna, notre vieille nourrice suédoise, qui est dans notre famille depuis la naissance de ma fille aînée, elle levait souvent les mains avec horreur vers les chambres à coucher, qui semblaient en effet balayées par une tornade. Je me souviens d'un délicieux envol sur « Pelléas et Mélisande » qu'écrivait ma fille aînée, Alice. J'avais donné plusieurs récitals de conférences sur l'opéra la saison précédente et c'était très présent dans l'esprit de la famille. Puis une autre année, un drame sur « Le Pôle Nord » a été écrit. C'était juste après la dispute entre Peary et Cook au sujet de la découverte du pôle. Nous avons eu un véritable frisson lorsque nous avons été ramenés à notre salon transformé. L'arbre de Noël était rapidement devenu un pin solitaire se détachant sur les zones sombres des draps de coton les plus au nord, s'étendant dans toutes les directions sur des « buttes » de canapés et de chaises. Nos cinq enfants, car Walker semblait tout autant nôtre lors de ces célébrations que mes quatre filles, nous ont offert un drame merveilleusement fougueux sur la conquête des régions polaires !

Je peux voir et entendre le rire de mon cher David Bispham, l'enthousiasme de mes vieux amis le docteur et Mme George Harris, Margaret Anglin, Julie Faversham. . . . Nos joyeux et joyeux Noëls !

La dernière fête de Noël chez nous était celle de 1916. Puis, en 1917, Walker s'entraînait au Camp Dix et nous sommes tous sortis avec sa mère et avons passé le jour de Noël dans une auberge à proximité où il pouvait venir. Le bruit courait partout que son régiment devait s'embarquer pour outre-mer dans quelques jours, même s'il ne partit en réalité qu'en mai. Nous avons tous fait de notre mieux pour que ce soit gay dans cette salle à manger d'hôtel, sous une pluie lamentable. Nous étions si fiers de notre jeune lieutenant en uniforme kaki ! Ma Polly jouait et jouait, des rags, tout et n'importe quoi, sur le vieux piano de l'hôtel. Nous ne savions pas que ce serait notre dernier joyeux Noël ensemble, mais la guerre avait déjà donné à la joie une sorte d'angoisse nostalgique.

Mon neveu fut tué le 18 septembre 1918 suivant, à Saint-Mihiel. En reconnaissance pour assurer la sécurité de ses hommes, il saute une clôture pour rejoindre trois collègues officiers. Un obus les a mis en pièces. C'était en début d'après-midi. Walker a été emmené dans un hôpital de campagne et est décédé à onze heures de la nuit.

Nous savons qu'il n'a pas beaucoup souffert, et nous pensons savoir qu'il n'a jamais compris à quel point il était gravement blessé, qu'il n'a jamais su que ce qu'il avait offert si librement en tant que soldat avait été accepté.

Il était le plus jeune petit-fils de son grand-père, M. Blaine, âgé de seulement vingt-deux ans, le fils unique de sa mère, notre plus brillant et notre meilleur.

Il n'y a pas de jour où nous ne pensons pas à lui, mais Noël, le jour du don, est son jour spécial.

Par une journée glaciale de l'hiver dernier (janvier 1922), alors que je voyageais avec ma femme dans un train d'après-guerre en désordre et délabré à travers l'Allemagne, en route vers Stockholm pour remplir un engagement de diriger l'orchestre là-bas, nous avons lu dans un magazine anglais un article sur Tennyson se terminant par une description de l'ancien cimetière dans lequel reposent les corps de ses deux petits-fils, tous deux tués à la guerre. «Je ne savais pas», dis-je en regardant le pays allemand, noir et hivernal, «que Tennyson avait perdu *deux* petits-fils pendant la guerre!»

"Mais *mon* père aussi", a déclaré fièrement ma femme, et elle a dit vrai, car un autre neveu, Emmons Blaine de Chicago n'était pas moins une victime de guerre que Walker. Incapable de passer les tests physiques requis pour entrer dans l'armée, il s'est efforcé de trouver le plus grand besoin de la nation derrière les lignes dans lesquelles s'enrôler. Il choisit la construction navale et se propose comme ouvrier à Hogg Island, près de Philadelphie. Bien que jamais trop fort, il travailla tôt et tard et fut victime de la terrible épidémie de « grippe », mourant à Lansdown le 9 octobre 1918. Bien que Walker soit déjà mort en France, nous savions seulement à l'époque qu'il était mort. blessés. Nous avons appris sa mort quatre jours plus tard. Ainsi ces deux cousins, Emmons et Walker, sont à jamais inscrits ensemble dans notre angoisse, dans notre fierté et dans notre amour.

III

FONDATION DES SOCIÉTÉS SYMPHONIE ET ORATORIO DE NEW YORK

En 1873, Anton Rubinstein, le plus grand des pianistes russes, accompagné du violoniste Wieniawski, vint en Amérique à l'invitation de Steinway and Sons. Il dîna chez nous et s'étonna que mon père n'ait pas encore réussi à obtenir à New York un poste à la hauteur de sa réputation et de ses capacités. Mon père lui expliqua combien la situation était difficile et que tout le domaine orchestral était monopolisé par Théodore Thomas. Il raconta à Rubinstein que lorsqu'il était arrivé à New York, il avait rencontré Thomas au magasin de musique d'Edward Schubert à Union Square et qu'après l'introduction, Thomas lui avait dit :

"J'ai entendu dire, Docteur Damrosch, que vous êtes un très bon musicien, mais je veux vous dire une chose : quiconque croise mon chemin, j'écrase."

Thomas croyait vraiment à cette époque que l'Amérique n'était pas assez grande pour contenir plus d'un orchestre, mais il vécut assez longtemps pour voir mon père le surpasser à la tête d'un orchestre symphonique, comme fondateur du premier grand festival de musique de New York et , surtout, de l'opéra en allemand au Metropolitan.

En 1881, le premier orchestre symphonique permanent avait été fondé à Boston par le major Higginson, et avant la mort de Thomas, il y avait une demi-douzaine de grands orchestres subventionnés en activité aux États-Unis, nombre qui est depuis lors passé à douze.

Rubinstein a dit à mon père : « Pourquoi ne commencerais-tu pas par fonder une société d'oratorio, et cela mènera à d'autres choses ?

Mon père consulta quelques amis dévoués et l'Oratorio Society de New York fut fondée en 1873 et commença les répétitions dans la chapelle de la Trinité avec un chœur d'environ dix-huit chanteurs, la voix glorieuse de ma mère dirigeant les sopranos et mon très humble et petit moi parmi eux. les altos. La première représentation eut lieu dans les ateliers de la Knabe Piano Company l'hiver suivant, date à laquelle le chœur était passé à soixante chanteurs. Le programme était remarquable pour cette période, contenant des chœurs a capella et des chœurs accompagnés de Bach, Mozart, Haendel, Palestrina et Mendelssohn.

Depuis ces modestes débuts, la société s'est développée jusqu'à devenir le principal représentant de la musique chorale à New York, interprétant, avec un chœur de trois cent cinquante voix, sous la direction de mon père, les oratorios plus anciens de Haendel, Haydn et Mendelssohn, et d'autres. des nouveautés comme la première partie du « Christus » de Liszt, le « Requiem

» et la « Damnation de Faust » de Berlioz, le « Requiem » de Brahms, le « St.
» de Cowen. Ursula », le final choral du premier acte de « Parsifal » et le
troisième acte de « Meistersinger ».

Indirectement, mais logiquement, la fondation de l'Oratorio Society
conduisit à la fondation de la Symphony Society of New York en 1877, qui
donna enfin à mon père un orchestre avec lequel il put démontrer ses
capacités de chef d'orchestre symphonique.

Les différences entre lui et Thomas étaient très marquées. Thomas, qui avait
entièrement fait ses études en Amérique, avait toujours recherché une grande
propreté d'exécution, une précision métronomique et une rigidité du tempo,
ainsi qu'une observance stricte et littérale (et donc plutôt mécanique) des
signes posés par les compositeurs. L'Amérique lui doit une grande gratitude
pour la haute qualité de ses programmes. Mon père avait été éduqué dans
une école d'interprétation plus moderne et ses lectures étaient
émotionnellement plus intenses. Il fut le premier chef d'orchestre de ce pays
à faire ces fines et délicates gradations de tempo selon les exigences
intérieures de la musique, gradations trop subtiles pour être indiquées par les
signes du compositeur, car cela conduirait à des exagérations, mais qui sont
maintenant généralement considéré comme nécessaire pour faire ressortir les
mélos d'une œuvre.

Les deux chefs d'orchestre avaient leurs partisans violents et, comme ils
étaient à cette époque littéralement les seuls chefs d'orchestre en Amérique,
l'émotion était très vive. Mon père était le dernier venu et Thomas était bien
fortifié sur le terrain, avec un groupe d'hommes riches pour le soutenir. Les
premières années de mon père furent très dures et une partie des journaux
new-yorkais l'attaqua amèrement, continuellement et avec une inimitié
vindicative. Des rêves de meurtre remplissaient sans cesse mon cœur d'enfant
lorsque je lisais une de ces attaques dans le journal du matin.

C'était un travail difficile de maintenir les deux sociétés en activité et de leur
permettre de faire face aux factures de location de la salle, des solistes et de
l'orchestre. Il n'y avait encore qu'un petit public pour les formes supérieures
de musique, et il semblait toujours que de nouveaux efforts allaient devoir
être abandonnés. Mais mon père a persévéré et lutté, gagnant sa vie pour sa
famille en enseignant le violon, la composition et le chant, et recevant
occasionnellement une cachet de « cent dollars en or » en tant que violoniste
soliste ou dans un concert de musique de chambre, officiant comme
musicien. directeur d'église et chef d'orchestre de la chorale masculine
allemande Arion.

La première production de la Symphonie n°1, en do mineur, de Brahms
devient le sujet d'une intense rivalité entre les deux chefs d'orchestre. Brahms
avait attendu sa quarantième année pour écrire une symphonie, et l'œuvre

était très attendue à New York, car les rapports en provenance d'Allemagne prouvaient qu'elle avait fait sensation.

Mon père est allé voir le vieux Gustav Schirmer dans son magasin de Broadway et lui a demandé si la partition orchestrale de cette œuvre était déjà arrivée. Schirmer lui répondit que c'était le cas, mais qu'il était tenu par l'honneur de le donner à Théodore Thomas comme il le lui avait promis. Mon père était très contrarié de penser que ce prix lui aurait ainsi échappé, et il en parla avec beaucoup de regret à une de ses élèves en composition, Mme James Neilson, membre d'une vieille famille aristocratique de New Brunswick, New Jersey, et une femme d'une grande beauté et distinction. Mme Neilson ne dit rien à mon père mais descendit tranquillement chez Schirmer et demanda au greffier si la partition orchestrale de la symphonie de Brahms était arrivée, et lorsqu'il répondit par l'affirmative, elle demanda si elle était à vendre. "Certainement", répondit le greffier.

Elle acheta alors un exemplaire de la partition et l'envoya à mon père avec ses compliments. Son étonnement fut intense, mais elle ne lui raconta que des semaines plus tard comment elle l'avait obtenu.

Il reçut la partition un jeudi et la première répétition du prochain concert devait avoir lieu le lundi suivant. Cela ne laissait que peu de temps pour obtenir les parties orchestrales nécessaires et Schirmer ne voulait naturellement pas lui en vendre. Il coupa donc la partition en trois parties et les répartit entre trois copistes, qui travaillèrent jour et nuit et parvinrent à ce que les parties soient prêtes à temps pour la répétition. Grand fut le triomphe du camp de Damrosch lors de cette victoire sur les forces de Thomas.

Quelques années plus tard, je donnai à New York les premières représentations des Troisième et Quatrième Symphonies de Brahms, mais je n'eus pas besoin de recourir à des stratagèmes pour obtenir les partitions et les parties orchestrales.

Les conditions orchestrales étaient mauvaises par rapport à aujourd'hui. Il n'existait pas d'« orchestre permanent ». Les musiciens de la Symphony Society, par exemple, ont donné six concerts symphoniques au cours de l'hiver, chacun précédé d'une répétition publique. Ils officièrent également à quatre concerts de l'Oratorio Society, et c'était presque l'étendue de leurs efforts dans ce sens. Le reste du temps, ils gagnaient leur vie en enseignant, en jouant au théâtre, en dansant et, pour certains, même lors de cortèges politiques ou militaires et de réunions de masse. Si un meilleur « travail » se présentait que le concert symphonique, ils enverraient simplement un remplaçant à mon père. Il n'est pas étonnant que parfois leurs lèvres lâchent et que le premier cor ou la première trompette se brise sur une note importante lors d'un concert symphonique. Et pourtant, malgré cet état décourageant, mon père réussit à insuffler aux musiciens de l'orchestre une telle intensité émotionnelle et à leur communiquer une interprétation si élevée, que le public de cette époque était souvent excité au plus grand enthousiasme ; et je mettais très fièrement mon bras sous le sien lorsque nous rentrions d'un concert, même si nous savions que l' abonnement au concert ne dépassait pas huit cents dollars et que la vente unique au box-office n'avait pas atteint la centaine de dollars. marque.

Mais tout cela changea comme un éclair en 1879 lorsque mon père décida de jouer « La Damnation de Faust », de Berlioz, jusqu'alors inconnu en Amérique. Ce concert, qui s'est tenu au Steinway Hall, dans la 14e rue Est, a nécessité les services de chanteurs solistes, du New York Symphony Orchestra, du chœur de la New York Oratorio Society et du chœur d'hommes de l'Arion Society.

L'œuvre et la performance ont fait sensation. Tout New York en bourdonnait, et au cours de cet hiver 1879, il fut donné cinq fois de suite dans des salles bondées, créant une excitation telle que New York n'en avait jamais vue auparavant dans le domaine des concerts.

J'ai joué dans toutes ces représentations au dernier stand des seconds violons, car mon père considérait qu'il était de la plus haute importance pour moi, en tant que futur chef d'orchestre, de pouvoir suivre le rythme du chef d'orchestre en tant que membre de l'orchestre.

IV

AOÛT WILHELMJ—TERESA CARRENO

Au printemps 1878, Maurice Strakosch, un ancien directeur de concerts, rendit visite à mon père et lui demanda s'il m'autoriserait à faire une tournée de concerts dans le Sud avec le célèbre violoniste August Wilhelmj, qui parcourait alors le pays sous la direction de Strakosch. M. Max Liebling, son accompagnateur régulier, était tombé malade et comme Wilhelmj et Strakosch savaient que j'avais beaucoup accompagné mon père à la maison, ils pensaient que je pouvais accepter ce poste dans un délai aussi court. J'étais naturellement fou de joie à cette idée et j'ai convaincu mon père de me laisser partir. Je devais recevoir pour moi un magnifique salaire de cent dollars par semaine et toutes mes dépenses ferroviaires.

Nous partîmes le lundi suivant, la compagnie composée de Wilhelmj, un chanteur soprano dont j'ai oublié le nom, et de Teresa Carreno, qui était alors déjà une grande pianiste et certainement la plus belle femme que j'aie jamais vue.

Wilhelmj, qui était extrêmement paresseux, refusait même de répéter avec moi. Notre premier concert avait lieu à Washington et je devais l'accompagner, entre autres, dans le Concerto pour violon de Mendelssohn. J'étais naturellement nerveux à ce sujet et, à mon grand étonnement, l'après-midi du concert, Carreno s'est retourné contre Wilhelmj, lui reprochant de ne pas m'avoir fait répéter et insistant sur le fait qu'au lieu de me mettre à rude épreuve, elle l'accompagnerait. dans le concerto elle-même. C'était un acte caractéristique de cette artiste et de cette femme remarquables, et je parlerai plus en détail de mon adoration immédiate pour elle dans un autre chapitre.

A Washington, le baron von Schloetzer, ministre de Prusse, qui était un vieil ami de mon père, me reçut très gentiment et, à ma grande joie, me fit participer au dîner qu'il donna en l'honneur de Wilhelmj et Carreno. C'était un vieux célibataire original et charmant, passionné de musique, même si sa seule réussite dans ce domaine était un réel talent pour le sifflement, sa *pièce de résistance* étant l'« Ouverture de Tannhäuser », dans laquelle il sifflait le « Chœur des pèlerins » et les violons accompagnant le battement apparemment en même temps.

Lors de son dîner, il me traitait un peu comme un homme plus âgé traiterait un enfant et disait à son majordome, à mon grand regret, de ne remplir mon verre qu'à moitié parce que j'étais trop jeune pour boire autant que les personnes plus âgées. Il avait plusieurs millésimes rares de bordeaux sur son buffet et je n'avais même pas le droit de goûter certains d'entre eux, tous pour la même raison.

Après le dîner, Wilhelm et Carreno ont joué, puis la belle Mme. de Hagemann, épouse américaine du ministre suédois, chantait d'une manière très délicieuse. Depuis, elle a écrit de charmants mémoires sur sa vie diplomatique antérieure à l'étranger, notamment sur la cour de Napoléon III juste avant la guerre franco-prussienne, intitulés « Tribunaux de la mémoire ».

Depuis Washington, nous sommes allés de plus en plus loin vers le sud et mon jeune esprit a été extrêmement impressionné par son atmosphère romantique, le feuillage tropical luxuriant et la vie paresseuse et joyeuse des « nègres » qui pullulaient partout.

À Macon, en Géorgie, Wilhelmj et moi nous sommes arrêtés dans un vieil hôtel délabré dans deux chambres avec salle de bains privative. Nous ne nous sommes réveillés que vers onze heures le lendemain matin, nous sentant très lourds et mal à la tête, et après examen, nous avons découvert que nos malles étaient dépouillées de tous les objets de valeur qu'elles contenaient. Nous avions visiblement été chloroformés. Wilhelmj a engagé un détective costaud pour s'occuper de l'affaire, mais bien sûr, rien ne s'est passé, sauf que Wilhelmj et moi avons acheté des revolvers. La sienne était très grande et la mienne très petite et c'est à peu près la seule arme que j'ai jamais acquise et bien sûr jamais utilisée.

La Nouvelle-Orléans a été une véritable révélation. C'était alors encore une ville absolument française. J'ai été invité à dîner dans plusieurs charmantes familles créoles et le français était la langue à table. Les vieux restaurants créoles étaient au sommet de leur gloire et je n'avais jamais mangé de crabes, de pompano et de crevettes si délicieux. Hélas, leurs jolis sols sablés ont été remplacés par des parquets dansants, et les groupes de ragtime bruyants et la cuisine misérable ne sont que de piètres substituts à leurs gloires passées.

LE FESTIVAL DE MUSIQUE DE 1881

Au cours de l'été 1880, mon père eut l'idée d'organiser en mai 1881 un festival de musique monstre, qui devait durer une semaine et pour lequel un chœur de mille deux cents personnes, dont la Société des Oratorio devrait être le noyau, devait former un chœur de mille deux cents personnes. être entraînés par sections pendant tout l'hiver. Il s'entretient avec certains de ses amis, leur expose son projet et une association de festivals de musique composée des directeurs de ses sociétés de symphonie et d'oratorio est créée. D'autres citoyens new-yorkais éminents ont été ajoutés et un fonds de garantie a été fourni, suffisant pour protéger financièrement le projet.

Bien que je n'eusse que dix-huit ans, mon père le jugeait suffisamment avancé pour me confier l'exercice d'une grande partie de ce chœur, confiance dont j'étais très fier.

J'ai passé tout l'été 1880 dans la petite ville d'Amherst en Nouvelle-Angleterre. Un Français très remarquable, nommé docteur Sauveur, avait mis au point un nouveau système d'enseignement du français et du latin, et Amherst College lui avait cédé ses bâtiments pour un cours d'été. Il nous a semblé, à mon père et à moi, que c'était une excellente opportunité pour moi d'acquérir les rudiments de ces deux langues.

Je suis donc arrivé à Amherst armé d'un piano à queue, de piles de papier à musique et de la partition orchestrale du grand « Requiem » de Berlioz, que mon père avait choisi comme l'une des œuvres à jouer au Festival. Il n'existait aucune partition pour piano et, à ma grande joie, mon père m'a confié la tâche d'en réaliser une à partir de la partition orchestrale originale.

J'ai obtenu une jolie chambre chez un fermier de la rue principale pour le prix somptueux de deux dollars et demi par semaine, et mon piano à queue a été installé dans le salon, dont j'avais l'entière utilisation pendant quatre heures par jour pour m'entraîner. Je prenais mes repas au petit hôtel principal pour six dollars par semaine et quand le sympathique propriétaire m'a vu consommer mon premier dîner, il a dit :

« Si je t'avais connu et si copieux, je t'aurais facturé plus cher. Je ne ferai rien de toi.

Les repas étaient certes délicieux, et à dix-huit ans, la capacité dans ce sens est illimitée.

Quand je suis arrivé en mai, le collège était encore en session et j'ai été accueilli par plusieurs étudiants, parmi lesquels Lawrence Abbott, aujourd'hui rédacteur en chef de *The Outlook*, et John Cotton Smith, aujourd'hui recteur de St. John's à Washington.

Mes journées étaient certainement très chargées. Le matin, j'ai assisté aux séances du Docteur Sauveur en français et en latin et l'après-midi, j'ai pratiqué le piano et travaillé dur à l'arrangement de la partition pour piano du « Requiem » de Berlioz. D'ailleurs, il me semblait trouver suffisamment de temps pour jouer et s'amuser de toutes sortes avec une charmante famille qui y possédait une maison de campagne et où j'ai eu mon premier véritable aperçu de la vie à la campagne américaine, qui est en effet unique et avec laquelle aucun autre pays ne peut le faire. comparer.

Dès que les différents numéros de mon arrangement du « Requiem » de Berlioz furent terminés, je les envoyai à mon père qui, après les avoir révisés, les remit à l'éditeur afin que les partitions pour piano soient prêtes pour les répétitions de l'automne. . Il était très satisfait de mon travail, notamment du «Tuba Mirum», dans lequel il pensait que j'avais condensé assez intelligemment les quatre orchestres que Berlioz entendait placer aux quatre coins de la scène pour représenter les trompettes du jugement dernier.

À mon retour à New York en septembre, mon père m'a confié la section B du New York Festival Chorus, comptant deux cents voix et de la Newark Harmonic Society de Newark, New Jersey, au nombre de trois cents. Il a lui-même formé le chœur de l'Oratorio Society of Four Cents, dans lequel je jouais toujours les accompagnements au piano, et M. Cortada, un ancien élève de mon père, a formé une section à Brooklyn et une autre à Nyack, New York. Je me suis lancé dans ma tâche avec une telle véhémence et un tel enthousiasme qu'au moment où le Festival est arrivé, mes refrains étaient parfaits, mais j'étais devenu sans voix. Mes cordes vocales s'étaient retournées contre moi avec une colère légitime face à mon abus envers elles.

Les œuvres chorales à interpréter comprenaient le « Requiem » de Berlioz, la « Tour de Babel » de Rubinstein, le « Messie » de Haendel, la « Neuvième Symphonie » de Beethoven et des sélections plus courtes. Le chœur et l'orchestre monstres étaient au nombre de mille cinq cents, et une scène spéciale et une caisse de résonance furent construites au manège militaire du septième régiment où le festival avait lieu. L'orgue de l'église Saint-Vincent a été transféré physiquement et l'accompagnement de l'orgue m'a été confié. Un public immense de dix mille personnes assistait à chaque représentation et le public acclamait mon père avec beaucoup d'enthousiasme comme le plus grand musicien d'Amérique. Des jours si heureux et si heureux !

Parmi les nombreux souvenirs de cette grande occasion, je ne pourrai jamais oublier la première répétition des quatre orchestres et des seize timbales que Berlioz a utilisées dans le « Tuba Mirum » pour représenter le Jugement dernier. Cette répétition eut lieu dans le foyer de l'ancienne Académie de Musique de la Quatorzième Rue ; et comme les seize timbales entraient comme un seul homme au moment où commençait la fanfare des Trompettes du jugement, l'effet de ces vibrations dans une salle relativement petite était si énorme qu'un à un les hommes de l'orchestre se levèrent et un murmure commença qui grandit et grandit et se soulagea finalement dans un grand cri d'enthousiasme. Il fallut plusieurs minutes avant que mon père puisse continuer la répétition. Depuis, je n'ai jamais rien vu de pareil. Nous sommes maintenant si sophistiqués par Strauss et les dissonanceurs ultérieurs que les soi-disant « effets » instrumentaux ne nous choquent ni ne nous émeuvent. Et quant aux dissonances avec lesquelles certains ultramodernes cherchent à irriter nos oreilles, j'ai toujours affirmé que l'oreille humaine est comme le dos d'un âne : si on la fouette assez longtemps et assez fort, elle devient peu à peu insensible à la douleur.

Théodore Thomas et ses partisans étaient très irrités que mon père les ait « devancés » avec une démonstration musicale aussi prodigieuse, et ils ont immédiatement copié son idée en organisant un festival de musique l'année suivante dans le même bâtiment.

Pour moi, le résultat immédiat du Festival a été mon élection à dix-huit ans comme chef permanent de la Newark Harmonic Society. Cela m'a donné l'occasion tant désirée de produire des œuvres chorales avec accompagnement orchestral, et pendant plusieurs années j'en ai donné trois ou quatre chaque hiver, y compris non seulement les oratorios plus anciens de Haendel et Mendelssohn, mais aussi des œuvres plus modernes comme la « Damnation de Berlioz ». Faust », la « Tour de Babel » de Rubinstein, le « Requiem » de Verdi et des extraits choraux des opéras de Wagner. Mon père assistait à tous ces concerts et, après chaque représentation, il analysait ma direction d'orchestre, louait librement et avec enthousiasme là où il pensait que je le méritais et me montrait également les endroits où il considérait un tempo erroné ou une entrée d'instruments ou de chœur mal indiquée. . Ma mère et ma tante prêtaient souvent leurs belles voix dans les chœurs lors des représentations chaque fois que je pensais que j'en avais besoin, mais elles insistaient toujours de la manière la plus aveuglément partisane sur le fait que mes concerts étaient merveilleux et que j'étais dans l'ensemble un garçon très remarquable.

Cette année a marqué mes véritables débuts en tant que musicien professionnel, et j'ai énormément apprécié mes répétitions hebdomadaires à Newark, même si les voitures à chevaux, les ferrys et les trains rendaient le voyage encombrant à cette époque. Mais après chaque répétition, M. Schuyler Brinkerhoff Jackson, le président de la société, M. Shinkle, le secrétaire, mon cher vieil ami Zach Belcher, ténor enthousiaste et mélomane, Frank Sealey, mon pianiste et depuis lors pendant tant d'années accompagnateur et organiste de la New York Oratorio Society, m'accompagnait dans un joli bar à bière allemand près de la gare où, autour d'un verre de bière et de sandwichs au fromage suisse, nous attendions l'heure du train et discutions du bien-être de l'Harmonic Society et la musique en général. Hélas, la loi Volstead a mis fin à tous ces rassemblements simples et heureux et le comptoir d'eau gazeuse avec ses horribles préparations n'est qu'un piètre substitut à la bière douce et apaisante de Pilsen et de Munich.

LE DOCTEUR LEOPOLD DAMROSCH ET SON FILS
WALTER À DIX-HUIT ANS

V

LISZT ET WAGNER

Au printemps 1882, je m'embarquai pour l'Europe. Mon père voulait que je connaisse son vieil ami Liszt et que j'entende les premières représentations de « Parsifal » à Bayreuth. Ma gorge me faisait toujours mal et le médecin a pensé qu'une cure à Ems serait une bonne chose.

J'étais naturellement bouleversé à l'idée de voir face à face le grand Liszt. Son nom était, depuis que je me souvenais, un mot familier dans notre famille. Mon père et ma mère m'avaient tant parlé de son amitié pour eux, de son génie et de ses triomphes de virtuose du piano, et de son abandon volontaire de tout cela pour se consacrer exclusivement au travail créatif et aider toute l'école moderne des jeunes. compositeurs. Mon père avait entretenu une correspondance décousue avec Liszt pendant les années qu'il avait passées en Amérique, et dès mon arrivée à Weimar, je me rendis dans la petite maison du jardinier où il vivait pour présenter mes respects au vieux maître. J'entrai dans sa chambre avec une grande appréhension, et lorsque je parvins à bégayer quelques mots pour lui dire que j'étais le fils du docteur Léopold Damrosch, je fus étonné de la gentillesse de son accueil. Il a immédiatement parlé de mon père et de ma mère avec un tel amour que j'en ai oublié un peu ma timidité. Il m'a posé des questions sur un opéra sur « Roméo et Juliette » de Shakespeare, que mon père avait composé à l'époque de Weimar mais qu'il avait ensuite détruit parce qu'il n'en était pas satisfait. Il m'a alors demandé combien de temps je comptais rester à Weimar. J'ai dit deux jours et que j'allais ensuite me faire soigner à Ems puis à Bayreuth pour entendre les premières représentations de « Parsifal ».

Un curieux changement se produisit chez Liszt pendant que je parlais. Il répéta plusieurs fois : « Deux jours, ha, oui, « Parsifal », bien sûr, Bayreuth. — « Parsifal », bien sûr », puis il ramassa une boîte de cigares.

"Eh bien, tu prendras au moins un cigare avant de quitter Weimar ?"

J'ai dit : "Non, maître, merci beaucoup, je ne fume pas."

"Tu devrais alors aller ce soir au théâtre pour entendre la première représentation de la pièce de Calderon "Avant tout la magie, c'est l'amour", pour laquelle Lassen, le vieil ami de ton père, a écrit la musique et qu'il dirigera. "

J'assurai au maître que j'irais certainement, mais sentant une certaine frigidité dans l'air et sentant qu'une personne aussi insignifiante que moi ne devait plus prendre le temps du grand Liszt, je me retirai.

Ce soir-là, je suis allé au petit théâtre historique doublement consacré par les productions et les soins de Goethe, ainsi que par les moments mémorables des années cinquante où Liszt y officiait et dirigeait les premières représentations de « Lohengrin » de Wagner dans lequel ma mère avait chanté *Ortrude* . Le théâtre était si petit qu'on pouvait presque y voir tout le monde comme dans un salon, et à mon grand étonnement, au premier entracte, un des domestiques du théâtre vint vers moi et me demanda si j'étais M. Damrosch. À ma réponse affirmative, il me dit que le maître de chapelle Lassen souhaitait me voir. Je l'ai suivi sur scène et j'ai été immédiatement abordé par Lassen que je n'avais jamais rencontré auparavant, mais que je connaissais car lui et mon père étaient des amis proches depuis de nombreuses années.

Il dit : « Qu'avez-vous fait au maître ce matin ? Je suis entré juste après ton départ et je l'ai trouvé en larmes. Il a déclaré : « Un jeune fils de Damrosch m'a appelé ce matin, je pensais bien sûr qu'il resterait ici et étudierait avec moi, mais au lieu de cela, il m'a dit qu'il ne resterait que deux jours. La jeune génération m'a complètement oublié. Ils ne pensent pas à moi et n'ont aucun respect pour nous, les hommes plus âgés d'autrefois. Suis-je un hôtel dans lequel on prend une chambre pour une nuit, puis on part ailleurs ? »

Inutile de dire que j'ai été bouleversé par le développement si épouvantable d'une de mes remarques parfaitement innocentes. Je ne pouvais pas concevoir qu'une personne aussi petite que moi ait pu, sans le vouloir, provoquer un résultat aussi tragique, et j'ai supplié Lassen de me dire comment je pourrais l'effacer. Lassen, voyant mon état malheureux, me conseilla d'aller le lendemain matin à huit heures revoir Liszt et de tout lui expliquer. J'ai assisté au reste de la pièce mais je n'en ai en réalité entendu aucun mot ni une note de la musique de Lassen ; J'étais trop occupé par ma propre misère. Je n'ai pas dormi de la nuit, mais je me suis agité et, à six heures, je me suis levé et j'ai erré lamentablement jusqu'à sept heures, lorsqu'un serveur maussade de la salle à manger de mon hôtel, le « Russische Erb Prinz », m'a offert une tasse de café.

Ponctuellement, à huit heures, je frappais à la porte de Liszt et, en entrant, j'aperçus déjà à sa table de travail ce vieillard magnifique, avec ses splendides cheveux blancs et ses yeux enfoncés. En me voyant, ses sourcils se sont arqués et il a dit :

« Quoi, toujours à Weimar ?

Je me suis avancé et j'ai essayé de parler, j'ai soudain fondu en larmes, puis j'ai réussi à balbutier ma grande admiration pour lui, combien mon père l'avait toujours considéré comme le musicien idéal de notre temps et combien il avait dû mal comprendre mes paroles d'hier. s'il pensait que j'avais l'intention de manquer de respect ou de révérence à l'égard d'un homme tel que lui. En relisant ceci, cela semble assez articulé, mais lorsque je l'ai raconté à Liszt, cela a dû paraître très ridicule, mais néanmoins j'ai soudainement senti ses bras autour de moi et un très doux baiser furtif posé sur mon front. Il m'a conduit vers une chaise, s'est assis à côté de moi et a recommencé à parler et à évoquer mes père et mère. Il m'a ensuite invité à venir cet après-midi à son cours de piano et je suis reparti très soulagé du résultat de ma visite.

J'ai ensuite fait appel à une autre vieille amie de mes parents et aussi de Liszt, Mme von Schorn. J'ai trouvé chez elle un de ses amis, le baron von Joukowski, peintre russe distingué et homme très intéressant, qui s'était lié d'amitié avec la famille Wagner et qui avait conçu la salle du Saint-Graal pour le « Parsifal ». production à Bayreuth. Quand je leur ai raconté mon expérience avec Liszt, ils m'ont expliqué que Liszt était devenu très vieux, qu'il avait l'impression que le monde musical moderne l'oubliait et qu'en choisissant un texte sacré comme « Parsifal », Wagner avait été, pour ainsi dire, empiétant quelque peu sur son domaine. Peut-être même une jalousie latente à l'égard des pouvoirs d'usurpation de Wagner obscurcissait-elle légèrement l'amitié et le sacrifice de soi que Liszt avait si abondamment accordés à Wagner tout au long de sa vie. Ils m'ont également raconté que Liszt était désormais entouré d'une bande de cormorans se présentant sous la forme d'étudiants de piano apparents, dont beaucoup n'avaient ni talent ni ambition réelle, mais qui vivaient pratiquement de l'incroyable gentillesse du maître, en abusant de toutes les manières et en faisant en sorte que le Weimar d'alors était une parodie des temps anciens.

Bülow me l'a confirmé quelques années plus tard et m'a raconté qu'il avait jadis « vidé » les appartements de Liszt et ordonné à cette foule peu recommandable de ne jamais revenir. Liszt l'avait remercié, mais le lendemain matin, ils étaient tous de retour.

J'ai assisté à l'audition dans les appartements de Liszt cet après-midi et j'ai constaté qu'il y avait effectivement une foule pitoyable de courtisans et d'incompétents rassemblés, mais il y avait quelques exceptions, notamment le jeune Eugène d'Albert qui avait alors peut-être quinze ou seize ans et qui jouait merveilleusement et à la grande satisfaction de Liszt. Cependant, quelques autres personnes n'ont pas joué cet après-midi-là. Mais un autre, dont on gardera le nom, s'est assis pour jouer la sonate en mi bémol de Beethoven, op. 31, n° 3, et a si horriblement bâclé l'introduction que Liszt l'a doucement poussée hors de la chaise et s'est assis lui-même en disant : « C'est ainsi que cela devrait être joué », et alors la musique a semblé tomber de ses doigts sur le touches de piano, et une succession de sons si céleste ravissait mon oreille que je ne croyais pas possible que des mains humaines puissent l'évoquer. Il lui dit alors : « Maintenant, réessaye. » Et elle l'a fait, et, au contraire, elle a joué encore moins bien qu'avant. Liszt joua à nouveau les phrases d'ouverture, puis, quelque peu irrité, il dit :

"Alors, blamieren Sie sich noch einmal." (Maintenant, ridiculisez-vous encore une fois.) À ce moment-là, à notre grand soulagement, elle sentit qu'elle et nous en avions assez.

Après cela, j'ai rencontré Liszt à plusieurs reprises et il m'a toujours traité avec une cordialité uniforme, mais de temps en temps, le souvenir de notre première rencontre lui revenait et il me faisait une remarque doucement malveillante, comme « Oh, voici notre jeune Américain; comme un éclair, il traverse le monde !

De Weimar, je suis allé à Ems et j'ai consciencieusement suivi la « cure » pendant cinq semaines, buvant les trois verres d' eaux plus ou moins miraculeuses pendant que l'orchestre jouait avant le petit déjeuner, et regardant des petites filles vêtues de blanc présenter en souriant des bouquets de boutons de baccalauréat, On pensait généralement qu'elle était sa fleur préférée, du vieil empereur Guillaume, qui, accompagné d'un ou deux adjudants, prenait chaque été sa cure à Ems.

Pour les étrangers comme moi, l'endroit sur la promenade où l'ambassadeur de France Benedetti avait «insulté» le roi de Prusse en 1870 était toujours signalé, mais c'était bien des années avant l'aveu célèbre et cynique de Bismarck selon lequel tout cela avait été une erreur. de sa part en modifiant le fameux télégramme relatif à la rencontre du roi avec Benedetti à tel point que, selon les mémoires de Bismarck : « Il sera connu à Paris avant minuit, et non seulement à cause de son contenu mais aussi à cause de la manière dont de sa distribution, fera l'effet d'un chiffon rouge sur le taureau gaulois.

Il y a deux étés, après trente-huit ans d'absence, je suis revenu à Ems avec ma femme et mes filles. Nous avions roulé de Paris à Coblence pour rendre visite au général Allen, alors commandant de notre armée d'occupation à Coblence, et de là jusqu'à Ems il n'y avait qu'un court trajet en voiture. Nous trouvâmes la ville occupée par les troupes françaises venues du Maroc, et nos officiers guides nous montrèrent avec amusement la pierre qui marque le lieu où Benedetti et le roi Guillaume s'étaient rencontrés en 1870.

En juillet, je me suis rendu à Bayreuth avec beaucoup d'attente pour entendre les quatre premières représentations de Parsifal de Wagner. Pour un jeune musicien américain, une telle expérience était particulièrement nouvelle et passionnante. J'y suis arrivé une semaine ou deux avant la première représentation, dans l'espoir d'être admis à certaines répétitions. Cela me semblait impossible, mais j'ai rencontré des dizaines d'artistes qui m'ont accueilli cordialement parce que j'étais le fils de mon père. Beaucoup de ses vieux amis étaient là pour les représentations de « Parsifal » et je me souviens avec beaucoup de plaisir du gentil, raffiné et doux Herman Levi, directeur musical général de l'Opéra de Munich, qui avait été choisi par Wagner pour diriger les représentations de Bayreuth.

Je reçus une invitation pour la première réception organisée par Wagner et sa femme Cosima à Wahnfried et m'y présentai consciencieusement avec une certaine nervosité, qui s'apaisa quelque peu lorsque je trouvai Liszt presque à la porte alors que j'entrais. Il me reconnut immédiatement et non seulement m'a présenté Cosima, mais quand elle m'a dit : « Père, tu dois présenter ce fils de notre vieil ami, le docteur Léopold Damrosch, au Meister », il m'a emmené dans l'atelier de Wagner où j'ai vu Wagner entouré de musiciens et devant de lui le ténor géant Albert Niemann, bien connu plus tard des amateurs de Wagner en Amérique comme membre de la compagnie allemande du Metropolitan pendant plusieurs années et aussi comme créateur de *Tannhäuser* à Paris lors des représentations tragiques et désastreuses de 1861.

À notre arrivée, Wagner plaisantait impitoyablement sur Niemann en disant :

"Regarde cet homme ! Je l'ai invité à créer le rôle de *Parsifal* pour moi et il a refusé parce que je lui ai dit que *Parsifal* devait être un jeune imberbe et il a dit qu'il ne couperait sa barbe à aucun homme.

« Eh bien, Maître, répondit Niemann, vous savez que ce n'est pas vrai ; Je me couperais le nez s'il fallait bien chanter un de vos rôles.

Wagner m'accueillit avec gentillesse, m'interrogea sur mon père, et m'envoya quelques jours plus tard, par l'intermédiaire de ses éditeurs, pour mon père, une copie manuscrite du finale du premier acte de « Parsifal » (aucune partition d'orchestre n'était alors gravée).) pour une représentation à New York par les Symphony and Oratorio Societies. C'était un acte d'amitié remarquable de sa part et j'étais très fier de pouvoir rapporter la précieuse partition à mon père.

C'était pour moi indescriptiblement touchant de constater la manière dont Liszt cherchait à s'effacer chez Wagner, pour que la gloire de Wagner puisse éclater seule. Lorsque j'y vis pour la première fois Liszt, suivant l'usage des jeunes musiciens de Weimar et d'ailleurs, je cherchai sa main pour la baiser ; mais, avec une force incroyable chez un si vieil homme, il me pressa la main en disant avec son doux sourire : « Non, non, pas ici.

Je doute qu'il y ait jamais eu un musicien qui ait travaillé aussi incessamment pour le bénéfice d'autres musiciens que lui. Il cherchait constamment, soit avec ses dix doigts magiques de pianiste, soit avec sa plume de critique musical ou de propagandiste, soit avec son propre argent, à sauver les autres du besoin ou à les aider à obtenir la reconnaissance qu'il pensait mériter. Il est impossible de nommer les centaines de personnes à qui il a ainsi bénéficié : Berlioz, Saint-Saëns, César Franck, Schumann, Cornelius, etc., et bien sûr surtout Wagner lui-même, dont l'amitié avec Liszt est devenue historique. Comme la plupart des amitiés, l'une donne bien plus qu'elle ne reçoit, et celle-là était Liszt, qui, dans son admiration pour le génie de Wagner, se minimisait de manière exagérée et ce qu'il avait accompli en tant que compositeur. Dans ces qualités personnelles qui constituent le caractère d'un homme, Liszt était infiniment supérieur. Le génie de Wagner en tant que musicien était le plus grand, mais il entraînait avec lui un égoïsme écrasant et une vanité qui rendaient malheureuses nombre de ses relations avec ses semblables. Liszt a renoncé à toutes les gloires, honneurs et richesses du monde qu'il aurait pu acquérir s'il avait continué sa carrière comme peut-être le plus grand virtuose du piano qui ait jamais existé, pour se consacrer entièrement à la composition et à la propagande musicale, sans aucune pensée de récompense pécuniaire. Il a littéralement, comme son saint patron François d'Assise, prononcé les vœux de pauvreté. Quand je l'ai vu, il vivait de la manière la plus simple, voyageait toujours en « seconde classe » et donnait le peu d'argent qu'il avait à ceux qui lui semblaient en avoir davantage besoin. Sans son soutien et ses encouragements incessants, sa foi absolue dans le triomphe éventuel de la musique de Wagner et sans le soutien financier continu de Liszt et de ceux qu'il exhortait constamment à aider, Wagner n'aurait jamais pu poursuivre sa lutte vers l'achèvement triomphal d'un Bayreuth et une réalisation presque complète de ses idéaux.

La première représentation de « Parsifal » m'a fait une énorme impression. J'ai été très ému par la noble allégorie et la musique accompagnant les rituels sacrés de l'Église chrétienne présentés sur scène lors de la découverte du Saint Graal. Mais je dois avouer qu'à chaque représentation, ce sentiment s'est atténué. Le fait qu'il ne s'agissait pas d'une cérémonie de dévotion mais d'une imitation d'une cérémonie soigneusement instruite et entraînée chez les interprètes dont les gestes de dévotion se répétaient à chaque fois avec une régularité automatique, commença peu à peu à m'affecter désagréablement. J'étais à cette époque trop jeune pour analyser correctement ce sentiment, mais, au fil des années, j'en suis progressivement arrivé à la conviction que de tels cérémoniaux ne devraient pas être présentés sur scène, car si nous voyons un groupe de chevaliers chrétiens participer au Cène du Seigneur, nous devons avoir la pleine conviction qu'il s'agit d'une véritable cérémonie et non d'une imitation. La scène du lavement des pieds entre *Parsifal* et *Kundry* m'a également affecté désagréablement. C'était une imitation trop directe de Madeleine lavant les pieds du Christ. D'un autre côté, la scène du Vendredi Saint entre *Parsifal* et *Gurnemanz* m'a ému aux larmes, ainsi que beaucoup d'autres personnes dans le public, car c'était une présentation charmante et adorable de la miséricorde divine à travers le sacrifice de soi du Sauveur. Le vieux Scaria, la basse viennoise, qui jouait le rôle de *Gurnemanz*, chantait et jouait cette scène avec une tendresse convaincante.

J'étais naturellement très intéressé par l'orchestre invisible et souterrain de la salle de Bayreuth, et alors que le premier noble thème du prélude flottait littéralement dans la salle sombre, le grand avantage d'un chef d'orchestre invisible était manifeste. La division de la musique en mesures, qui sont un élément essentiel du rythme du chef d'orchestre, ne doit être vue que par l'orchestre, et j'aimerais encore qu'il soit possible d'éduquer le public à écouter la musique uniquement avec ses oreilles et non avec ses yeux. Mais ma théorie se heurterait à une violente opposition de la part du groupe restreint mais sélectionné de « chefs d'orchestre prima donna » qui, à la croisée des chemins qui arrive à tout chef d'orchestre, se demande s'il doit se faire un interprète des œuvres des compositeurs ou un pervers. pour démontrer ses propres « trucs du métier », ont choisi la voie de la primevère car une grande partie du public se laisse facilement berner et plus facilement émue si le chef « dramatise » la musique par ses gestes. Par la manipulation habile de ses bras et de ses mains, de ses hanches et de ses cheveux, il donne l'impression que lorsque les violoncelles jouent une mélodie émouvante, elle coule vraiment de ses poignets, et lorsque les timbales jouent un rôle dramatique , c'est vraiment le résultat d'un éclair de son œil. Il y a beaucoup de gens, surtout parmi le sexe doux, pour qui l'admiration pour un chef d'orchestre entraîne une haine profonde pour tous les autres. Il serait intéressant de noter combien d'entre eux pourraient choisir leur favori si une demi-douzaine de prima donnas du bâton se produisaient de manière invisible avec un orchestre invisible, en succession rapide les unes aux autres.

Les cordes de l'orchestre de Bayreuth étaient nobles et riches en sonorité, mais j'étais gêné par de nombreuses imprécisions et fausses intonations du chœur à vent, ce qui me surprenait d'autant plus que l'orchestre était censé être composé des meilleurs de tous genres du différents opéras d'Allemagne. Ces défauts n'ont pas été remarqués ni reconnus par mes amis allemands, et je pense que les années ont amené de plus en plus de clivages à cet égard entre leurs orchestres et les nôtres, et qu'aujourd'hui les orchestres américains obtiennent, surtout dans le domaine des instruments à vent. chœurs, une plus grande pureté de ton et, sans sacrifier l'élasticité, une plus grande précision d'ensemble.

J'ai toujours eu un penchant pour les bois français et je leur ai donné, ainsi qu'à leurs cousins belges, une préférence dans mon orchestre. D'une manière générale, un chef d'orchestre peut en toute sécurité engager un premier prix du Conservatoire de Paris en flûte, hautbois ou basson sans lui faire passer d'examen supplémentaire.

Où peut-on trouver une flûte d'une qualité sonore aussi ravissante que celle de George Barrère, qui a été première flûte de l'Orchestre Symphonique de New York pendant dix-sept ans et qui m'a été recommandé pour la première fois par son grand professeur, Tafanel, à Paris ? Je suis heureux de dire qu'il développe de nombreux musiciens américains et leur donne quelque chose de sa propre sonorité succulente et spirituelle, de sorte que lui, ainsi que

Mathieu, notre premier hautbois, et Lettelier, basson, perpétuent les grandes traditions de le Conservatoire de Paris dans ce pays et transmettre leurs qualités à un groupe de jeunes élèves américains. L'Allemagne a produit de grands clarinettistes, dont Muhlfeld, pour qui Brahms a écrit son magnifique « Quintette pour clarinette et cordes », était un bel exemple. M. Lindemann, première clarinette de mon orchestre, en est un autre, et son son est d'une qualité particulièrement pure. Je préfère le ton des trombonistes allemands à celui de leurs collègues français. Les Allemands cultivent une tonalité plus sombre et plus noble.

L'été 1886, je retournai de nouveau en Allemagne. J'avais été invité à diriger quelques extraits de « Sulamith », une cantate de mon père, lors de la réunion annuelle du « Ton-künstler-Verein » qui avait lieu dans la belle ville de Sondershausen, sur les collines de Thuringe, résidence de la maison princière. de Schwartzburg-Sondershausen, où le prince entretenait un bon orchestre symphonique permanent.

Liszt, en tant que vénérable fondateur et président du Ton-künst ler-Verein, une association de musiciens dont le but initial était la production et le développement de l'école moderne de composition, m'a de nouveau reçu très gentiment et s'est dit tout aussi heureux d'entendre le travail de mon père.

À la fin du Festival, je l'ai accompagné à Weimar avec le baron Joukowski et Mme von Schorn. Pendant le voyage, Liszt était d'humeur très gaie et nous faisait rire aux éclats avec nombre de jeux de mots outranciers et de commentaires amusants sur certaines phases du Festival, notamment sur un long débat entre le docteur Rieman, éminent théoricien de la musique, et un autre homme. dont j'ai oublié le nom, sur certaines théories concernant la science de l'harmonie. Ce débat, tout à fait technique et très « gründlich », dura deux heures, pendant lesquelles le pauvre Liszt dut s'asseoir au premier rang dans une salle bondée jusqu'à l'étouffement et sans porte ni fenêtre ouverte. Je vois encore de temps en temps la vénérable tête de Liszt tomber et tomber à cause de la fatigue, puis le Meister la relever avec ce sourire ineffable sur le visage pour montrer son intérêt pour la discussion.

À notre arrivée à Weimar, Joukowski nous a tous invités, avec Lassen, à dîner à l'hôtel « Zum Russischen Hof ». C'était une affaire joyeuse. Le champagne fut servi immédiatement après la soupe et Liszt évoqua si brillamment et si joliment l'époque de Weimar, dont Mme von Schorn et Lassen avaient fait partie et avec laquelle moi aussi je pouvais affirmer un certain lien par l'intermédiaire de mes parents, que nous restâmes tous fascinés. .

Pendant le dîner, Liszt m'a demandé si je connaissais un de ses portraits, peint dans des conditions intéressantes plusieurs années auparavant. Liszt occupait des chambres à l'ancienne Villa d'Este à Tivoli, près de Rome, pendant un mois ou deux chaque hiver. Il appartenait alors à son vieil ami, le cardinal prince Hohenlohe. Un soir, sa cloche sonna et, comme son domestique était sorti, Liszt prit une bougie et ouvrit la porte. Ses visiteurs étaient Henry Wadsworth Longfellow, le poète américain, qui avait amené un ami peintre, M. Healy, pour le présenter au maestro. Longfellow fut tellement frappé par l'apparence pittoresque de Liszt alors qu'il se tenait devant la vieille porte dans sa longue soutane noire, tenant une bougie allumée, qu'il demanda à Liszt la permission de demander à Healy de peindre un tableau de lui, et il donna par conséquent à Healy plusieurs séances. . Longfellow a emporté le tableau avec lui en Amérique.

Je n'avais jamais entendu parler ni vu ce tableau, mais trente ans plus tard, alors qu'Ernest Longfellow, neveu du poète, déjeunait chez nous, je me suis souvenu de l'incident et je lui ai demandé s'il savait où se trouvait le tableau. Il m'a dit qu'il s'en souvenait très bien et qu'il était toujours accroché dans la maison de son oncle à Cambridge. Grâce à la courtoisie des occupants actuels , j'ai été autorisé à en prendre une photo et elle est reproduite dans ce livre.

Ce n'est qu'à minuit que nous avons accompagné Liszt à travers le parc et le charmant jardin Goethe jusqu'à sa maison. C'était une douce nuit d'été avec une lune brumeuse donnant un glamour indescriptible aux arbres et aux buissons, et soudain Liszt posa sa main sur mon épaule et dit : « Écoute !

Des buissons sortait le chant d'un rossignol. Je n'en avais jamais entendu parler auparavant et je suis resté fasciné. Il semblait incroyable qu'une telle douceur extatique, de tels chants de joie et de tristesse puissent sortir de la gorge d'un petit oiseau, et tout entendre à vingt-quatre ans et aux côtés de Liszt ! Cher lecteur, j'avoue qu'aujourd'hui, trente-cinq ans plus tard, je frémis encore à ce souvenir.

Hélas! C'était presque la dernière fois que je voyais Liszt. En juillet, je suis retourné à Bayreuth pour entendre la première représentation de « Tristan », et un matin je l'ai rencontré, très vieux et épuisé, sortant tout seul de l'église après la messe matinale. Quelques jours plus tard, le 31 juillet, il avait suivi son plus cher ami Wagner dans l'au-delà.

L'hiver suivant, à la mémoire de Liszt (le 3 mars 1887), je donnai la première représentation complète en Amérique de son oratorio « Christus ». Cet ouvrage m'a fait une si profonde impression que je l'ai répété l'année suivante.

Je regrette que « Christus » n'ait plus été interprété depuis lors par nos chorales, car je considère qu'il s'agit de la plus grande œuvre de Liszt. Beaucoup de ses thèmes sont basés sur les modes grégoriens. Les chœurs s'inscrivent dans des harmonies sonores et respirent une quiétude qui ne peut être atteinte que par une parfaite maîtrise du sujet et de la forme dans laquelle il est traité. Il y a deux morceaux orchestraux – une Pastorale, évocatrice des bergers et de l'annonciation, « Angelus Domini ad Pastores ait », et la Marche des Trois Rois, « Et ecce Stella quam Viderant » – qui sont brillamment orchestrés. La marche représente les trois rois d'Orient avec leur puissant cortège, l'étoile les guidant vers la crèche de Bethléem étant indiquée par un la bémol aigu soutenu aux premiers violons dans une pointe d'orgue autour de laquelle la procession se poursuit. Le trio, ou partie centrale, dans un bel unisson de violons et de violoncelles, représente les rois ouvrant leurs trésors et présentant de l'or, de l'encens et de la myrrhe au petit Jésus.

L'entrée du Christ à Jérusalem est caractérisée par une atmosphère d'acclamation exaltée et joyeuse, et par le cadre pour baryton de la prière de Jésus,

Ô mon Père, si cette coupe ne passe pas

de moi, à moins que je le boive, que ta volonté soit faite,

est l'un des plus émouvants que je connaisse dans l'histoire de la musique religieuse.

Dans la dernière partie, il y a une mise en musique exquise mais simple d'un ancien hymne oriental, « O Filii et Filiæ ». Dans l'ensemble, je ne comprends pas pourquoi, en l'absence de musique religieuse écrite par des plumes modernes, « Christus » ne prend pas sa place permanente dans le répertoire des sociétés chorales.

Comme bien d'autres œuvres des plus grands maîtres, quelques bonnes coupures viendront ajouter à l'efficacité de cet oratorio.

VI

LA FONDATION DE L'OPÉRA ALLEMAND AU MÉTROPOLITAIN—MORT DE MON PÈRE

Le Metropolitan Opera House a été construit en 1882 par un groupe de riches New-Yorkais qui, se sentant exclus par l'aristocratie plus âgée qui possédait l'ancienne Académie de musique et occupait toutes les loges des saisons d'opéra italien du colonel Mapleson, étaient déterminés à avoir un opéra qui leur est propre. Ils louèrent leur nouvelle maison pour la saison inaugurale de 1883-1884 à Abbey, Schoeffel et Grau, une société de spéculateurs et de gérants de théâtre qui s'était fait un nom grâce aux tournées de Mary Anderson et d'autres « stars » célèbres d'Europe et Amérique.

Les actionnaires du Metropolitan Opera avaient nommé comme architecte un homme dont la réputation s'était bâtie dans la construction d'églises, mais qui ne connaissait rien des exigences du théâtre ou de l'opéra, ni des derniers développements en Europe dans la construction de la scène et des appareils de scène modernes. En conséquence, les arrangements scéniques étaient des plus maladroits. De grands murs, de plusieurs pieds d'épaisseur, couraient sous la scène de l'avant vers l'arrière, excluant ainsi la possibilité d'une scène de « transformation » dans laquelle un décor pourrait s'enfoncer dans le sol tandis que l'autre descendrait d'en haut. Le parquet était placé si bas que la fosse d'orchestre, qui était censée être une imitation (mais ne l'était pas) de l'orchestre englouti de Bayreuth, dut être placée encore plus bas et en conséquence le chef d'orchestre était perché sur une sorte de chaire haute. dans les airs pour que les chanteurs puissent le voir. Il devait gesticuler sauvagement vers le haut vers les chanteurs et vers le bas vers l'abîme dans lequel l'orchestre tripotait sans pouvoir bien voir ses gestes. De plus, l'orchestre, étant très éloigné de la scène, était presque inaudible pour les chanteurs, ce qui entraînait souvent les baisses de ton les plus désastreuses, surtout dans les numéros concertés. Des années plus tard, et à grands frais, certains de ces défauts de construction furent corrigés.

Pour leur saison, Abbey, Schoeffel et Grau engageèrent un grand nombre de stars de l'opéra, dont Nilsson, Patti, Sembrich, Trebelli et bien d'autres de distinction, mais il n'y avait absolument aucun chef artistique de l'entreprise ni personne ayant eu un réel rôle dans l'entreprise. expérience de gestion avec le grand opéra, et en conséquence toutes ces stars se marchaient sur les pieds et les trains et la confusion était incroyable. Les bonnes performances étaient un accident, car les principaux artistes jugeaient généralement indigne d'assister aux répétitions, et la saison se termina par l'échec et la faillite d'Abbey, Schoeffel et Grau. Le colonel Mapleson, l'astucieux directeur de l'Académie de musique, se frotta les mains avec joie devant cette chute de ce qu'il appelait « la nouvelle brasserie jaune de Broadway ». Les directeurs du Metropolitan ne savaient que faire de leur éléphant. Leur président était James Roosevelt, un oncle de Hilborn Roosevelt qui était alors président de la New York Symphony Society et qui était un ami fidèle et dévoué de mon père. Il proposa à son oncle que mon père soit nommé directeur et qu'une saison d'opéra en allemand soit inaugurée, car l'opéra italien était visiblement en déclin et Wagner, surtout, en pleine ascension.

Les directeurs ont bien accueilli ce projet et ont donc conclu un accord avec mon père selon lequel il deviendrait directeur de l'opéra pour la saison 1884-85 et qu'il engagerait une troupe de chanteurs allemands dont, cependant, Madame Materna devait faire partie. , comme elle l'avait chanté avec beaucoup de succès au Festival Théodore Thomas de l'année précédente et ils voulaient qu'un nom déjà connu en Amérique soit en tête de liste des chanteurs.

Cela signifiait une révolution complète dans le domaine de l'opéra, car jusqu'alors l'opéra italien était la seule forme de divertissement musical à la mode. L'opéra en allemand était plutôt méprisé et le génie de Wagner était encore trop imparfaitement connu ou reconnu pour exercer une grande influence sur les amateurs d'opéra de cette époque.

Mon père devait recevoir un salaire de dix mille dollars, pour lequel il devait agir comme directeur et aussi comme chef d'orchestre musical de la saison. Le salaire n'était certainement pas élevé, même à cette époque, mais mon père était heureux de l'obtenir et en même temps de réaliser le rêve de sa vie, l'introduction des drames musicaux de Wagner en Amérique, et d'emporter pour toujours les opéras artificiels et superficiels de la vieille école italienne avec lesquels Mapleson, Max Strakosh et d'autres avaient jusqu'alors principalement nourri notre public.

Il s'embarqua pour l'Europe en mai et revint en août avec tous ses contrats conclus, y compris Madame Materna, à qui il devait payer mille dollars par nuit, car elle avait eu vent du dicton des directeurs du Metropolitan Opera House selon lequel, en toutes circonstances, elle doit faire partie de l'entreprise.

Parmi les chanteurs se trouvaient Marianne Brandt, l'une des plus grandes mezzo-sopranos et contraltos dramatiques de notre époque, et Anton Schott, un « ténor héroïque » typiquement allemand, avec qui Bülow avait eu sa célèbre altercation à Hanovre quelques années auparavant lors d'un « ténor héroïque » Lohengrin ». Schott avait chanté « L'adieu au cygne » *de Lohengrin* faux, ce qui avait tellement irrité Bülow, qui dirigeait, qu'il s'en est pris au malheureux ténor et lui a dit : « Vous n'êtes pas un chevalier du cygne, mais un chevalier de le porc. Schott, en tant qu'ancien officier d'un régiment hanovrien, considérait son honneur d'officier insulté, exigeait des excuses ou un duel, et comme von Bülow en colère ne lui accordait ni l'un ni l'autre, Bülow dut démissionner de son poste . directeur du Royal Opera, tandis que Schott restait triomphant à son poste.

Pour les jeunes rôles de soprano lyrique, mon père avait engagé Madame Seidl-Kraus, épouse d'Anton Seidl et possédant une voix d'une grande pureté et d'un attrait simple. Les rôles de coloratura étaient chantés par Madame Schroeder-Hanfstangel, une très grande artiste, avec le vrai *bel canto* de l'école italienne, que Gounod avait tant admiré qu'il l'invita à Paris pour chanter *Marguerite* dans Faust au Grand Opéra.

Les autres chanteurs possédaient à la fois les qualités et les défauts de l'école d'opéra allemande de l'époque. Ils étaient très doués pour le travail d'ensemble, remplissant le côté dramatique de leurs rôles avec une réelle habileté, formant un excellent ensemble et infatigables dans les répétitions, mais leur chant était parfois défectueux et n'égalait pas l'émission sonore naturellement belle des meilleurs chanteurs italiens. .

Le metteur en scène Wilhelm Hock était l'un des meilleurs d'Allemagne et sa gestion des mouvements de grandes foules sur scène, comme par exemple dans "Lohengrin" à l'arrivée de *Lohengrin* et du *Cygne* , la construction des barricades à « Massaniello », la scène du couronnement dans « Le Prophète » de Meyerbeer, a été une révélation pour notre public. L'orchestre était bien sûr celui de la New York Symphony Society, et mon père insufflait à l'ensemble de l'ensemble un tel idéal de perfection que lors de nombreuses représentations, notamment dans « Lohengrin », « Le Prophète », « Fidelio », et « Walküre », le public bouillonnait d'excitation et d'enthousiasme. Quelques années auparavant, une représentation « improvisée » de « Walküre » avait eu lieu à l'Académie de musique sous la direction du chef d'orchestre allemand Neuendorf. La *Brunhilde* avait été chantée par Madame Pappenheim, possédant une voix glorieuse, mais le reste de la troupe avait cruellement manqué. Des répétitions insuffisantes et la méconnaissance de la musique de Wagner de la part du chef d'orchestre avaient également empêché cette exécution de produire la moindre impression ou de donner la moindre idée réelle des beautés de l'œuvre.

La performance sous la direction de mon père comprenait Madame Materna dans le rôle de *Brunhilde* , qui avait créé le rôle à Bayreuth en 1976 et qui était alors au sommet de ses glorieuses puissances vocales ; Madame Seidl-Kraus, une *Sieglinde exquise et pathétique* ; Anton Schott, un *Siegmund vigoureux et très dramatique* ; et Staudigl dans le rôle *de Wotan* . Staudigl était le fils de la célèbre basse viennoise avec laquelle il avait étudié, chantant avec de si bons résultats qu'il faisait aussi belle impression au concert et à l'oratorio qu'à l'opéra. Le premier baryton était Adolf Robinson, qui avait commencé sa carrière avec mon père à Breslau et dont *le bel canto chaleureux et passionné* a été immédiatement reconnu ici.

Il n'y avait pas à l'époque au Metropolitan une claque d'opéra professionnelle comme celle qu'entretiennent aujourd'hui certains chanteurs et chefs d'orchestre qui, en rivalité les uns avec les autres, dépensent bêtement leur argent pour embaucher vingt à cinquante hommes costauds, sous un contrat bien établi. des chefs de file formés, qui se tiennent à côté des balcons et du cercle familial et frappent avec la régularité mécanique d'un marteau en acier dans une fonderie de fer afin de produire tant de rappels après un acte. À cette époque, ce n'était pas nécessaire. Le public a applaudi sauvagement et s'est rauque de sa propre volonté, et les journaux ont presque unanimement qualifié ces représentations de révolution artistique et ont déclaré qu'une telle vérité dramatique et un tel travail d'ensemble avaient rarement été présentés de manière aussi convaincante sur la scène de l'opéra. de New York.

Pendant tout l'hiver, j'ai vécu dans un océan d'excitation et de joie de voir le génie de mon père enfin si universellement reconnu. Mais mon anxiété était aussi très grande. J'étais constamment avec lui, du matin au soir, et je pouvais voir que le travail de tout porter entièrement sur ses épaules, l'effort d'organiser un tout artistique à partir de nombreux éléments différents, était écrasant. Les répétitions duraient souvent toute la journée et je ne pense pas avoir raté une répétition ou une représentation pendant toute la saison. Parfois, j'implorais timidement mon père de confier une partie du travail, en particulier la partie managériale, à d'autres épaules, mais il ne m'écoutait pas, disant que la responsabilité lui incombait et qu'il ne pouvait pas déléguer ce qu'il considérait comme son devoir solennel de celui qui représente l'art allemand dans un pays étranger auprès de n'importe qui d'autre.

Entre-temps, les directeurs, après avoir délibéré sur leur avenir, décidèrent que l'opéra en allemand était venu rester et proposèrent à mon père un contrat pour l'année suivante, mais, avec ce qu'ils considéraient comme de véritables méthodes commerciales, ils réduisirent son salaire à huit mille dollars mais lui a offert une part des bénéfices éventuels. Les questions d'argent ont toujours été si peu importantes pour mon père que je pense qu'il aurait signé un contrat dans lequel il s'engageait à payer huit mille dollars par an au Metropolitan Opera House pour avoir le privilège d'y maintenir l'opéra wagnérien. . Il accepta leur proposition et se réjouit de la sécurité évidente de l'opéra en allemand pendant de nombreuses années. Au cours de cet hiver, il n'abandonnera pas ses chères Sociétés de Symphonie et d'Oratorio, et il insista toujours sur le fait que les répétitions hebdomadaires du jeudi soir avec le chœur de la Société d'Oratorio étaient pour lui un repos des affaires d'opéra.

Au cours d'une de ces répétitions en février 1885 (je crois que nous préparions le « Requiem » de Verdi), il se plaignit soudain de se sentir mal et je me précipitai du piano vers lui et, avec quelques chanteurs, nous le transportâmes jusqu'à un fiacre et l'a ramené à la maison.

Une pneumonie s'est installée et il était trop épuisé par les gigantesques luttes de l'hiver pour y résister. Durant cette terrible semaine de maladie, il fallut maintenir l'opéra et je dirigeai sans trop de difficultés « Walküre » et « Tannhäuser ». Elles avaient été si magnifiquement répétées par mon père et avaient été jouées plusieurs fois ; Je les connaissais par cœur, et les artistes, chœurs et orchestres m'ont apporté l'aide la plus affectueuse et la plus volontaire. Je n'ai donc jamais revendiqué beaucoup de mérite pour ce que de nombreux amis aimables considéraient à l'époque comme un exploit extraordinaire.

Il ne restait plus qu'une semaine à la saison, mais mon père avait pris des dispositions pour une courte tournée comprenant Chicago, Boston et Philadelphie.

Le 15 février, il mourut et me laissa insensible et accablé par les terribles responsabilités qui commençaient à m'imposer. Même à cette date tardive, je ne peux supporter d'écrire sur ma perte. Nos relations étaient devenues si étroites et intimes, et au cours des dernières années il s'était si souvent appuyé sur moi avec une si douce confiance. Je l'avais toujours considéré comme mon idéal d'homme et de musicien, et il me semblait que je ne pourrais plus jamais sourire.

Les dernières représentations au Metropolitan immédiatement après sa mort ont été dirigées par John Lund, un chef de chœur très talentueux qui a depuis élu domicile en Amérique, mais il y avait tellement de nécessités immédiates qui me pressaient que je n'avais aucune occasion de me livrer à des moments tranquilles. chagrin. Les événements se sont déroulés avec une rapidité incroyable et terrible. Les contrats pour la tournée devaient être respectés. La succession de mon père était techniquement responsable, même s'il n'a laissé littéralement aucun argent. Il n'y avait personne pour assumer la responsabilité d'emmener la compagnie en tournée, à part mon pauvre moi, et je partis donc, avec toute la compagnie d'environ cent cinquante membres, dans un train spécial du West Shore Railroad pour Chicago samedi. l'après-midi du 21 février. Nous devions ouvrir avec « Tannhäuser » au Columbia Theater le lundi soir suivant. Au cours de ce voyage, le pire blizzard de l'année a frappé notre train. Nous étions complètement enneigés et la route, qui était à l'époque une rivale plutôt boiteuse de la New York Central, était si mal équipée en moyens de nous déplacer qu'au lieu d'arriver le dimanche soir, nous ne sommes arrivés à Chicago qu'après Lundi à vingt heures, heure à laquelle la représentation devait commencer. Mon cher frère Frank, qui était venu de Denver pour me rencontrer à Chicago et discuter de mes projets futurs, est monté à bord de notre train peu après Chicago et m'a dit que non seulement la maison était vendue, mais que tous étaient déterminés à attendre jusqu'à ce que la maison soit vendue. nous sommes arrivés et chevaleresquement pour « nous mener à bien ». Le maire de la ville avait prononcé un discours enthousiaste depuis l'avant-scène dans laquelle il était assis et avait déclaré que Chicago devait aider un jeune homme comme moi qui avait si courageusement entrepris de poursuivre la grande œuvre de son père.

Lorsque nous sommes arrivés à la gare, la compagnie a été rapidement regroupée dans des taxis et des omnibus. Heureusement, le décor avait été envoyé à l'avance, mais les costumes et les objets étaient dans notre train, et le travail de transfert et de sortie des costumes et des objets du «Tannhäuser» était angoissant.

Materna et moi avons été les premiers à arriver au théâtre, et nous avons été conduits à travers l'auditorium depuis l'entrée principale par le directeur local qui souhaitait faire cette démonstration oculaire de notre présence. Le public a applaudi.

Dans les coulisses, la confusion était incroyable. Les malles avec les perruques n'ont pu être trouvées, ni les malles avec les chaussures, et *Tannhäuser* et les autres chanteurs de la Wartburg, ainsi que les nobles seigneurs et dames, sont apparus sur scène dans une combinaison des plus remarquables de costumes médiévaux et modernes. . Mais cela ne faisait aucune différence. J'ai commencé l'ouverture après dix heures. Le public s'est applaudi d'une voix rauque.

La malle contenant le costume de Materna en *Elizabeth* n'a été lancée sur scène que juste avant le début du deuxième acte. Cela ne faisait aucune différence. Lorsqu'elle apparut dans tout son éclat souriant et chanta "Dich Theure Halle", le public devint à nouveau fou de joie, et ainsi de suite jusqu'à ce que le rideau tombe finalement à une heure trente du matin.

Depuis cette soirée terrible mais merveilleuse, j'ai un faible pour Chicago et, pendant de nombreuses années, je n'ai jamais perdu l'amitié de cette ville remarquable. Aujourd'hui encore, de temps en temps, un vieux citoyen de Chicago aux cheveux gris ou chauve vient me voir et me dit : « Vous souvenez-vous de cette première représentation de « Tannhäuser » au Columbia Theatre en février 1885 ?

Le succès a été tel que nous avons prolongé notre saison d'une semaine supplémentaire, durant laquelle j'ai réalisé pour la première fois « La Dame Blanche » de Boieldieu.

Nous avons terminé notre tournée par une semaine à Boston, où nous avons reçu un accueil tout aussi enthousiaste et où « Walküre » et « Lohengrin » ont fait une profonde impression. Là, j'ai produit (pour la première fois en Amérique, je pense) « Orphée » de Gluck, dans lequel Marianne Brandt incarnait de manière glorieuse et touchante le rôle-titre. C'est une caractéristique de l'audace de la jeunesse que d'avoir donné deux nouvelles représentations d'opéras répétés et montés pendant notre tournée, "La Dame Blanche" et "Orphée". Mais comme les rôles principaux avaient été chantés par la plupart de nos artistes en Allemagne, ces deux opéras étant au répertoire régulier de tous les opéras allemands, l'exploit n'était pas si extraordinaire. Les performances d'ensemble étaient bonnes et ont donné un grand plaisir au public.

Mon spectacle d'adieu à Boston était une matinée du samedi de la « Walküre » avec Materna dans le rôle de *Brunhilde* . Le matin, l'orchestre sonna. Nous avions pris des dispositions pour envoyer toute la compagnie à New York sur l'un des grands bateaux à vapeur de Fall River, mais ils ont juré de ne pas y aller par bateau et ont insisté pour être envoyés par train. J'étais également déterminé à les envoyer par eau. Les bateaux à vapeur étaient somptueux, le temps printanier excellent et il n'y avait aucune raison valable de s'y opposer. Comme ils persistaient dans leurs revendications, je leur ai dit que je les considérerais comme ayant rompu leur contrat, que je ne leur paierais pas leur salaire pour la semaine et que je donnerais la « Walküre » accompagnée sur deux pianos, par John Lund et moi-même. . C'était bien sûr un bluff fou, mais cela marcha et ils décidèrent d'accepter le passage par bateau à vapeur.

À la fin du troisième acte de « La Promenade », lorsque Materna, en tant que *Brunhilde,* s'était blottie dans le creux artificiellement profond du lit rocheux qui soutenait sa forme volumineuse et sur lequel elle devait commencer son sommeil jusqu'à ce que le héros *Siegfried* vienne réveilla-la, et lorsque Staudigl (*Wotan*) eut disparu dans les flammes, je remarquai soudain, tout en dirigeant la belle monotonie des derniers accords de mi majeur du Fire Charm, que les nattes d'herbe juste en dessous du canapé *de Brunhilde* avaient pris feu, et que au moment où le rideau descendait lentement sur les dernières barres, un pompier de Boston, casque sur la tête et seau à la main, sortit tranquillement des coulisses et versa une généreuse dose d'eau sur les flammes. Les choses se sont produites si tard et si vite qu'il n'y a pas eu de panique. Les gens sont devenus fous d'enthousiasme et Materna, Staudigl et moi avons dû faire nos adieux à de nombreuses reprises. Juste après l'un de ces rappels, j'ai remarqué le petit pompier qui se tenait dans les coulisses et qui disait : « Soyez des bavards, je devrais sortir aussi. »

"Alors tu devrais", dis-je, et sur ce, je le pris par une main et Materna par l'autre et nous le traînâmes ainsi devant les feux de la rampe où, avec un véritable sens de l'humour hibernien, il s'inclina à droite et à gauche avec un sourire ravi sur son visage. affronter.

Ainsi se termina ma première tournée d'opéra.

Pendant que j'étais en tournée, les directeurs du Metropolitan Opera se réunissaient pour réfléchir à leur politique future et, devant le succès de l'opéra en allemand inauguré par mon père, ils décidèrent de continuer dans la même voie. Curieusement, ils ont nommé directeur de l'opéra un jeune homme qui n'avait jamais eu d'expérience en matière de gestion ou de musique de sa vie. Son nom était Edmund C. Stanton. Il était un parent de l'un des administrateurs et avait agi à titre de secrétaire de séance du conseil d'administration. Il était grand, beau, avec de doux yeux bruns, toujours bien soignés, d'un caractère bienveillant et des manières les plus parfaites et les plus courtoises qui ne lui ont jamais fait défaut et qui étaient à peu près tout ce qui lui restait à la fin de ses sept ans. son mandat, époque à laquelle l'opéra allemand s'effondra en poussière, résultat naturel de sa curieuse ignorance et de son incompétence en matière d'opéra. Les directeurs me nommèrent en même temps très généreusement comme son assistant et comme second chef d'orchestre, m'accordant un salaire suffisamment important pour me permettre de subvenir décemment aux besoins de ma mère et de la famille de mon père. Ce fut naturellement pour moi un grand soulagement et je résolus de déployer tous mes efforts pour me montrer digne d'une telle confiance et d'une telle générosité.

VII

LILLI LEHMANN

Au printemps 1885, je devais accompagner M. Stanton en tant qu'assistant directeur et conseiller musical afin d'engager des chanteurs pour la saison suivante d'opéra allemand au Metropolitan Opera House, mais comme la petite fille de M. Stanton tomba malade et mourut par la suite, je suis allé seul et j'ai toujours été assez fier des quatre contrats que j'avais préparés pour la signature de Stanton lorsqu'il est arrivé en Allemagne un mois plus tard. Il s'agissait de Lilli Lehmann, soprano du Royal Opera House de Berlin ; Emil Fischer, basse du Royal Opera House de Dresde ; Max Alvary, ténor lyrique de Weimar, et Anton Seidl, chef d'orchestre de la compagnie d'opéra Angelo Neumann Wagner. Ces quatre artistes sont devenus par la suite le pilier de l'opéra allemand et ont acquis en Amérique une puissance et une renommée de plus en plus grandes.

Lilli Lehmann, alors âgée de quarante ans, avait chanté principalement les rôles de colorature et s'était fait grâce à eux une grande réputation locale dans toute l'Allemagne et l'Autriche. Elle avait chanté la *Première Fille du Rhin* à Bayreuth en 1876, et occasionnellement *Elsa* dans « Lohengrin », mais ce n'est qu'à son arrivée en Amérique qu'elle commença à chanter les *Brunhildes* et *Isoldes*, ce qui fit d'elle l'une des plus grandes sopranos dramatiques de son époque. temps. Curieusement, elle insiste pour faire sa première apparition en Amérique dans le rôle de *Carmen*, rôle auquel elle donne une signification dramatique, tragique et assez sombre, mais dont les touches plus légères et coquettes ne sont peut-être pas suffisamment mises en valeur.

Elle n'avait atteint sa prééminence en tant que soprano dramatique qu'après des années de travail des plus durs, et ce n'est que grâce à sa volonté et à son énergie indomptables qu'elle avait changé sa voix de colorature légère à celle de soprano dramatique, et comme j'étais à cette époque seulement vingt-trois ans et occupant déjà un poste à responsabilité considérable, il lui a fallu un certain temps avant d'être prête à admettre que j'étais vraiment un musicien sérieux qui travaillait jour et nuit pour me préparer aux diverses responsabilités qui m'étaient si soudainement imposées.

La direction d'orchestre est un art avec une technique qui lui est propre, et une bonne musicalité ne suffit pas. Lors d'une représentation, le chef d'orchestre doit savoir faire transmettre son interprétation à ses chanteurs et à ses musiciens, et pour cela, un coup d'œil et de nombreux mouvements de mains et de tête doivent parler un langage qui leur est propre et que ses exécutants doivent comprendre rapidement. et suivre. Le chef d'orchestre doit aussi savoir quand et comment suivre un soliste avec sympathie. Cette technique ne s'acquiert pas du jour au lendemain, et je dois à Lilli Lehmann un indice précieux à ce propos. Comme Anton Seidl était le chef d'orchestre accrédité et célèbre de Wagner, ces opéras et toutes autres nouveautés importantes lui revenaient naturellement, et il ne me restait plus qu'à diriger uniquement les opéras qu'il ne voulait pas assumer : « Le Prophète » de Meyerbeer, « Le Prophète » de Verdi. Trovatore», etc., etc. Cela m'a causé une grande tristesse et une grande angoisse de cœur, car une grande partie de ma formation s'était déroulée dans les opéras modernes. Je connaissais presque par cœur les drames musicaux de Wagner et j'avais reçu une formation très approfondie dans les symphonies des compositeurs classiques, mais pour les opéras de Meyerbeer et de Verdi, j'avais une intolérance juvénile et je connaissais leurs traditions de tempi et de nuances. mais peu, à l'exception peut-être du Prophète de Meyerbeer, qui avait été merveilleusement interprété sous la direction de mon père l'année précédente et dans lequel Marianne Brandt avait chanté le rôle de la mère avec un pathétique et une noblesse incroyables.

Un jour, alors que je répétais "La Juive", de Halévy, Lilli Lehmann s'est retournée contre moi pendant l'entracte et m'a dit : "Walter, dans ces vieux opéras tu ne regardes pas assez les chanteurs, tu t'occupes de l'orchestre comme si tu dirigeaient une symphonie. Vous leur donnez le signal de leur entrée et vous les regardez plutôt que vos chanteurs. Nous avons besoin de vous et vous avez besoin de nous. L'orchestre a devant lui ses parties imprimées ; nous chantons par cœur et devons compter sur le chef d'orchestre pour les entrées difficiles. Observez mes lèvres quand je chante, et vous saurez quand je respire et vous respirerez avec moi ; vous ressentirez immédiatement également le *tempo rubato* qui joue un rôle si important dans le phrasé approprié de ces opéras plus anciens.

Ce conseil fut pour moi une révélation, et je constatai avec plaisir qu'en le suivant, je pouvais non seulement suivre les chanteurs avec l'orchestre, mais même influencer les chanteurs en ce qui concerne les tempi. Lors de la représentation de « La Juive », j'ai dû regarder Lilli comme un chat du Cheshire chaque fois qu'elle chantait. La musique s'est déroulée avec une unanimité et une élasticité remarquables, et à la fin de la représentation, Lilli, qui n'était jamais très abondamment élogieuse, s'est tournée vers moi et m'a dit : « Tu vois, Walter, comme ça se passe bien. Qu'est-ce que je t'avais dit?"

De cette façon, lentement et souvent péniblement, j'ai renforcé ma maîtrise de la technique de mon métier, et avec une assurance accrue de ma part s'est accompagnée une adhésion accrue de la part des chanteurs à suivre mes désirs artistiques en ce qui concerne l'interprétation de leurs rôles.

Mais les opéras qu'il m'était permis de diriger n'étaient encore que les restes de la table richement garnie d'Anton Seidl, et il n'était naturellement pas disposé à céder aucune de ses prérogatives à un homme beaucoup plus jeune.

Ma première véritable opportunité se présenta en 1890, lorsque Seidl dirigea un opéra exquis de Peter Cornelius, « Le Barbier de Bagdad ». Paul Kalisch, le mari de Lilli Lehmann, devait chanter *Nureddin* et Emil Fischer le bavard Barbier. Cornelius avait été un ami dévoué et proche de mon père et de ma mère à l'époque de Weimar, sous Liszt. Liszt avait produit cet opéra à Weimar à cette époque, mais le public de Weimar l'avait rejeté en raison de ce qu'il considérait comme ses tendances ultramodernes et, pour cette raison, Liszt avait démissionné de son poste de maître de chapelle grand-ducal. J'étais naturellement très intéressé par notre production new-yorkaise. J'avais assisté à presque toutes les répétitions et m'étais délecté de la beauté exquise et de l'humour de l'œuvre.

Deux jours avant la représentation, Seidl tomba dangereusement malade et j'étais dans une fièvre d'incertitude quant à savoir si Stanton reporterait la représentation ou me laisserait la diriger. J'ai constaté que Lilli Lehmann protestait haut et fort qu'il me serait impossible de diriger cette œuvre, qu'elle était trop difficile et trop complexe et qu'elle nécessitait un chef d'orchestre ayant de nombreuses années d'expérience et de nombreuses répétitions. Mais il me semblait avoir « de bons amis à la cour » et il fut décidé que je dirigerais ce matin-là la répétition générale pour laquelle chanteurs, chœurs et orchestre avaient été convoqués à la hâte, et si tout allait bien, je dirigerais la représentation. Alors que j'entrais dans la fosse d'orchestre, je pouvais voir Lilli Lehmann assise toute seule quelques rangées plus loin, me regardant avec ce qui me semblait sinistre et menaçant. Mais au moment où je lui tournais le dos et donnais le signal de l'ouverture, mon appréhension m'abandonna et je m'abandonnai complètement à la musique. Le rideau s'est levé et Kalisch a commencé la belle chanson *de Nureddin* avec ses assistants au réveil de sa longue maladie avec une santé retrouvée et avec des désirs renouvelés pour sa bien-aimée *Margiana* . Tout s'est passé comme sur des ailes et à la fin de l'acte j'ai vu, pour mon plus grand plaisir, parmi les chanteurs qui se précipitaient vers moi avec des félicitations affectueuses, Lilli, la majestueuse, me disant qu'elle ne l'avait pas cru possible, mais qu'elle était maintenant convaincu que je maîtrisais parfaitement la musique et que je pouvais la diriger avec succès.

La représentation du lendemain s'est déroulée encore mieux que la répétition, et je date de là mon entrée en tant que chef d'orchestre à part entière, et mes relations avec Lilli Lehmann sont devenues artistiquement de plus en plus fraternelles et personnellement de plus en plus amicales.

En 1897-98, je l'ai engagée pour chanter *Isolde* et les *Brunhildes* dans ma compagnie d'opéra Damrosch et je lui ai payé mille dollars par nuit ainsi que tous les frais d'hôtel et de voyage pour deux personnes (sa sœur Marie voyageait avec elle), et elle a également insisté pour que je doit payer ses factures de lessive. Mais j'ai constaté que cette femme remarquable, ayant

établi par contrat son droit à ces avantages, refusait d'en abuser, et lorsqu'elle
a constaté que j'avais payé une somme assez élevée pour son « salon, chambre
et bain » à l'hôtel Normandie près du Métropolite, elle était furieuse ; et,
disant qu'elle ne voyait pas pourquoi ces coquins d'hôteliers s'enrichiraient
grâce à moi, elle s'installa dans une suite beaucoup moins chère au sommet
de l'hôtel et elle et sa sœur faisaient une grande partie de leur lessive dans leur
propre salle de bain, en partie parce qu'elle souhaitait m'épargner cette
dépense, et aussi parce qu'elle insistait sur le fait que toutes les blanchisseries
américaines ruinaient la lingerie délicate. Par ailleurs, les garçons de
l'ascenseur ont insisté pour qu'elle ne leur donne jamais de pourboire, et j'ai
envoyé mon manager à son hôtel pour le faire, sinon elle n'aurait pas reçu un
service adéquat.

On a tant écrit sur sa merveilleuse représentation des figures héroïques des
drames musicaux de Wagner qu'il n'est guère nécessaire pour moi d'ajouter
quoi que ce soit au chœur général d'admiration, mais je tiens à souligner le
fait que la plus grande partie C'est à elle que revient le mérite de sa volonté
indomptable et de sa persévérance, la nature ne lui ayant pas donné à l'origine
une voix dramatique. C'était une soprano à la colorature merveilleusement
claire et haute, mais grâce à une pratique persistante, elle a développé un
registre médium et grave ample et l'a rendu à la hauteur des exigences
émotionnelles d'une *Isolde* ou d'une *Brunhilde* .

Son jeu était majestueux, mais dans le premier acte de « Tristan » et dans le
deuxième acte de « Götterdämmerung », sa colère était comme des éclairs
fourchus. Je suppose que sa technique de jeu serait considérée comme
démodée aujourd'hui, car c'était l'époque des poses sculpturales, souvent
maintenues sans changements pendant de longues périodes.

Les matinées des jours où elle devait chanter *Isolde,* elle chantait toujours tout
le rôle dans sa chambre à pleine voix, juste pour être sûre de pouvoir le faire
le soir. Comparez cela à ces délicates prima donnas qui, les jours où elles
doivent chanter, ne parlent souvent qu'à voix basse pour ne pas affecter leurs
précieuses cordes vocales.

Après avoir accompli tant de choses grâce à sa propre énergie et triomphé de
tant d'obstacles, elle pensait pouvoir de la même manière transformer son
mari, Paul Kalisch, d'un lyrique à un ténor dramatique. Comme elle a travaillé
et harcelé ce pauvre homme ! Elle était certainement la plus forte des deux,
et tandis que son inclination entière était vers une compagnie facile et
agréable avec d'autres personnes partageant les mêmes inclinations, elle le
força à étudier et à chanter pendant des heures d'affilée, mais avec un succès
seulement partiel en ce qui concerne sa transformation. en un véritable drame
et « héroïque » le ténor Wagner était concerné. Il n'était tout simplement pas
dans sa nature de devenir « héroïque », et quand, comme cela lui arrivait

parfois, il commettait quelque bévue, quelque fausse entrée en chantant *Siegfried* dans le « Götterdämmerung », les regards que *Brunhilde* lui jetait sur scène étaient si terribles. , si gros du châtiment à venir, que du poste de mon conducteur je plaignais le pauvre homme ainsi obligé de nager dans un étang tellement plus grand qu'il ne voulait ; et souvent, après une telle représentation, je le trouvais assis tout seul, maussade, à une table du restaurant de l'hôtel, avec une pinte de champagne devant lui et sans aucune envie de monter à l'étage et d'affronter la colère de son épouse *Brunhilde* .

Il convient de rapporter ici un événement tragique mais plutôt amusant survenu à Pittsburgh. La Compagnie d'Opéra Damrosch y jouait une semaine au Théâtre Alvin. Ce soir-là, nous devions donner « Götterdämmerung » avec Lilli Lehmann dans le rôle de *Brunhilde* . Tout allait bien. Aucun chanteur n'avait envoyé de messages inquiétants de maladie pendant la journée, et je venais de m'asseoir pour un dîner tranquille au Duquesne Club, avant la représentation, lorsqu'un téléphone m'a appelé. C'était ma maîtresse de garde-robe, Mme Engelhardt, une femme excellente et dévouée à son travail, qui travaillait au Metropolitan à l'époque de l'opéra allemand et qui m'accompagnait depuis la fondation de la compagnie d'opéra de Damrosch. Elle m'a imploré de venir immédiatement au théâtre car quelque chose de terrible s'était produit. J'ai bien sûr quitté mon dîner avec un faible espoir de le manger plus tard, je suis arrivé au théâtre et j'ai trouvé la scène silencieuse comme une tombe, le décor planté pour le premier acte de "Götterdämmerung" et apparemment personne d'autre que Mme Engelhardt, qui très ému, il me pria de venir immédiatement à la loge de Mme Lehmann, où « quelque chose d'horrible s'était produit ».

J'ai frappé à sa porte et j'ai entendu une voix tragique et creuse appeler « entrez », et alors que j'ouvrais la porte, un spectacle vraiment terrible a rencontré mon regard étonné. Là se tenait Lilli Lehmann, déjà vêtue de son costume blanc *de Brunhilde* , mais couverte de la tête aux pieds de suie, si noire qu'elle semblait plus digne d'un spectacle de ménestrel que d'un drame musical de Wagner. Son visage était couvert de stries noires, surtout là où ses larmes avaient fait de longs et terribles sillons sur ses joues. Je ne pouvais pas imaginer ce qui s'était passé, et ce n'est que progressivement et entre des éclats de larmes hystériques que j'ai appris que Lilli, selon son habitude, était allée au théâtre quelques heures avant la représentation et avait commencé à s'habiller, se contentant de regarder dans la vitre. le dernier moment pour préparer son maquillage. Elle avait alors découvert le terrible état de son visage et de son costume. Il semblait que le concierge avait donné au radiateur de la cave un ratissage spécial qui avait envoyé des tonnes de cette terrible suie de charbon de Pittsburgh voler à travers les caisses et dans les vestiaires où elle s'est déposée comme un voile sur tout ce qui était à sa portée.

Lilli a juré qu'il lui était absolument impossible de chanter ce soir-là et j'étais désespérée. Il m'est soudain venu à l'esprit que si je pouvais détourner son esprit d'une manière ou d'une autre, la tension pourrait être apaisée, et je me suis donc tourné vers la pauvre Frau Engelhardt tremblante et lui ai dit sur le ton aussi colérique que possible, qu'elle était libérée, que c'était C'était son devoir de prendre soin de mes artistes, et permettre qu'un tel outrage arrive au plus grand d'entre eux était quelque chose que je ne pouvais ni comprendre ni pardonner.

Dès que j'avais ainsi dénoncé notre maîtresse de garde-robe, Lilli dressait l'oreille et me remontrait mon injustice. Elle a insisté sur le fait que ce n'était pas la faute de Mme Engelhardt et que c'était une grave erreur de ma part de la renvoyer. Cela montrait que je n'avais pas de cœur et qu'elle ne la tiendrait jamais responsable d'un tel événement. Lentement, je me suis laissé convaincre et, au moment psychologique, j'ai quitté doucement le vestiaire en lançant à Mme Engelhardt un regard complet qu'elle comprenait. Je savais que les deux femmes ensemble allaient bientôt arranger les choses.

Hors de la loge, je retrouvais mon fidèle Hans, fils de mon souffleur Goettich. Je lui ai donné de l'argent et lui ai dit de courir chez un fleuriste et d'acheter un bouquet des fleurs les plus blanches qu'il pourrait trouver et de les apporter à Madame Lehmann avec mes compliments. Je suis ensuite retourné au club et j'ai terminé mon dîner.

Quand je suis revenu au théâtre juste avant la représentation, j'ai trouvé Lilli déjà sur scène, nouvellement vêtue de robes blanches et immaculées, mais alors qu'elle se tournait vers moi, je pouvais encore discerner des stries sombres sous le maquillage de ses joues, et en de sa voix sombre et dramatique, elle dit : « Walter, je te remercie pour les jolies fleurs blanches, mais elles ne me laveront plus jamais, plus jamais. » Son chant, ce soir-là, me parut plus glorieux que jamais.

De Pittsburgh, nous sommes allés à New York, où j'avais convenu avec Abbey et Grau de me confier le Metropolitan Opera House pour une courte saison de trois semaines. Comme je voulais une attraction particulière pour New York, j'ai engagé Madame Nordica pour quelques représentations de « Lohengrin » dans lesquelles elle devait chanter *Elsa*, et Lilli Lehmann, *Ortrude*, un rôle qu'elle n'avait jamais chanté à New York, mais dont les possibilités dramatiques l'intéressait beaucoup et pour lequel elle était parfaitement adaptée. Au début, elle était furieuse que j'aie engagé un autre chanteur pour New York. "Si j'étais suffisant pour poursuivre votre saison hors de la ville, je ne vois pas pourquoi vous devez l'engager pour New York." Mais je lui ai expliqué mes raisons de gestion et je l'ai quelque peu apaisée, et dès notre arrivée à New York, j'ai organisé une petite répétition sur la scène du Metropolitan pour Lehmann, Nordica et moi-même, afin que toutes les scènes, en particulier du deuxième acte, dans lequel leur action commune était importante, pourrait être convenablement arrangé. Lors de cette répétition, Lehmann traita Nordica avec un dédain glacial, mais Nordica a agi avec un tact et une déférence si intelligents que Lehmann ne pouvait trouver aucun crochet auquel accrocher sa colère, et la répétition s'est déroulée avec un calme extérieur, même si je pouvais sentir le volcan trembler en dessous. Alors que nous sortions dans la rue en fin d'après-midi, une terrible tempête de pluie faisait rage et Lilli vit Madame Nordica s'approcher d'un cocher en livrée qui attendait avec un parapluie ouvert pour la conduire à son coupé. Lilli, vêtue d'un long imperméable gris et d'un vieux chapeau, se tourna vers Nordica : « Ha, tu roules ? Je valse ! » dit-elle en soulevant sa robe et en montrant une paire de superbes bottes.

D'ailleurs, mon « instinct de showman » s'était avéré exact. Nos interprétations de « Lohengrin » avec cette combinaison se sont révélées artistiquement très intéressantes et le public s'est précipité pour les entendre. *L'Elsa* de Nordica avait été très soigneusement formée à Bayreuth, et *l'Ortrude de Lehmann* était véritablement démoniaque, digne de se ranger au rang de celle de Marianne Brandt dans sa représentation d'une haine concentrée.

LILLI LEHMANN COMME ISOLDE

VIII

HANS VON BÜLOW

En 1856, mon père et Hans von Bülow, pianiste, luttaient pour se faire reconnaître et gagner leur vie à Berlin. Tous deux étaient des idéalistes et des adeptes enthousiastes de la « nouvelle école » musicale, dont Berlioz, Liszt et Wagner étaient les grands représentants. Les lettres de Bülow de cette époque montrent qu'ils ont donné ensemble de nombreux concerts de musique de chambre, tant à Berlin qu'ailleurs, et il est intéressant de noter que lors de l'un d'entre eux, avec le violoncelliste Kossman, ils ont interprété un trio de « César Franck de Liège », une trentaine d'années avant que ce père de l'école française moderne de composition ne soit connu et reconnu. C'est grâce à Bülow que mon père et ses réalisations en tant que virtuose du violon et compositeur furent connus de Liszt, qui l'invita, en 1857, à devenir violoniste au premier pupitre de l'Orchestre de l'Opéra de Weimar, alors sous la direction de Liszt.

L'amitié entre Bülow et mon père est restée intime et fine tout au long de la vie de mon père, et même au-delà, comme le montrera ce chapitre.

Mon premier souvenir de Bülow remonte à 1876, lorsqu'il vint en Amérique à l'invitation de la société Chickering Piano pour inaugurer leur nouveau Chickering Hall sur la Cinquième Avenue et la 19e Rue et donner des récitals de piano dans tout le pays.

Lorsque mon père et ma mère sont allés à Berlin dans les années soixante pour un concert commun avec Bülow, ils sont restés avec lui et sa femme Cosima. Depuis, beaucoup de choses se sont passées. Cosima s'était enfuie avec Wagner, l'ami le plus adoré de Bülow, et Bülow avait failli mourir dans la honte et la misère de cela. Un soir, pendant un dîner chez nous, ma mère l'interrogea sur ses enfants, qu'elle n'avait pas vus depuis ces premiers jours, et j'entends encore la courtoisie pointilleuse avec laquelle il répondit : « Ils sont là où ils doivent être, et dans le meilleur des cas. mains possibles… avec leur mère.

La belle intellectualité de son jeu, la qualité de son phrasé, notamment chez Bach et Beethoven, ont créé sur notre public une impression profonde qui n'a pas été minimisée par certaines excentricités de son apparence et de son comportement. Il apparaissait toujours sur scène pour ses récitals de l'après-midi vêtu de la traditionnelle redingote noire à double boutonnage et d'un pantalon gris très clair, les mains enfermées dans des gants marron clair et tenant un haut chapeau de soie soigneusement déposé sous le piano avant de se produire. ôta ses gants et commença à jouer.

Pour l'un de ses récitals, une jeune soprano très talentueuse, Miss Emma Thursby, avait été engagée. Elle était une protégée du vieux Maurice Strakosch, imprésario de la vieille école, astucieux, poli dans ses manières, qui mettait très habilement en valeur le haut caractère personnel de la jeune chanteuse et surtout sa grande « pureté », jurant que sa connaissance, endurcie, le vieux pécheur qu'il était avait fait de lui un homme meilleur.

Au récital de Bülow, son interprétation de quelques chansons allemandes de Schubert et Schumann a, je pense, été accueillie par des applaudissements si enthousiastes qu'elle a donné un rappel, une chanson plutôt triviale de Franz Abt. Lorsque Bülow, dans sa loge, entendit cette « profanation » d'un programme composé uniquement d'œuvres de grands maîtres, sa rage ne connut aucune limite, et lorsqu'il monta sur scène pour continuer son propre programme, il sortit délibérément son mouchoir et essuya soigneusement les touches du piano de haut en bas dans une gamme de glissando bruyante, puis commença à improviser sur le récitatif de la Neuvième Symphonie de Beethoven : « Ô amis, pas ces tons. . . .»

Une autre fois, il donna un concert de musique de chambre avec mon père et ils jouèrent, entre autres, la « Sonate à Kreutzer » de Beethoven. Juste avant de monter sur scène, il s'est tourné vers mon père et lui a dit :

"Jouons-le par cœur."

"Avec plaisir", répondit mon père en posant sa musique.

"Non, non", a déclaré Bülow, "emportez-le sur scène avec vous."

Après qu'ils eurent pris place sur scène, Bülow se leva ostensiblement, prit la musique de mon père sur le pupitre et la sienne sur le piano et les déposa toutes deux sous le piano.

Sa mémoire, non seulement pour la musique, mais pour tout ce qui l'intéressait, était prodigieuse et pour moi étrange. Mais c'était quand même humain et pas infaillible, et cette fois il perdit sa place dans le dernier mouvement de la sonate et mon père dut improviser avec lui pendant quelques mesures jusqu'à ce que, avec une ingéniosité rapide, il retrouve le fil conducteur. encore.

J'ai parlé ailleurs des terribles responsabilités qui ont été placées sur mes épaules à cause de la mort subite de mon père, et à mesure que les années passaient, il me manquait de plus en plus, non seulement sa merveilleuse compagnie, mais aussi les sages conseils avec lesquels il m'aidait à résoudre mes énigmes musicales. J'ai travaillé dur et j'ai progressé, je pense, car mon cercle d'amis et de followers s'est élargi de plus en plus. Mais je ne connaissais personne dans ce pays vers qui je pourrais m'adresser comme à mon père, ou qui m'aurait donné sa sagesse aussi librement et généreusement que lui. Seidl, mon associé au Metropolitan, n'était pas amical et était complètement replié sur lui-même, et d'ailleurs, il n'avait, à mon avis, qu'une seule spécialité, les drames musicaux de Wagner. En tant que chef d'orchestre symphonique, il était totalement inexpérimenté à son arrivée en Amérique et son interprétation des classiques manquait de fondement et de réelle pénétration, malgré les éloges bruyants qu'une certaine partie de notre public lui accordait en raison de son incontestable génie de Wagner. conducteur.

Un heureux hasard m'a apporté une coupure de journal allemande annonçant que Hans von Bülow passerait l'été 1887 à Francfort, où il enseignerait à une classe de pianistes avancés et consacrerait la totalité de ses recettes à la construction d'un monument à son vieil ami Joachim Raff. , qui avait passé ses dernières années à Francfort en tant que directeur du conservatoire.

J'ai immédiatement décidé d'aller en Allemagne et de demander à Bülow si, compte tenu de son ancienne amitié avec mon père et de mon besoin de l'aide d'un grand musicien, il accepterait de me laisser étudier avec lui l'interprétation des Symphonies de Beethoven en particulier. , et tous autres ouvrages qu'il serait intéressé à analyser pour moi.

Bülow était à cette époque considéré comme le plus grand chef d'orchestre d'Allemagne. Il avait pris un petit orchestre médiocre de cinquante personnes, appartenant au grand-duc de Meiningen, et, par son génie suprême, l'avait galvanisé pour en faire un instrument merveilleux. Sous sa direction, ce petit orchestre avait fait sensation dans toute l'Allemagne et l'Autriche et un *tour de force particulier* était de jouer certaines symphonies entièrement par cœur, sans aucune musique auparavant.

Quand je suis arrivé à Francfort, j'ai découvert que Bülow vivait à l'hôtel Schwan et, avec beaucoup d'inquiétude, je lui ai dit ce que j'attendais de lui. Il semblait très touché et affirmait que c'était la première fois de son expérience qu'un musicien qui, selon ses propres termes, « était déjà important dans l'opéra, la symphonie et l'oratorio », pensait pouvoir apprendre quelque chose de lui. Dans les termes les plus chaleureux, je peux dire les plus affectueux, il me promit toute l'aide possible et me conseilla de prendre une chambre dans le même hôtel. C'est ce que j'ai fait, et je peux honnêtement dire que tout l'été pendant lequel j'ai été avec lui en étroite compagnie, non seulement dans ses chambres et pendant les heures de cours des pianistes, auxquels j'assistais également beaucoup, mais lors de longues promenades jusqu'au les musées, les parcs et les faubourgs de Francfort, sa gentillesse presque paternelle, sa sagesse et ses commentaires sur les choses artistiques, littéraires, politiques et personnelles furent pour moi une révélation. Il y avait tant d'histoires courantes sur ses commentaires mordants et son comportement brusque envers les gens qui excitaient son inimitié, que j'étais étonné de le trouver toujours si sociable et si doux dans toutes ses relations avec moi. Il avait un cœur très tendre et sensible, mais la vie avait porté à cet idéaliste tant de coups durs qu'il a enfermé son cœur dans une coquille pour le protéger de nouvelles agressions.

Il a parcouru avec moi toutes les neuf symphonies de Beethoven, mesure par mesure, phrase par phrase, et j'ai encore les partitions dans lesquelles il faisait certaines notations de phrasé ou illustrait des changements de dynamique de certains instruments afin de faire ressortir les intentions incontestables de Beethoven. plus clairement. Il a analysé virtuellement les symphonies pour moi de la même manière que dans son édition des sonates pour piano, et à la fin de nos trois mois ensemble, il m'a donné un exemplaire de sa propre partition de la Neuvième Symphonie avec toutes ses propres annotations, dont beaucoup qui étaient basés sur l'analyse faite par Wagner lors de sa représentation historique de cette œuvre lors de la pose de la première pierre du Bayreuth Fest-Spielhaus.

Durant ces trois mois d'études intensives, j'ai reçu de lui tellement de choses nouvelles pour moi, une telle richesse d'idées sur l'interprétation et la technique de l'art du chef d'orchestre, qu'il m'a fallu des années pour bien les digérer et apprendre, au lieu de en le copiant servilement, je pouvais me l'approprier et en accepter ou en rejeter des parties, selon les méthodes d'analyse qu'il m'avait enseignées.

Pendant notre séjour à Francfort, un petit prince de Hesse, dont la mère, la Landgravine, était une « Altesse Royale », étant la nièce du vieil empereur Guillaume, invita von Bülow à donner un récital de Brahms dans son palais. Bülow a immédiatement insisté pour que moi aussi je sois invité, ce que j'ai donc été. Quand je l'accompagnais, il me présenta aux différents personnages élevés assemblés, et le Landgravine me demanda si je n'étais pas « le fils du grand docteur Damrosch ». J'ai répondu poliment : « Oui, Votre Altesse Royale. »

« N'était-il pas un ami de Rubinstein ? elle a continué.

"Oui."

« Il jouait de l'alto, n'est-ce pas ?

J'ai dit : "Non, Votre Altesse Royale, le violon."

"Non", dit-elle, "l'alto."

Cela m'a appris que la royauté ne doit jamais être contredite, même si elle connaît des « faits » sur votre propre père dont vous n'êtes pas au courant.

Le prince de Hesse était aveugle et pensait avoir un don pour la musique ; en fait, il « composait » des quatuors à cordes qu'il, je présume, il « dictait » plus ou moins au musicien de la cour de sa petite maison princière.

Juste avant le dîner, le prince s'approcha de Bülow avec une énorme couronne de laurier, ce qui rendit Bülow très furieux. Il les appelait toujours « les légumes de la renommée », et il criait immédiatement : « N'y a-t-il pas de buste de Brahms ici ? mais comme il n'y en avait pas, il déposa la couronne sur le piano.

Au cours du très bon dîner qui fut servi à Leurs Altesses Royales et à von Bülow dans une salle et aux autres convives dans une autre, je constatai avec étonnement que le prince aveugle était conduit à ma chaise en tenant une coupe de champagne à la main pour portez un toast à moi spécialement, « le musicien et chef d'orchestre américain », et deux jours plus tard, le prince et son gentleman d'honneur m'ont officiellement rendu visite à mon hôtel. Une heure plus tard, le monsieur d'honneur revint m'informer que le prince désirait me faire accepter la place de musicien dans sa maison avec « douze cents thalers par an et pension gratuite au palais ». J'ai dû lui expliquer très poliment et avec gratitude que j'étais alors chef d'orchestre au Metropolitan Opera House, à la New York Symphony Society et à la New York Oratorio Society, et qu'avec la grande appréciation de cette offre, je ne pouvais pas abandonner. ces postes et ma carrière américaine pour venir en Allemagne.

Bülow, lorsque je le lui ai raconté, a éclaté de rire et a éclaté de rire.

Bülow a été en mauvaise santé tout au long de l'été, souffrant de maux de tête, d'insomnie et d'un effondrement nerveux général, mais avec une volonté de fer, il a suivi le programme d'été, n'acceptant aucune récompense financière pour lui-même, uniquement pour aider à rassembler de l'argent grâce à ses cours pour l'école. achèvement du monument Raff.

Je me souviens d'une nuit de retour à l'hôtel après l'opéra, et alors que je passais devant la porte de sa chambre pour me rendre à la mienne, qui était au même étage, j'ai entendu des sanglots si forts et j'ai continué à sangloter que j'ai ouvert sa porte, sans recevoir de réponse. à mes coups. Je l'ai trouvé en chemise de nuit, agenouillé devant son lit, la tête enfouie dans le matelas et sanglotant si amèrement que c'en était déchirant. Je me suis précipité vers lui, pensant qu'il était peut-être très malade, et il m'a fallu longtemps avant de pouvoir le calmer. Il ne cessait de répéter que la vie était finie pour lui, qu'il voulait mourir, et ce n'est qu'en lui répétant sans cesse combien nous l'adorions tous et ce que son amitié signifiait pour nous que j'ai pu peu à peu le calmer et le mettre au repos. lit, où je me suis assis en lui tenant les mains jusqu'au petit matin, quand il s'est finalement endormi.

Bien que faible et malade après le travail ardu de l'été, il avait promis à l'Université de Marburg de leur donner deux de ses célèbres récitals de Beethoven, et comme son ami Steyl, l'éditeur de musique, et moi étions inquiets de son état, nous avons décidé de l'accompagner. lui afin de prendre soin de lui. Les arrangements pour les concerts qui devaient avoir lieu l'après-midi dans l'aula de la vénérable université étaient entre les mains du professeur de grec, un vieux monsieur distrait typique qui semblait accablé par l'honneur de recevoir la visite du grand von Bülow et qui avait aussi peur de ce petit homme brusque. J'étais inquiet à cause de toute cette affaire. Bülow avait été très faible toute la matinée et Steyl et moi voulions qu'il annule le récital, mais il n'a pas voulu en entendre parler et est monté courageusement sur scène pour commencer son programme.

Malheureusement, à cause de la chaleur estivale, les fenêtres de l'aula étaient grandes ouvertes, et pendant la musique, les cris des enfants qui jouaient en bas, le grondement des charrettes sur les trottoirs rugueux des rues médiévales, retentissaient avec un bruit constant.

Bülow commença, hésita, recommença et s'arrêta – courut hors de la scène et revint pour recommencer. Mais c'était inutile. Le bruit a continué et le récital a dû être annulé, et après une crise nerveuse accompagnée de grands pleurs, nous l'avons ramené à l'hôtel et au lit, Bülow jetant des injures sur le petit professeur à qui il imputait tout, le soleil éblouissant, les cris des enfants qui jouaient et le bruit des charrettes. Le récital du lendemain a bien sûr été annulé et nous avons tout organisé pour ramener Bülow à Francfort.

Le matin, quand je passai chez lui, je le trouvai soigneusement vêtu de sa redingote, de son haut chapeau de soie et de ses gants marron glacés, et en réponse à mon regard visiblement étonné, il dit : « Nous ne devons pas partir sans faire notre visite d'adieu. de cérémonie sur le professeur grec. Je tremblai du résultat, mais une calèche avec deux chevaux et un cocher en livrée attendait déjà dans la cour de l'hôtel pour nous emmener jusqu'à la vieille tour médiévale de l'université où vivait le professeur.

Nous avons été conduits dans une magnifique bibliothèque circulaire, les livres couvrant tout le mur intérieur de la tour, et pendant que nous attendions le professeur, Bülow courait dans la pièce comme un chien à la piste, examinant les titres des différents livres sur la tour. étagères. Soudain, il se jeta sur un livre, le retira et commença à tourner les feuilles rapidement jusqu'à arriver à une certaine page où il tenait le livre ouvert au moment même où le vieux professeur entrait, tremblant de la tête aux pieds. J'avais plutôt peur de la rencontre entre les deux hommes, mais à mon grand étonnement, Bülow s'avança, le livre à la main, et, avec une profonde révérence, le tendit silencieusement au doux imprésario amateur, en lui désignant un certain endroit de la page ouverte. Le professeur le lut, rougit et regarda avec une sorte d'excuse muette von Bülow, qui prit alors son chapeau et, avec un autre salut bas, quitta la pièce, suivi de moi, encore complètement mystifié par ce cérémonial silencieux, le sens dont je ne pouvais pas comprendre.

Pendant le trajet de retour à l'hôtel, Bülow gazouillait considérablement. De temps en temps, il riait et finalement, comme si la plaisanterie était trop belle pour être retenue, il se tournait vers moi et me disait :

« Savez-vous quelle citation j'ai donnée au professeur de grec ? L'un des philosophes grecs disait qu'« il n'est pas sage pour un homme instruit de se mêler des affaires pratiques de la vie ». »

Peut-être qu'un lecteur érudit pourra me dire qui était l'auteur grec. Bülow ne me l'a jamais dit.

Au cours de nos longues promenades, Bülow évoquait souvent le passé et me racontait suffisamment d'histoires pour remplir un livre. Je vais en raconter deux ici.

Bülow passait un hiver à Florence et fut invité à diriger une représentation de la Neuvième Symphonie de Beethoven avec l'orchestre local. A cette époque, l'Italie n'avait pratiquement pas d'orchestres symphoniques et les musiciens, recrutés dans les opéras, n'avaient que peu de routine pour jouer de la musique de concert d'importance symphonique. Les hommes étaient disposés et enthousiastes, mais même un chef d'orchestre aussi habitué que Bülow avait du mal à leur faire comprendre certaines subtilités rythmiques de cette œuvre la plus complexe de toutes les œuvres de Beethoven. Dans le scherzo arrive un endroit où la timbale doit entrer brutalement avec une répétition de la première mesure du thème principal :

Ce rythme, le joueur de timbale ne parvenait tout simplement pas à le saisir, malgré la patience avec laquelle Bülow s'efforçait de l'inculquer. Il a essayé lentement, il a essayé vite. Bülow devenait de plus en plus excité et irritable, et finalement, en dernier recours, il lui cria équitablement, au rythme de ce thème, le mot italien pour timonerie. Au sommet de sa voix s'élevait le mot :

« Tym-pan-y ! Tym-pan-y !

Un sourire ravi apparut sur le visage du joueur de timbale.

« Ah, capisco, capisco », cria-t-il, et il se mit immédiatement à mettre en pratique ses connaissances nouvellement acquises.

Bülow m'a raconté qu'il avait pris autrefois l'habitude de noter tous les noms étranges ou incongrus qu'il trouvait sur les enseignes des magasins des différentes villes des différents pays qu'il visitait. Dans une petite ville allemande, il trouva au-dessus d'une épicerie de légumes le nom de « Seidenschwanz ». Cela l'a séduit et il l'a rangé dans sa mémoire, déterminé à trouver un prénom à ajouter qui, par son contraste même, lui conviendrait. Pendant des mois, il s'est cogné la cervelle, mais en vain, jusqu'à ce qu'une nuit à Venise, il saute de son lit en criant : « Je l'ai. *Caligula Seidenschwanz!* » Le nom du plus cruel des empereurs romains couplé à celui du petit marchand de légumes !

Le lendemain matin, il se rendit chez un graveur et fit imprimer des cartes de visite portant le nom mystérieux de :

Caligula Seidenschwanz.

Peu de temps après, chaque fois que le docteur Hans von Bülow rendait visite à quelqu'un, au lieu de présenter sa propre carte, il laissait celle de M. Seidenschwanz, mystifiant ainsi complètement ses amis.

J'ai raconté cette histoire des années plus tard, alors que je dînais chez mes chers amis, May Callender et Caro de Forest. Lilli Lehmann était l'une des invitées, et quand j'ai fini, elle s'est levée d'un bond et a dit :

« Walter, c'est une histoire très remarquable, mais elle est absolument vraie, comme je le sais. J'étais soprano colorature à l'Opéra Royal de Berlin à l'époque où Bülow nous rendait visite un soir où nous jouions le Prophète de Meyerbeer. Il était tellement dégoûté par le spectacle qu'il écrivit une de ses lettres indignées et cyniques à un journal berlinois, dans laquelle il comparait l'Opéra Royal à un cirque, puis ajoutait l'insulte à l'injure en s'excusant auprès de Herr Renz, propriétaire du plus grand cirque. en Allemagne, disant qu'il ne voulait pas l'insulter, car il avait toujours été un grand admirateur du cirque Renz. Cette lettre excita le vieil intendant, le baron von Hulsen, à une telle fureur qu'il interdisa à Bülow de pénétrer plus loin dans l'opéra et incita en même temps le vieil empereur à retirer le titre de « pianiste de Sa Majesté le roi de Prusse ». de von Bülow.

Lilli Lehmann a ensuite continué en racontant que le lendemain de la représentation, elle avait reçu un grand panier de fleurs dans lequel avait été glissée une carte sur laquelle était écrit « Au seul point positif de la représentation d'hier. En admiration, *Caligula Seidenschwanz* .

Jusqu'à ce soir-là, lorsque j'ai expliqué l'origine du nom, Lilli Lehmann ne savait pas que les fleurs lui avaient été envoyées par von Bülow.

A la fin de la session d'été, Bülow m'a invité à l'accompagner au Festival Musical de Cologne. Il m'a dit qu'il avait écrit à Brahms à mon sujet et qu'il voulait que je le rencontre, et que j'entendrais également une belle interprétation du « Requiem » de Brahms. Inutile de dire que j'ai sauté sur une telle opportunité.

Mon père, qui, avec sa merveilleuse attitude libérale, ne partageait pas l'attitude étroite des autres wagnériens qui détestaient Brahms, avait été parmi les premiers à introduire sa musique en Amérique et avait donné la première représentation de la Symphonie n° 1 en ut de Brahms. mineur en Amérique. Bülow était devenu un propagandiste similaire pour Brahms en Allemagne. Je le considérais comme le dernier grand compositeur des temps modernes, doublement intéressant parce que le grand génie de Wagner, qu'il admirait beaucoup, l'a laissé intact en ce qui concerne sa propre œuvre créatrice, et il est peut-être le seul grand compositeur moderne dont les œuvres ne peuvent montrer aucune influence de l'école wagnérienne. Diriger ses symphonies est encore pour moi une des plus grandes joies de l'hiver, et je continue de m'émerveiller à quel point les années les ont peu vieillies et combien nobles de conception et riches en subtilités de sentiment elles continuent d'exprimer dans une ligne ininterrompue le les idéaux les plus élevés des symphonies de Beethoven.

Dans le tumulte d'un festival, je n'avais que peu d'occasions de voir beaucoup de Brahms, qui n'y restait que très peu de jours, et j'étais trop jeune et sans importance pour réclamer la moindre attention de sa part ; mais j'étais reconnaissant à Bülow de m'avoir donné l'occasion de le rencontrer, et je peux encore voir son regard merveilleux et bienveillant se tourner vers moi tandis que Bülow lui disait de belles choses sur moi.

Pendant notre séjour à Cologne, j'ai vécu une expérience si curieuse, si extraordinaire, que je dois surtout assurer à mes lecteurs qu'elle est vraie en tous points.

Un matin, Bülow m'annonça qu'il allait traverser la rivière dans l'après-midi pour rendre visite à la veuve d'une vieille amie, Madame B..., qui vivait dans une villa à Deutz. Il m'a demandé de l'accompagner, et nous avons donc fait appel à une jeune veuve assez jolie, vêtue du plus profond deuil, qui nous a accueillis très gracieusement. Son mari, pianiste belge de renom, avait été professeur de piano au Conservatoire impérial de Saint-Pétersbourg et y avait épousé une de ses jeunes élèves russes.

Après avoir bavardé un moment, elle nous proposa d'aller prendre une tasse de thé dans le jardin et nous la suivions en conséquence jusqu'à un petit bâtiment en pierre au milieu du jardin qui ressemblait à une chapelle, mais que, à ma grande horreur, je découvert, en entrant, être un mausolée. Au centre se dressait un sarcophage au sommet duquel reposait un cercueil à dessus de verre dans lequel reposait le corps de B... ! Un valet de pied en livrée nous suivit avec un samovar et les tasses à thé.

Il semble que la dame ait ainsi tenté de démontrer son amour pour son défunt mari. J'avoue que je suis tombé presque malade et que j'ai quitté précipitamment le mausolée pour sentir les roses du jardin, mais Bülow a tenu le coup avec rigueur et courage et a pris sa tasse de thé dans ces conditions uniques.

Bien des années après, j'ai appris par Mme Franz Rummel, dont le mari avait été un élève préféré de B..., que sa veuve était de nouveau mariée et heureuse et que B... avait été correctement enterré sous terre.

En 1889, j'ai convaincu M. Leo Goldmark, frère du compositeur viennois, qui s'intéressait à la musique et aux affaires musicales de New York, d'amener von Bülow en Amérique pour une autre visite, et plus particulièrement pour lui donner son cycle de sonates de Beethoven.

Bülow était accompagné de sa seconde épouse et la visite fut un grand succès à tous points de vue. Elle avait été une jeune actrice de talent au Théâtre de la Cour de Meiningen et il l'avait épousée alors qu'il y était chef d'orchestre.

Les récitals de Beethoven ont eu lieu au Broadway Theatre, qui était bondé jusqu'aux portes, et la presse et le public ont accueilli le vieux maître avec un enthousiasme si amical qu'il a été très touché et est devenu très enthousiasmé pour l'Amérique. Il a également dirigé mon orchestre lors d'un concert mémorable au Metropolitan Opera House au cours duquel il a démontré ses merveilleux pouvoirs de chef d'orchestre. Parmi les œuvres au programme figurait « l'Ouverture tragique » de Brahms. Juste avant de commencer la répétition, il a appelé par son nom le bibliothécaire de l'orchestre, Russell : « Où est le contrebasson ? Pourquoi n'y a-t-il pas de contrebasson engagé ?

Les protestations de Russell furent vaines, affirmant qu'on ne lui avait pas dit d'engager un contrebasson, mais soudain la colère de Bülow s'apaisa et il commença la répétition. Pendant ce temps, comme c'était son habitude, il dirigea sans aucune partition orchestrale devant lui. Sa mémoire de ce que chaque instrument devait jouer était en effet remarquable, même si j'ai toujours senti qu'il aimait le montrer un peu lors des répétitions. Une fois la répétition terminée, il appela Russell à ses côtés et, lui glissant un billet de cinq dollars, lui murmura : « Ne dis rien ; c'était mon erreur, il n'y a pas de contrebasson dans l'Ouverture de Brahms.

IX

ANDREW CARNEGIE ET LA FAMILLE BLAINE

Au printemps 1887, je m'embarquai pour l'Europe pour passer l'été à étudier avec Hans von Bülow, et sur le bateau à vapeur, je rencontrai Andrew Carnegie et sa jeune épouse Louise. Ils étaient en voyage de mariage et en route pour l'Écosse, où M. Carnegie avait loué « Kilgraston », un bel endroit ancien près de Perth. Il avait connu mon père et l'avait invité quelques années auparavant à un dîner donné en l'honneur de Matthew Arnold qui était en Amérique pour une tournée de conférences. M. Carnegie a parlé de mon père avec beaucoup d'affection et de respect et a exprimé sa joie que j'aie repris le travail de mon père. Il m'a invité à venir visiter l'Écosse après la fin de mes études avec von Bülow.

À la fin de l'été, j'ai donc navigué sur un petit bateau à vapeur de Hambourg à Leith et j'ai été reçu avec une grande amitié par M. et Mme Carnegie à Kilgraston. Parmi leurs invités se trouvaient James G. Blaine, son épouse et deux de leurs filles. Ma connaissance de cette famille remarquable s'est rapidement transformée, très heureusement pour moi, en une amitié étroite et a finalement abouti à mon mariage avec Margaret, l'une des filles, mais je progresse trop vite.

M. Blaine avait été défait à la présidence en 1884. Depuis lors, il était occupé à terminer son livre « Vingt ans de Congrès » et, au printemps 1887, lui et sa famille prenaient un an de vacances à l'étranger.

En raison de ma jeunesse et des exigences de mon métier, la majeure partie de ma vie s'est déroulée parmi les musiciens et ceux qui s'intéressent à la musique. C'était la première fois que j'entrais en relation personnelle avec un grand homme d'État, à l'époque le plus important de notre pays, et je constatai avec étonnement que, bien qu'une atmosphère de grande dignité l'entourait, il était absolument simple et doux dans ses propos. contact avec d'autres personnes.

Son épouse, une femme d'une force de caractère singulière, dotée d'un esprit très original et d'un dévouement absolu à son mari et à ses ambitions, était à bien des égards aussi remarquable que lui. Sa connaissance et son intérêt pour la littérature - poésie, histoire, mémoires - étaient très complets, et les discussions à ce sujet, qui étaient constantes à la table de M. Carnegie, m'intéressaient énormément et m'ouvraient de nouveaux mondes.

Les deux filles, Margaret et Harriet, pleines d'entrain et partageant les intérêts de leurs parents, leur témoignèrent un dévouement et un amour si partisans et si intenses dans leur caractère qu'ils parurent d'abord m'attirer vers elles presque plus que toute autre chose. Enfant, j'avais souffert de voir mon père incompris et souvent attaqué par des hommes qui n'étaient pas dignes de nouer les lacets de ses chaussures, et j'ai trouvé ici des conditions similaires mais à une échelle bien plus grande, car la carrière de M. Blaine avait été nationale et ses triomphes et les défaites avaient suscité la sympathie ou l'exécration de millions de citoyens américains. La musique n'était que peu entrée dans la vie de la famille Blaine - même si depuis lors ma femme s'y est dévouée avec enthousiasme - et j'étais vraiment ravi d'être obligé, pour la première fois de ma vie, d'établir des relations d'un point de vue purement humain. et sans l'aide d'aucun des « glamour romantiques » de ma profession. A cette époque, cependant, je n'avais qu'un aperçu des Blaine, car ils ne restèrent qu'une semaine après mon arrivée, mais il y avait de délicieuses rumeurs concernant un voyage de quatre semaines en entraîneur de Londres à l'Écosse que M. Carnegie prévoyait pour l'année suivante. l'été et pour lequel nous devions tous être invités.

M. Carnegie était à cette époque un généreux partisan de Gladstone et du Parti libéral, et plusieurs de ses dirigeants sont venus lui rendre visite à Kilgraston, parmi lesquels John Morley, qui m'a énormément impressionné et pour qui, à sa demande et à celle des Carnegie, J'ai joué chaque soir des extraits de la « Trilogie des Nibelungen » de Wagner, expliquant la musique et le texte, car M. Morley n'avait jamais entendu la musique auparavant. J'étais très fier de pouvoir intéresser un esprit aussi brillant que le sien à la musique de Wagner, et j'aime à penser que mes récitals de conférences sur Wagner, que j'ai donnés plus tard dans toute l'Amérique, avaient leur origine dans ces entretiens informels en Écosse pour Morley. et les Carnegie.

Par ailleurs, M. Carnegie s'intéressa de plus en plus aux sociétés Symphony et Oratorio de New York et consentit à en devenir le président et le principal bailleur de fonds. Les œuvres symphoniques les plus complexes ne l'attiraient pas, mais il avait un amour naturel et naïf pour la musique. En raison de son étude et de sa connaissance approfondie de la littérature écossaise, de la poésie en particulier, ainsi que d'une intense affection pour son pays de naissance, il aimait particulièrement les chansons folkloriques d'Écosse et, d'une voix aiguë, chevrotante et quelque peu incertaine, il pouvait chanter littéralement des dizaines d'entre eux de mémoire. Pour moi, ces chants populaires ont été une révélation, et je pense toujours qu'ils ont une variété et un charme qui dépassent ceux de toute autre race.

J'adore même les cornemuses écossaises et je sympathise presque avec l'Écossais qui dit que son idée du paradis est composée de « vingt cornemuses jouant ensemble dans une petite pièce et chacune jouant un air différent ».

Au cours de nos longues promenades et excursions de pêche ensemble, M. Carnegie a parlé continuellement et librement de ses nombreux projets visant à améliorer le monde grâce à des bienfaits libéraux. Il avait déjà commencé à fonder des bibliothèques gratuites partout en Grande-Bretagne et en Amérique, et me parlait souvent de sa propre grande pauvreté lorsqu'il était enfant et de la difficulté d'obtenir les livres et l'éducation dont il rêvait. Son imagination s'enflammait devant les opportunités que ses bibliothèques offriraient à la jeunesse d'aujourd'hui, et un optimisme constant quant à l'avenir du monde semblait diriger tous ses plans.

Les maigres salaires versés à notre profession enseignante susciteraient particulièrement sa colère, car il estimait que tout l'avenir de l'Amérique était entre les mains de ses enseignants et que, par conséquent, les plus grands esprits du pays devaient être mobilisés dans ce travail et convenablement récompensés. . Comme le lecteur le sait, cette conviction a finalement culminé dans son système remarquable et complet de pensions pour les professeurs d'université qui avaient exercé leur profession pendant un certain nombre d'années.

Au fur et à mesure qu'il me dévoilait ses différents rêves et projets, il devenait vraiment éloquent. Ses petites mains s'entrechoquaient, et pendant un moment même sa canne à pêche et une éventuelle truite à l'autre bout étaient oubliées, surtout lorsqu'il parlait de sa plus grande aversion – la guerre – et de son horrible inutilité pour régler les différends.

Enfant, il n'avait pratiquement pas reçu d'éducation scolaire, mais il avait hérité de la passion écossaise pour les livres. Il avait lu de manière omnivore et, ce qui est mieux encore, il se souvenait de ce qu'il lisait. Il connaissait Burns et Shakespeare par cœur et pouvait les citer très justement pour étayer son argumentation.

Sa sympathie pour la souffrance, en particulier celle causée par la pauvreté, était très grande et se dépensait en aide pratique dans toutes les directions. Les dures luttes de sa première jeunesse l'avaient rendu très compréhensif, et de nombreuses veuves laissées dans le dénuement reçurent une aide immédiate de sa part et les enfants furent scolarisés et placés dans une entreprise grâce à son aide.

Son attitude envers la religion était très curieuse. À cette époque, il se disait agnostique, mais il avait de vieux préjugés écossais en faveur d'un « dimanche écossais ». Il méprisait la théologie et pourtant il était réellement religieux, mais il ne se souciait pas de définir son Dieu ni d'explorer les mystères ou les possibilités d'une vie future. Ses préjugés étaient aussi inflexibles que la fonte brute qu'il fabriquait dans ses usines de Homestead, et aucun argument ne l'ébranlerait si sa décision était prise.

Même si M. Carnegie avait une réelle admiration pour la musique dans ses formes les plus simples, celle-ci ne s'est jamais cristallisée en une conviction aussi grande quant à son importance dans la vie que celle qu'il avait concernant l'importance de la science ou de la littérature, et bien que toujours généreuse dans son soutien, son les bienfaits n'ont jamais été aussi grands que dans d'autres directions. Il pouvait comprendre qu'une bibliothèque, une école ou un hôpital ne pouvaient et ne devaient pas subvenir à leurs propres besoins, mais je ne parvenais pas à le convaincre que la musique devait entrer dans la même catégorie. Il a toujours insisté sur le fait que le plus grand mécénat de la musique devait provenir d'un public payant plutôt que d'une dotation privée. Il a construit le Carnegie Hall afin de donner à New York un lieu approprié pour ses activités musicales, mais il ne considérait pas cela comme une philanthropie et espérait que la salle subviendrait à ses propres besoins et donnerait un juste retour sur le capital investi.

Au printemps 1888, je repartis pour l'Europe avec les Carnegie et, en arrivant à l'hôtel Metropole de Londres, nous trouvâmes le reste de l' équipe déjà rassemblée : la famille Blaine, M. Henry Phipps, un associé de M. Carnegie, et Mme Phipps, Gail Hamilton (Mlle Dodge), une cousine de Mme Blaine bien connue comme écrivaine ; également un jeune ecclésiastique universaliste, le docteur Charles Eaton, qui était le pasteur de l'église de Mme Carnegie.

Nous avons quitté l'Hôtel Métropole le 8 juin au matin, sur le quatre en main de M. Carnegie. Il y avait une grande foule de gens pour nous saluer et nous souhaiter « Bon voyage », parmi lesquels John Morley et Lord Rosebery. Tous les hommes de notre groupe avaient l'air très sportifs avec leurs hauts-de-forme gris que nous avions acquis en toute hâte chez un chapelier du quartier ce matin-là.

J'avais été nommé trésorier de la tournée par M. Carnegie, « sans salaire mais avec tous les avantages habituels », comme il le dit.

Le cocher, un Écossais robuste et bon enfant et doté de réelles capacités, conduisait son quatre-en-main avec une telle habileté et un tel soin que lorsque nous sommes arrivés dans l'Invernesshire quatre semaines plus tard, ses chevaux étaient en encore meilleur état qu'au départ.

C'était certainement une façon idéale de voyager, et le rythme était suffisamment tranquille pour que nous puissions voir et apprécier les magnifiques paysages d'Angleterre et d'Écosse. Chaque soir, nous nous arrêtions dans une auberge différente, mais nous emportions toujours notre déjeuner dans des paniers et, à midi, nous nous arrêtions dans un coin pittoresque au bord d'une rivière ou dans une prairie herbeuse à l'ombre des arbres et prenions notre repas paresseusement.

Les discussions entre M. Blaine et M. Carnegie lors de ces pique-niques étaient certainement fascinantes à écouter, et particulièrement éclairantes pour un musicien américain dont l'horizon avait peut-être été trop exclusivement limité par ses propres ambitions et les problèmes de son propre art. M. Blaine connaissait l'Angleterre, son histoire et ses grandes familles bien plus intimement que n'importe quel Anglais que j'ai jamais rencontré. Il est bien connu qu'il n'oubliait jamais rien, et chaque fois que nous nous arrêtions soit pour le déjeuner, soit dans une auberge pour la nuit, il ajoutait immédiatement à son immense bagage de connaissances en interrogeant les agriculteurs locaux, les ouvriers agricoles ou les aubergistes sur le sujet. conditions économiques ou politiques de cette partie du pays.

Un élément amusant d'opéra-bouffe de tout le voyage de coaching a été ajouté par l'apparition et la disparition constantes mais furtives de quatre journalistes américains qui avaient été envoyés par leurs journaux respectifs pour « suivre » M. Blaine parce que la convention républicaine pour l'investiture présidentielle était sur le point de se tenir à Chicago, et l'on espérait vivement que M. Blaine accepterait à nouveau la nomination. Lui, et à travers lui nous, bien sûr, savions que rien n'était plus éloigné de son esprit, mais au crépuscule du soir, lorsque nous arriverions à notre auberge pour la nuit, ces quatre reporters, venus en train, seraient déjà là. et tenter directement ou indirectement d'obtenir des « informations privilégiées » concernant les intentions de M. Blaine. Parmi les journalistes figuraient Stephen Bonsal pour le *New York World* et Arthur Brisbane pour le *New York Sun* . Ces derniers, désireux d'allier plaisir et affaires, méprisaient parfois le train et louaient une haute charrette à chiens.

Notre itinéraire a traversé toutes les villes cathédrales de la côte est de l'Angleterre. Nous n'étions liés par aucun horaire et avons donc eu toutes les occasions de voir et d'étudier les puissantes églises gothiques de Cambridge, Ely, Peterborough, York et Durham.

J'avais accepté de diriger un concert à Londres le 19 juin et c'est donc à contrecœur que j'ai fait mes adieux temporaires à notre soirée à York. Ce concert était donné par Ovide Musin, un jeune violoniste belge éminent, qui souhaitait interpréter un concerto de mon père qu'il avait joué à New York environ huit ans auparavant sous la direction même de mon père. J'avais un excellent orchestre londonien de soixante-quinze musiciens et j'ai également donné la Septième Symphonie de Beethoven et la Rhapsodie hongroise numéro un de Liszt. C'était ma première expérience de chef d'orchestre en Angleterre, et comme le concert s'était très bien passé, j'étais très heureux, surtout quand, juste avant de prendre mon train pour Durham pour rejoindre l'équipe de coaching, j'ai lu dans le journal des critiques élogieuses sur le concert. *Times* et *Telegraph de Londres* .

Il pleuvait lorsque je quittai la gare de Durham pour me diriger vers la route sur laquelle devait apparaître l'autocar de M. Carnegie. Je me souviens bien de mon frisson de joie lorsque j'entendis une joyeuse fanfare jouée sur le cor d'entraîneur par l'un des valets de pied — que d'ailleurs j'ai toujours envié pour sa virtuosité sur cet instrument — et peu après, au détour d'un chemin , j'ai vu apparaître l'entraîneur avec tout le monde à son sommet vêtu d'imperméables gris et saluant amicalement. Ma femme a toujours insisté auprès de mes enfants sur le fait que pendant tout ce voyage, je portais une redingote croisée qui avait déjà servi lors de mes matinées de concerts en Amérique, mais je pense que c'est une calomnie grossière et non fondée sur des faits.

Nous avons traversé la frontière écossaise et bien sûr nous sommes arrêtés chez Walter Scott et avons également visité les ruines du château de Linlithgow, dans lequel est née Mary, reine d'Écosse. Et ici, les quatre journalistes, qui avaient été aussi constants que des sangsues et aussi inévitables que la mort et le collecteur d'impôts, entrèrent solennellement dans les ruines et remirent à M. Blaine un télégramme qu'ils venaient de recevoir annonçant la nomination de Benjamin Harrison à la convention. Comme M. Blaine s'y attendait depuis des semaines, la nouvelle ne l'excita pas beaucoup. Il a dit au revoir amicalement aux quatre jeunes détectives, dont plusieurs sont depuis devenus célèbres dans leur profession, et nous avons continué notre voyage plus au nord jusqu'à ce que nous arrivions à la maison de M. Carnegie, au château de Cluny, dans la soirée du mois de juillet. 3.

Il faisait un froid glacial et le vent sifflait strident sur les landes de Dalwhinny lorsque nous avons aperçu Cluny pour la première fois, mais un drapeau américain flottait fièrement au-dessus de ses tourelles et à l'intérieur des feux chauds et un délicieux dîner nous attendaient.

Alors commença pour moi un été de délices. M. Carnegie avait un joueur de cornemuse qui, selon la vieille coutume écossaise, faisait le tour des murs extérieurs de la maison chaque matin pour nous réveiller. Ma chambre se trouvait dans les quartiers des célibataires et avait une petite cheminée dans laquelle couvait confortablement un feu de tourbe. L'odeur de la tourbe et le son du joueur de cornemuse qui s'approchait de plus en plus de ma fenêtre puis s'éloignait sont toujours indissociables dans ma mémoire. Le matin, je travaillais habituellement à mes études de contrepoint et de composition, mais à partir du déjeuner, ce n'était qu'un divertissement délicieux ou une écoute avec le plus vif intérêt de discussions de toutes sortes : politiques, économiques, poétiques. Miss Dodge était une personne des plus stimulantes. Elle avait un esprit qui n'accepterait rien sans analyse ni preuve, et les duels verbaux entre elle et M. Carnegie étaient fascinants, car, même si elle n'était pas écossaise, elle, tout autant que M. Carnegie, représentait l'histoire des deux Écossais. qui se rencontrent et l'un d'eux dit : « Où vas-tu, Donald ? "Oh, va au village pour contredire un tout petit peu."

De temps en temps, j'accompagnais M. Carnegie dans un lac isolé parmi les collines pour pêcher la truite, mais je ne suis jamais devenu un disciple très ardent d'Izaak Walton. J'avais l'habitude de prendre plus de plaisir à m'allonger sur le dos à regarder le merveilleux ciel écossais avec ses nuages bas encadrant les collines dans leur étreinte amoureuse, avec peut-être de temps en temps juste un point de bleu qui brille à travers, qu'à attraper le " des monstres finlandais. Ceux-ci, cependant, mesuraient rarement plus de six pouces de longueur, même si je les ai certainement appréciés le lendemain matin, lorsque nous les avons mangés au petit-déjeuner, roulés dans de la farine d'avoine et délicieusement frits.

Le soir, je devais apporter ma petite contribution à la fête à la maison en jouant Beethoven et Wagner sur un excellent piano Broadwood.

Pendant tout ce temps, j'ai été étonné par l'extrême simplicité et la douceur qui caractérisaient le comportement de M. Blaine envers tous ceux avec qui il entrait en contact. C'était un homme qui, à cette époque, était l'Américain le plus aimé et le plus exécré, et pourtant il n'avait absolument rien en lui de la manière « prima donna » de beaucoup de ceux de ma profession qui sont devenus célèbres. Sa dignité, cependant, était innée et inconsciente, et pendant les nombreuses années où je l'ai connu et intimement connu, je n'ai jamais vu personne qui ait osé présumer de sa simplicité et de sa cordialité générale par une familiarité excessive. Son pouvoir d'abstraction de son environnement était remarquable. Il aimait travailler dans une pièce dans laquelle sa famille parlait, riait et se disputait sur toutes sortes de sujets, tandis qu'il s'asseyait dans un coin, concentré sur son propre problème et le résolvait, absolument inconscient de ce qui se passait. lui.

La famille Blaine quitta Cluny trop tôt, et non seulement moi, mais toute la maisonnée ressentit vivement leur absence.

D'autres invités suivirent, parmi lesquels John Morley, avec qui je fis de longues promenades qui me paraissaient très intéressantes. Il semblait être un homme très seul et peut-être déçu. Il était marié, mais sans enfant, et m'a dit un jour que le grand regret de sa vie était de ne pas avoir de fils, car il aurait aimé l'élever et l'éduquer selon sa propre théorie sur la formation d'un Anglais. ça devrait vraiment l'être. Combien d'hommes ont eu de tels rêves et combien peu, voire aucun, peuvent réellement contrôler l'avenir de leurs enfants !

En mars 1889, Benjamin Harrison fut nommé président et M. Blaine devint son secrétaire d'État.

J'étais, comme d'habitude, terriblement occupé cet hiver-là avec l'opéra, les concerts et les récitals de conférences Wagner, et il y avait des moments où Washington semblait très loin, mais Margaret Blaine avait de bons amis à

New York à qui elle rendait visite de temps en temps, ainsi qu'une sœur, l'épouse du colonel Coppinger de l'armée américaine, stationnée à Governor's Island, dans le port de New York. Chaque fois qu'elle restait avec Mme Coppinger, j'étais un passager très fréquent sur le petit ferry-boat qui me semblait entretenu par notre bienfaisant ministère de la Guerre dans le seul but de permettre à de jeunes hommes comme moi d'atteindre cette forteresse militaire pittoresque mais désuète.

M. Carnegie n'était absolument pas conscient de mes aspirations concernant Margaret Blaine et, l'été suivant, il suggéra une visite à Bar Harbor, où M. Blaine avait construit une résidence d'été. J'acceptai avec un empressement qu'il crut provenir uniquement de la même source que son propre désir de revoir les amis qui avaient tant contribué aux délices du voyage en coach et du château de Cluny. Lorsque je lui ai ensuite fait part de mes espoirs et du fait qu'ils avaient reçu quelques encouragements lors de notre visite à Bar Harbor, il a été très contrarié et a juré que s'il avait jamais soupçonné quelque chose de ce genre, il ne m'aurait jamais emmené avec lui. Il m'a dit qu'il avait espéré que je ne penserais pas au mariage pendant de nombreuses années, mais que je resterais une sorte de membre musical semi-attaché de sa maison, qui à cette époque se composait uniquement de lui et de sa femme. Bien entendu, j'écoutais ses nombreux arguments sans aucune conviction et, malgré son obstination, il trouva en moi son égal. Je dois cependant avouer que lorsqu'il a vu à quel point j'étais sérieux, non seulement il s'est complètement retiré de sa position, mais il a accepté mes fiançailles et mon mariage avec une bonne humeur et une approbation absolues.

Mes fiançailles avec Margaret Blaine ont été annoncées en octobre de l'année suivante lors du mariage de son frère Emmons avec Anita McCormick, de Chicago.

M. Blaine avait acheté l'ancien manoir Seward sur Lafayette Square, tout près de la Maison Blanche, et Mme Blaine, qui avait un flair remarquable pour l'ameublement et la décoration harmonieuses, entreprit d'en faire une maison digne et charmante, la particularité dont se trouvait au premier étage un grand salon, créé en transformant deux pièces en une seule.

J'ai raconté ailleurs comment, à cette époque, j'étais obligé, à cause de ma jeunesse, de me borner au Métropolitain à diriger des opéras tels que « Le Prophète », « La Juive » et « Trovatore ». Seidl, mon collègue plus âgé, monopolisait totalement les opéras de Wagner, que j'avais évidemment particulièrement envie de diriger. J'avais à l'époque contre « Trovatore » une aversion particulièrement forte et déraisonnable, même si elle était en partie justifiée par le fait que nous n'avions pas dans notre compagnie d'opéra allemande une troupe capable de rendre justice à son atmosphère italienne ou à ses exigences vocales.

Chaque fois que la chance faisait que la matinée du samedi était un opéra de Wagner, je demandais et obtenais du directeur Stanton la permission de partir pour Washington le vendredi soir, car cela me permettrait de passer le samedi et le dimanche avec ma fiancée. Un de ces vendredis, juste après que j'eus reçu ma permission, mon frère Frank vint me voir et me pressa de prendre le premier train que je pourrais prendre pour Washington, car il venait d'apprendre que le ténor qui devait chanter dans « Siegfried » " Le samedi après-midi était malade et que, selon toute probabilité, l'opéra serait remplacé par " Trovatore ". J'ai rapidement compris l'allusion, et quand le message est arrivé que je devais diriger « Trovatore », je n'étais nulle part et Anton Seidl a été obligé de le diriger. Il était furieux, car il n'en éprouvait pas plus d'amour que moi, et mon frère me raconta plus tard qu'il dirigeait tout l'opéra avec un visage noir et renfrogné, penché sur la partition et dont il ne levait jamais les yeux. une fois pour faire signe au chanteur ou à l'orchestre.

Au cours de l'hiver suivant, des tragédies commencèrent à submerger la famille Blaine. Walker, le fils aîné, un jeune homme de grand talent qui avait hérité d'une grande partie du charme personnel de son père et qui était devenu d'une grande aide pour M. Blaine au Département d'État, est décédé, suivi peu après par la fille aînée, Mme .Coppinger.

Ces deux tragédies, si étroitement consécutives, furent la première rupture de ce cercle familial parfait, et cela affecta l'esprit et la santé de M. Blaine à un tel point que je ne pense pas que sa vitalité s'en soit jamais remise.

J'ai épousé Margaret Blaine le 17 mai 1890. J'aimerais écrire bien plus qu'un chapitre sur les trente-deux merveilleuses années de notre vie conjugale, mais comme ma femme m'a strictement interdit de mentionner son nom dans ces mémoires , ce chapitre doit se terminer avec le meilleur non-dit, bien que le plus profondément ressenti.

X

LA COMPAGNIE D'OPÉRA DAMROSCH, 1895-1899

Avec le retour d'Abbey, Schoeffel et Grau en 1891, Wagner disparut pratiquement de la scène du Metropolitan Opera House alors que toutes leurs énergies étaient tournées vers la production d'opéras de l'école franco-italienne. C'était une réaction naturelle après sept années d'opéra en allemand et le pendule est passé loin du côté opposé. Une compagnie de très grands chanteurs avait été constituée par les nouveaux directeurs ; le public se délectait de leur *bel canto* , et comme Abbey, Schoeffel et Grau assumaient l'entière responsabilité financière de l'entreprise, les directeurs de l'opéra étaient également très satisfaits. Ils en avaient assez des déficits croissants de l'opéra allemand.

Le chef et l'esprit dirigeant de l'entreprise était Henry Abbey, un magnifique et honorable joueur de « stars » qu'il payait si généreusement que, s'il gagnait parfois de gros bénéfices, il perdait souvent plus lourdement. Les chances de profit étaient trop faibles et, en général, cela ressemblait trop aux tables de roulette de Monte-Carlo, avec des chances en faveur des stars.

John Schoeffel n'était guère plus que le trait d'union entre Abbey et Grau. Je n'ai jamais pu imaginer qu'il faisait autre chose que, peut-être, d'organiser les publicités de la compagnie d'opéra lors de sa visite à Boston, où il vivait en tant que locataire du Tremont Theatre.

La direction même de la saison d'opéra, l'organisation du répertoire, l'engagement des artistes et leur gestion étaient entre les mains de Maurice Grau, devenu un directeur d'opéra de premier ordre. Il prétendait peu connaître les choses artistiques, mais il était astucieux et avait un vrai flair, jusqu'à un certain point, pour donner au public ce qu'il voulait. Il était honorable dans ses relations avec les artistes et, à contrecœur (ce que font souvent les artistes d'opéra), ils l'aimaient, même s'ils le torturaient sans cesse. Il restait assis dans son bureau comme une araignée du matin au soir, élaborant des répertoires, se disputant avec les chanteurs ou les apaisant, et n'ayant aucun intérêt dans la vie au-delà de cela - sauf peut-être le jeu national de poker, dans lequel il et un petit groupe de copains se livraient à lui – et une grande affection pour sa petite fille.

À l'exception de « Lohengrin », qui a été joué sporadiquement en langue italienne, le pauvre Wagner a été pratiquement boycotté, et avec ma grande adoration pour lui, je m'irritais de plus en plus de cette condition.

Au cours de l'hiver 1893-1894, on m'avait demandé d'organiser quelque chose d'original en guise de divertissement pour une œuvre caritative qui m'intéressait, et comme Materna, Anton Schott et Emil Fischer se trouvaient à cette époque en Amérique, j'ai conçu l'idée de donner une représentation scénique du « Götterdämmerung » au Carnegie Hall. Materna était vieille et grosse, mais sa voix était toujours glorieuse ; Anton Schott faisait toujours un *Siegfried sympathique* , et Emil Fischer était au sommet de ses pouvoirs vocaux et histrioniques. Le décor, bien que simple, était bien improvisé et une partie spécialement peinte, et les armes et autres propriétés ont été empruntées au Metropolitan Opera House.

Le succès a été si remarquable que nous avons répété le travail plusieurs fois et ajouté « Walküre ». Cela m'a semblé une preuve concluante que le public américain était plus que prêt au retour de Wagner, et j'ai demandé à Abbey et à Grau de leur suggérer d'inclure dans leur répertoire un certain nombre de représentations de Wagner en allemand. Ils levèrent les mains avec horreur à cette idée, disant que Wagner signifiait la ruine, mais comme ils étaient très bienveillants envers moi (j'avais dirigé de nombreux concerts d'orchestre pour certaines de leurs stars instrumentales), ils suggérèrent que si je voulais être assez stupide, pour donner moi-même des représentations de Wagner, ils me loueraient volontiers le Metropolitan Opera House au printemps et à des conditions faciles. Presque irrésistiblement, j'ai été entraîné dans la détermination de prendre leur suggestion au sérieux, même si elle avait été faite en riant et avec scepticisme quant à son résultat. J'ai consulté plusieurs amis dévoués qui partageaient mon optimisme et j'ai finalement décidé de franchir le pas et, afin de bien financer mon projet fou, j'ai vendu ma maison de West 55th Street.

Chez Miss Mary Callender et Miss Caro de Forest, toutes deux de vraies amies et mélomanes, une « Société Wagner » a été créée, dont le but était d'aider à la vente de places d'abonnement pour mon entreprise et de diffuser la propagande. pour le projet à tous points de vue. Lors de la première réunion de cette société, on avait réservé un si grand nombre de places que le succès semblait assuré, et, en outre, les directeurs du Metropolitan Opera House, bien qu'ils eussent droit à l'usage gratuit de leurs loges, me suggérèrent très généreusement que comme Abbey et Grau factureraient un loyer symbolique de cinq cents dollars par nuit pour mes représentations, ils me paieraient ce montant pour l'utilisation de leurs loges, de sorte que j'aurais la maison pratiquement sans loyer.

Abbey et Grau, qui me considéraient comme une sorte de garçon insensé qui se précipitait follement vers la destruction, me dirent avec la même générosité que je pourrais avoir tout ce qui, de leur énorme stock de costumes et de propriétés, pourrait s'avérer utile pour les opéras de Wagner.

Vers cette époque, je reçus une lettre de M. William Steinway, alors directeur de la maison Steinway & Sons, et grand amateur de musique, me demandant de venir le voir, car il était très intéressé par mon projet de le retour de

Wagner au Métropolite. Je l'ai fait et je l'ai trouvé à son bureau, infirme par la goutte, mais très joyeux et heureux de mon entreprise, pour laquelle il prédisait un grand succès. Il a cependant suggéré que même s'il se rendait compte que l'idée et l'entreprise étaient entièrement miennes et que j'avais droit à tous les crédits et avantages qui en découlaient, ce serait un acte très généreux de ma part si j'invitais Anton Seidl à partager le projet. direction des opéras et des drames musicaux de Wagner. Il souligna que Seidl était considéré par le public américain comme un grand chef d'orchestre de Wagner et que sa coopération montrerait que j'avais l'intention de fonder mon projet sur les lignes les plus larges et les plus généreuses. Il m'a dit que si j'acceptais sa suggestion, il organiserait un rendez-vous pour Seidl et moi à son bureau le lendemain et que je pourrais être sûr de son soutien personnel et financier le plus chaleureux.

J'ai bien accueilli son idée et, bien que Seidl et moi n'ayons jamais été en bons termes personnels à l'époque de l'opéra allemand, ni par la suite lorsque nous nous sommes séparés en tant que chefs de concert, j'ai senti que le projet pourrait être beaucoup renforcé par un combinaison, et rencontra donc Seidl, avec William Steinway, dans le bureau de ce dernier le lendemain. J'ai exposé mon projet à Seidl, lui ai parlé du soutien que j'avais déjà obtenu, de mon accord avec Abbey et Grau et que je finançais le projet moi-même, mais que, avec une admiration totale pour son travail en Amérique pendant les années de la domination allemande, opéra après la mort de mon père, je serais heureux de partager avec lui les opéras de Wagner. Je lui ai montré une liste des huit que j'avais l'intention de produire. Ils étaient, si je me souviens bien, les suivants :

«Or du Rhin»

« Walküre »

"Siegfried"

« Götterdämmerung »

"Tristan et Isolde"

« Maîtres chanteurs »

"Lohengrin"

« Tannhäuser »

Je lui ai suggéré de choisir les quatre qu'il préférait et que je dirigerais les quatre autres. Steinway a déclaré que cette offre était extrêmement juste et généreuse et a exhorté Seidl à l'accepter, mais Seidl a déclaré qu'il devrait y réfléchir et qu'il informerait Steinway de sa décision.

Le lendemain, il rendit visite à Steinway à neuf heures du matin et lui dit qu'il était parvenu à la conclusion qu'il ne partagerait la direction des opéras de Wagner avec personne et qu'il préférait donc n'avoir rien à faire. avec l'entreprise. Steinway était furieux, et quand il m'en parla, il dit : « Je suis maintenant avec vous corps et âme et voici mon chèque de vingt mille cinq cents dollars pour lequel je prendrai des places d'abonnement pour votre saison dans différentes parties du pays. maison."

J'ai organisé une saison de huit semaines au Metropolitan et une tournée de cinq semaines qui devrait nous conduire jusqu'à Kansas City, car cet avant-poste du Far Western avait immédiatement fait une offre généreuse pour trois représentations.

Je suis parti ce printemps-là à l'étranger pour engager mes artistes et j'ai réussi à rassembler une troupe notable de chanteurs wagnériens : Rosa Sucher, de l'Opéra Royal de Berlin pour les *Brunhilde* et *Isolde* ; une jeune chanteuse de vingt-trois ans, Johanna Gadski, qui a chanté pour moi à Berlin, pour *Elsa* et *Elizabeth* ; Emil Fischer, de l'Opéra royal de Dresde, pour *Wotan* et *Hans Sachs* , et Max Alvary, le plus beau et le plus dramatique des *Siegfried et un Tristan* véritablement chevaleresque . Il avait étudié ce dernier rôle à Bayreuth et l'y avait chanté lors des premières représentations. J'ai également rencontré à Bayreuth une chanteuse anglaise très douée, Marie Brema, alors presque inconnue mais qui possédait une mezzo-soprano riche et expressive. Son talent d'actrice était remarquable et sa tessiture vocale si grande que j'ai pensé pouvoir l'utiliser non seulement pour *Ortrude* et *Brangäne , mais* aussi , si nécessaire, pour les *Brunhildes* .

Une grande partie des décors de « Tristan » et de la « Trilogie du Nibelung » ainsi que de « Tannhäuser » j'avais spécialement peint à Vienne par la maison Kautsky et Briosky. Ils étaient alors à la tête de leur profession, et on n'avait encore jamais vu sur une scène américaine des feuillages aussi beaux que ceux de la scène forestière de Siegfried. Nos peintres new-yorkais se sont rassemblés autour d'elle avec étonnement lorsqu'elle a été déballée, correctement montée et accrochée.

Un expert des questions navales comme William J. Henderson, l'éminent rédacteur musical du *New York Sun* , a critiqué à juste titre l'architecture et le gréement du navire qui transportait *Tristan* et *Isolde* à travers les mers irlandaises jusqu'aux Cornouailles. Vienne, la patrie de mes peintres de décors, n'est pas un port de mer, et la magnifique tente d' *Isolde* , ainsi que les voiles et le mât, bien que très pittoresques, cachaient complètement la route du navire à *Tristan* à la barre, et s'il ne l'avait pas fait Étant un marin d'opéra, qui savait exactement où le navire allait atterrir à la fin de l'acte, il l'aurait sans doute envoyé s'écraser contre les falaises de craie blanche d'Angleterre au lieu de le guider en toute sécurité jusqu'au port de Cornouailles.

Entre-temps, les inscriptions pour les places à notre bureau de New York avaient augmenté à un rythme tel que le succès financier de ma « folle entreprise » était assuré avant l'ouverture du guichet pour la vente unique des billets.

J'avais choisi « Tristan » pour la représentation d'ouverture. C'était en 1895. La répétition générale s'était bien déroulée et un public immense remplissait tous les espaces disponibles de l'opéra et m'accueillait chaleureusement lorsque j'apparaissais à la tribune du chef d'orchestre . J'étais sur le point de commencer le prélude quand un murmure me parvint que le corniste anglais n'était pas à sa place. C'était le vieux Joseph Eller, qui avait joué à la Philharmonie sous la direction de mon père plusieurs années auparavant. Il avait, chose incroyable à raconter, oublié son instrument et, ne le découvrant qu'à son arrivée au Metropolitan, s'était précipité chez lui mais n'était pas encore revenu. Imaginez mon agitation ! Tout était prêt, les lumières éteintes et le public impatient, et je n'ai finalement plus osé attendre. J'ai confié la partie de cor anglais au troisième corniste et nous avons commencé les longs soupirs des violoncelles des mesures d'introduction du prélude. À mon grand soulagement, je vis Eller se glisser à sa place quelques minutes plus tard, et la représentation se déroulait bien et dramatiquement vers une clôture triomphale, dans laquelle Alvary, en particulier, se distinguait par son jeu merveilleux et son chant passionné dans la scène précédant l'arrivée de le navire portant *Isolde* . Sucher a investi *Isolde* d'une dignité douce et féminine, mais vocalement, elle n'était plus tout à fait dans la fleur de l'âge et n'égalait pas, je pense, Lilli Lehmann ou Klafsky et Ternina, que j'ai amenés en Amérique l'année suivante.

Rentrer au Metropolitan sur une vague aussi wagnérienne, après que l'opéra allemand eut été si ignominieusement étouffé cinq ans auparavant, fut pour moi un grand triomphe et une grande satisfaction, d'autant plus que mon père en avait jeté les bases onze ans auparavant.

J'ai produit les autres opéras wagnériens coup sur coup, et comme les salles affichaient complet à chaque représentation, le profit était considérable.

Madame Marie Brema s'est révélée être un membre si précieux de la compagnie, tant en tant *qu'Ortrude* que *Brangäne* , que j'ai pensé qu'il serait sage de lui donner l'opportunité de chanter également *Brunhilde dans « Walküre »*. J'ai donc tranquillement commencé à la former à ce rôle. Malheureusement, lors d'une répétition que j'avais avec elle seul sur scène, Madame Sucher entra par hasard et, entendant la musique familière venant de mon piano, elle aperçut tout à coup une autre femme chantant *Brunhilde* . Elle m'a lancé un regard indigné mais complet, puis a quitté majestueusement la scène. Quelques heures plus tard, je reçus une lettre dans laquelle elle m'annonçait qu'elle souhaitait rentrer en Allemagne sur le prochain paquebot, car elle n'était pas habituée jusque-là à ce que «ses» rôles soient chantés par un autre tant qu'elle était dans le entreprise.

C'était la première lettre de ce genre que je recevais au cours de ma courte carrière d'impresario d'opéra, mais ce n'était que le prototype de nombreuses lettres similaires qui se succédaient comme des flocons de neige dans une tempête au cours de mes différentes saisons d'opéra.

Bien entendu, j'ai immédiatement envoyé à Madame Sucher un gros bouquet de roses et je lui ai écrit que, mis à part les obligations contractuelles, je ne comprenais pas comment elle voulait quitter l'Amérique après avoir «chanté si glorieusement dans le cœur de mes enfants». compatriotes. Je ne sais pas si ma lettre ou les roses ont eu un effet, ou si des conseils plus sages ont prévalu, mais elle est restée avec moi et a continué son travail avec une grande bonté et a même enduré le spectacle détesté de voir Marie Brema chanter *Brunhilde* à plusieurs des concerts suivants. les performances.

A Kansas City, nous avons terminé notre séjour avec une matinée de « Siegfried », Madame Sucher dans le rôle de *Brunhilde* et Max Alvary, le beau, dans le rôle de *Siegfried*. Mes lecteurs se souviendront de la grande scène dans laquelle *Brunhilde* est réveillée de son sommeil par le baiser de *Siegfried*, qui se penche longtemps sur elle dans cette position délicieuse mais difficile, jusqu'à ce qu'une certaine mesure dans la musique indique que le baiser est terminé. . La salle était bondée et la plus grande partie du public était composée de femmes. Soudain, tandis que je dirigeais la musique exquise qui accompagnait le long baiser, quelqu'un dans la galerie enclin à la facétie imita très distinctement le claquement d'un baiser, et, à ma grande horreur, de petites ondulations de rires féminins montèrent et descendirent, se réveillèrent et moururent. à renouveler à nouveau. Alvary était merveilleux. Il releva sa belle tête, regarda avec des yeux calmes le public jusqu'à ce qu'un silence de mort règne puis, avec le même calme, retourna à son occupation précédente. C'était certainement un triomphe de l'homme sur la femme, ou plutôt sur les femmes, et à la fin de l'acte ils saluèrent ce jeune dieu avec un enthousiasme particulier et adorateur.

Les bénéfices totaux de ma première entreprise en tant que propriétaire et directeur d'une compagnie d'opéra pendant treize semaines se sont élevés à environ cinquante-trois mille dollars. (Hélas ! je n'ai pas retenu longtemps cette fortune vite acquise.)

J'avais de nouveau planté fermement le drapeau de Wagner sur le sol américain et je ne souhaitais naturellement pas le voir une nouvelle fois abattu. J'ai donc fait appel à Abbey et Grau et, comme je n'avais aucune envie d'honneurs de direction, le côté artistique n'intéressant que moi, je les ai suppliés d'ajouter un département allemand à leur si belle galaxie d'artistes français et italiens et de me laisser m'en occuper. de cela pour eux. Mais à cette époque, ils ne semblaient pas prêts à modifier leur schéma lyrique traditionnel, et ma suggestion n'a pas rencontré un écho favorable. J'ai alors décidé de continuer moi-même. Ma première saison m'a beaucoup appris. J'avais acquis un stock considérable de décors, de costumes et de propriétés, et je savais où je pourrais encore perfectionner le personnel artistique de ma compagnie. Je pensais qu'en organisant une saison plus longue de cinq mois, je pourrais accorder de meilleurs contrats financiers à mes chanteurs et à mon orchestre et également faire connaître les opéras de Wagner sur un plus grand territoire.

Tous mes amis, sauf un, m'ont poussé à continuer le travail. La seule exception était Andrew Carnegie qui a déclaré, avec ce sens des affaires astucieux qui a fait de lui l'un des hommes les plus riches du monde :

« Walter, vous avez remporté un grand succès, tant artistiquement que financièrement ; vos profits ont été énormes. Mais un tel succès se répète rarement immédiatement. Vous avez bien deviné le désir du public d'un retour de l'opéra de Wagner, mais ce courant a attiré vers lui de nombreuses personnes venues par pure curiosité et pour qui Wagner est encore un livre fermé. Beaucoup d'entre eux ne reviendront pas une autre fois. Contentez-vous de vous reposer sur vos lauriers.

Bien sûr, je n'ai pas écouté d'aussi bons conseils d'affaires et j'ai donc engagé pour l'année suivante une troupe de chanteurs qui formaient un ensemble vraiment remarquable. Parmi les nouveaux venus se trouvait Madame Katherine Klafsky dont les imitations bouleversantes de *Brunhilde* , *d'Isolde* et surtout de *Fidelio* vibrent encore dans ma mémoire. Ce dernier opéra m'a donné une telle joie à diriger que, même s'il n'a jamais rapporté autant de dollars qu'aucun autre opéra, j'ai insisté pour le garder au répertoire. Cela prouve de manière concluante que l'artiste en moi était bien plus fort que l'impresario et que je n'avais vraiment aucune raison de m'adonner à cette dernière occupation.

Fidelio (*Léonore*), au deuxième acte, libère son mari de ses chaînes dans la prison, et il lui dit : « Ô, ma Léonore, combien as-tu fait pour moi ! Elle répond : « Rien, rien, mon Florestan », et l'orchestre entame un doux murmure sur lequel les deux voix s'élèvent dans un duo d'amour extatique. Klafsky a donné cette scène avec une telle tendresse que l'orchestre tout entier, ainsi que moi-même, étions presque étouffés d'émotion, et c'est tout ce que j'ai pu faire pour lever mon bâton pour donner le signal du début du duo.

Madame Ternina, une autre nouvelle venue, n'a pas pu se présenter à Chicago pour cause de maladie, mais à Boston, elle a fait sensation. Le public se divisait en deux factions, l'une vantant la véhémence dramatique presque élémentaire de Klafsky, qui déployait avec justesse sa voix glorieuse, tandis que l'autre proclamait Ternina la plus grande artiste en raison de sa conception plus intellectuelle et d'une certaine noble réticence artistique.

J'avais passé une partie de l'été 1894 à commencer la musique d'un opéra sur « La Lettre écarlate » de Hawthorne. Le sujet m'a toujours fasciné et j'avais préparé des années auparavant un scénario dramatique pour lequel j'ai finalement convaincu le gendre de Hawthorne, George Parsons Lathrop, de préparer un livret. J'ai terminé la composition de la musique l'été suivant et j'ai décidé de la produire au cours de la saison 1895-96 avec la Damrosch Opera Company à Boston, là où se déroule la scène du roman original, à l'époque coloniale du gouverneur Endicott.

J'ai confié le rôle d' *Hester Prynne* à Johanna Gadski. David Bispham a joué *Roger Chillingworth* et Barron Berthold a chanté le pasteur *Arthur Dimmesdale* .

La première représentation eut lieu le 10 février 1896. Le public américain est proverbialement gentil avec les auteurs lors des premières soirées, et Boston était particulièrement intéressé par cet opéra à cause du roman de Hawthorne . Le décor présentait le vieux Boston d'une manière très pittoresque, et j'avais passé beaucoup de temps avec mon régisseur et mon costumier dans les différentes collections de Boston d'objets coloniaux afin de donner une image exacte de cette période. Les premiers portraits ont été consultés pour le « maquillage » du gouverneur Endicott et d'autres vieilles célébrités de Boston, et la « compagnie d'artillerie ancienne et honorable » qui est apparue dans le dernier acte portait une copie exacte de la bannière qui est toujours accrochée, je pense, à la salle Faneuil.

Gadski a donné une imitation très touchante d' *Hester* , et Bispham s'est assez délecté des machinations diaboliques de *Roger Chillingworth* . Les artistes et le compositeur ont reçu d'innombrables rappels et les membres de ma compagnie se sont unis pour me présenter plusieurs charmants souvenirs de la journée.

Mme John L. Gardner, qui était déjà à cette époque devenue un ami et un partisan véritable et fidèle et qui, grâce à sa merveilleuse capacité d'amitié, a continué ainsi pendant de nombreuses années, a envoyé une immense couronne de laurier sur scène. pour moi, dont le centre contenait une grande lettre écarlate « A » ! Le lecteur peut imaginer quelles plaisanteries ont été faites à mes dépens à propos de cette lettre très bien en vue.

La musique était, je pense, bien écrite et orchestrée, mais une si grande partie avait été conçue sous l'influence écrasante de Wagner que je crains qu'Anton Seidl n'ait pas eu raison quand, après avoir entendu l'œuvre à New York, il a confié cyniquement à son amis qu'il s'agissait d'une « Trilogie Nibelung de la Nouvelle-Angleterre ».

En examinant moi-même l'œuvre d'un œil critique après ces nombreuses années, je dirais qu'elle montrait suffisamment de talent et de maîtrise musicale pour justifier une carrière de compositeur, mais la vie et ses exigences en ont voulu autrement, et tous les « possibles » ne sont que de vaines spéculations.

Du point de vue financier, une mauvaise étoile semblait briller sur la saison d'opéra de cet hiver. Le pays tout entier souffrait d'une grave dépression financière et mon entreprise était grande et coûteuse. J'ai dû voyager continuellement et j'ai transporté pendant cinq mois une compagnie de cent soixante-dix personnes, dont un orchestre de soixante-dix hommes, car je considérais qu'une si grande agrégation était mon devoir solennel de disciple et de propagandiste de Wagner.

Alors qu'Abbey et Grau décidèrent finalement de créer leur propre département d'opéra allemand, adoptant ma suggestion alors qu'il était trop tard pour que je m'associe à eux, ils m'excluèrent très naturellement du Metropolitan Opera House et j'étais obligé, pour mon saison new-yorkaise, pour louer l'ancienne Académie de musique, devenue une maison de productions théâtrales bon marché et ayant perdu son domaine très à la mode des autres années.

Mes saisons à Chicago et à Boston avaient été rentables, mais de nombreuses villes du Sud, à l'exception de la Nouvelle-Orléans, qui m'a réservé un accueil formidable, ne pouvaient pas payer les dépenses, car les théâtres étaient trop petits et ma troupe trop grande et littéralement trop grande. bien.

À la Nouvelle-Orléans, nous avons joué une semaine entière au vieux St. Charles Theatre. Les loges du chœur se trouvaient dans la cave et juste avant la première représentation, les femmes du chœur accoururent sur scène en hurlant, jurant qu'elles ne reviendraient pas, alors que des rats aussi gros que des lapins de bonne taille trottinaient dans la cave. . Je ne pouvais pas les croire jusqu'à ce que je descende et que je voie ces horribles créatures de mes propres yeux.

Notre dernière représentation devait avoir lieu samedi soir, mais ce jour-là j'ai reçu une pétition signée par un certain nombre de citoyens demandant si nous pouvions leur donner une représentation de « Fidelio » avec Madame Klafsky dimanche matin. Comme notre train devait partir ce jour-là à trois heures de l'après-midi, nous devions commencer cette représentation à onze heures du matin. L'annonce de cette représentation supplémentaire n'a été faite que la veille au soir et dans les journaux du dimanche matin. Vers onze heures, la maison était vendue.

J'ai emmené la compagnie jusqu'à Denver et partout, j'ai présenté virtuellement pour la première fois au public la « Trilogie », « Tristan » et « Die Meistersinger ».

Je me souviens d'une représentation à Providence, Rhode Island, où, à défaut de théâtre, l'armurerie avait été adaptée pour nous par une scène improvisée, mais si basse que l'orchestre pouvait facilement voir ce qui se passait. L'opéra s'appelait « Lohengrin », et juste avant la scène du dernier acte, lorsque *Godfrey*, le petit frère d' *Elsa* , apparaît à la place du cygne magique pour se précipiter dans les bras tendus d' *Elsa* , le metteur en scène découvre soudain que le la petite danseuse qui assumait toujours le rôle n'était pas présente. Ce qu'il faut faire? En cas d'urgence, il a attrapé Hans, le fils de mon souffleur et, à cette époque, une sorte d'assistant de tout le monde comme call-boy, assistant bibliothécaire, etc., etc. Il n'avait que quatorze ans et était de petite taille mais avec une longueur excessive de bras et jambes caractéristiques de cet âge. Par quelque processus douloureux, il fut forcé de revêtir le costume de *Godfrey* et poussé sur scène juste à temps. J'ai soudainement remarqué une agitation au sein de mon orchestre, et tandis que je suivais leur regard étonné mais ravi, j'ai vu l'apparition étrange de Hans sous la forme d'un *Godfrey contrefait* debout sur la scène, visiblement effrayé. Gadski, qui chantait *Elsa* , avec une grande présence d'esprit, étendit grand les bras et non seulement l'accueillit, mais l'éteignit sous les plis volumineux de son manteau et je doute que le public se rende compte que le véritable frère princier n'avait pas fait son apparition.

Lorsque nous arrivâmes finalement à New York, j'avais déjà perdu une grande partie des gros bénéfices de l'année précédente, et cette perte fut encore accrue par ma saison à l'Académie de Musique.

Pendant la saison new-yorkaise, ma femme et moi avons séjourné dans la vieille maison majestueuse de nos chères amies, Sophie et Tina Furniss, sur la Cinquième Avenue et la Quarantième Rue. Avec une gentillesse caractéristique, ils ont non seulement pris une grande loge d'avant-scène pour chaque représentation, mais, ayant entendu dire que les affaires n'allaient pas bien financièrement, ils ont insisté pour que nous soyons leurs invités pendant toute la saison new-yorkaise, afin, je suppose, que je ne devrait pas avoir à supporter l'extravagance d'un hôtel.

Ces dames âgées, ainsi qu'une sœur mariée, Mme Zimmermann, étaient les filles d'un vieux marchand des Indes orientales qui, au début du XIXe siècle, avait amassé une fortune. Leur maison était pleine de beaux meubles anciens et de souvenirs d'une époque révolue et ils dispensaient entre ses murs une hospitalité très généreuse et digne.

Un vieux cocher de couleur nommé Brown était avec eux depuis quarante ans. Il était toujours assis, avec un jeune valet de pied de couleur, en haut de leur voiture, avec beaucoup d'apparat et de solennité. Le jeune valet de pied ayant été renvoyé en disgrâce pendant notre séjour, Brown fut chargé de se procurer un autre garçon pour le remplacer. Une semaine s'écoula et le nouveau garçon n'avait pas été trouvé, et quand Miss Sophie lui dit : « Brown, pourquoi ne nous as-tu pas trouvé un nouveau garçon ? Sont-ils difficiles à trouver ? il a répondu:

"Non, Miss Sophie, il y a plein de garçons, mais j'ai tellement de mal à ma'ch mah colah."

Il était évidemment très attaché à l'unanimité, non seulement en ce qui concerne la couleur de la livrée mais aussi celle de la peau.

Miss Sophie, l'aînée de ces trois charmantes dames, avait une vitalité incroyable, et bien que les infirmités corporelles et l'âge aient fait de leur mieux pour la freiner, elle est restée active, joyeuse et intrépide jusqu'à la fin. Presque tous les soirs, pendant ma saison d'opéra de six semaines, elle clopinait depuis le carrosse jusqu'à son avant-scène, soutenue par sa canne d'un côté et le valet de pied de l'autre, et elle écoutait les drames musicaux wagnériens avec une attention constante. Même la durée de « Götterdämmerung » ou de « Meistersinger » ne la mettait pas en colère, et après la représentation, pendant le dîner, elle répétait fièrement, tandis que ses yeux éclataient de rire, une de mes remarques que j'avais faites deux ans auparavant à leur lieu de campagne à Lenox, lors de ma prestation d'une série de récitals explicatifs sur la « Trilogie Nibelung ».

Un autre invité était le docteur Sturgis Bigelow, un admirateur enthousiaste de l'art de Madame Ternina, venu spécialement à New York pour assister à toutes ses apparitions. Elle aurait dû faire ses adieux à l'Amérique au "Götterdämmerung" et le docteur Bigelow avait commandé suffisamment de fleurs à une demi-douzaine de fleuristes de Broadway et de la Cinquième Avenue pour remplir toute l'Académie, mais malheureusement Madame Ternina tomba malade et sa place fut occupée. être prise au dernier moment par sa rivale, Madame Klafsky. Le docteur Bigelow n'avait aucune envie de présenter le témoignage floral de son adoration à ce chanteur rival, et se lança donc dans la tâche difficile d'annuler ses nombreuses commandes, mais comme beaucoup de couronnes et de lyres étaient déjà préparées, sa facture de « dommages » était assez grand.

Avant de rentrer chez elle, Ternina m'a dit qu'elle avait l'intention de rester à l'écart pendant quelques années. Je lui avais payé cinq cents dollars pour une comparution, ce qui était une rétribution raisonnable à l'époque, car elle était absolument inconnue et n'avait donc pas encore développé un « pouvoir d'attraction » suffisant pour justifier des honoraires plus élevés, mais elle a dit qu'elle ne reviendrait pas. Amérique jusqu'à ce qu'elle puisse exiger une redevance de mille dollars. Elle a respecté cette décision et lorsqu'elle est revenue quelques années plus tard, Maurice Grau lui a joyeusement payé les mille dollars et elle a été immédiatement proclamée l'une des plus grandes *Isoldes* de notre temps.

Ma saison new-yorkaise s'est ouverte le 4 mars 1896 avec « Fidelio » de Beethoven. Le public était distingué et comprenait un grand nombre d'anciens habitués de l'Académie. Le grand opéra n'y avait plus été donné depuis 1888, lorsque le ténor Italo Campanini avait fait venir une compagnie d'opéra italienne.

J'ai déjà parlé de Klafsky, mais mon nouveau baryton, Dimitri Popovici, a également fait sensation. Je l'avais retrouvé à Bayreuth, où il avait chanté *Telramund* et *Kurvenal* .

J'ai produit mon propre opéra, « La Lettre écarlate », au cours de la deuxième semaine, et l'accueil qui lui a été réservé a été plus que cordial. Alors que la Symphony Society de New York souhaitait m'offrir en souvenir un exemplaire superbement relié de « La Lettre écarlate » de Hawthorne, Richard Welling, le secrétaire et un vieil ami, suggéra à Anton Seidl, qui était dans le public, de être porte-parole, mais comme il a refusé, Welling m'a présenté lui-même le livre.

Alors que le bilan de la campagne de cinq mois montrait une « perte de quarante-trois mille dollars », la plus grande partie de mes gains de l'année précédente, je ne peux pas dire que ma femme et moi étions vraiment abattus. La jeunesse est optimiste, et la perte d'argent n'est pas, en soi, une calamité si terrible si l'on a encore de quoi payer ses dettes ; et pendant tout ce temps, j'ajoutais à mon expérience et à ma stature artistique.

Après une longue consultation avec ma femme, nous avons décidé tous les deux que les conditions dans lesquelles j'avais travaillé cet hiver désastreux n'étaient pas normales et que nous risquions bien une autre saison. Deux facteurs m'ont grandement influencé dans cette décision : premièrement, un groupe de citoyens de Philadelphie s'était manifesté et m'avait demandé de considérer leur Académie de musique comme mon foyer artistique, et m'avait dit qu'ils apporteraient toute l'aide possible à une saison régulière là-bas. et l'autre était qu'Abbey et Grau m'avouèrent franchement qu'ils avaient commis une erreur en n'acceptant pas mon offre de combinaison. Ils n'avaient pas eu de chance dans le choix de leurs chanteurs allemands et avaient perdu cent cinquante mille dollars sur leurs opéras allemands, soit près de quatre fois plus que moi. Grau me proposait pour la saison suivante un échange de certains artistes, et si je lui prêtais occasionnellement Madame Klafsky, qu'il admirait beaucoup, il me donnerait à son tour Madame Calvé pour quelques représentations de Carmen. Cet arrangement me paraissait admirable, car je commençais à sentir que l'opéra de Wagner à lui seul ne suffisait pas à donner une saison d'opéra bien équilibrée, et que pour une saison plus longue, Philadelphie exigerait un répertoire plus varié.

Au cours de la saison suivante de 1897-98, les affaires allèrent beaucoup plus facilement pour moi. Le comité de Philadelphie m'a garanti une saison d'opéra régulière à la Philadelphia Academy of Music. Cela m'a assuré une maison et un endroit permanent pour mon grand magasin de décors, de costumes et de propriétés. Les répétitions furent également facilitées et, pour ma saison à New York au printemps, Abbey et Grau me louèrent à nouveau le Metropolitan Opera House.

J'avais réengagé Mme Klafsky, mais à notre grand regret elle mourut, et le problème de lui trouver un successeur était sérieux. Madame Gadski, qui avait charmé notre public avec *Elsa*, *Elizabeth* et *Sieglinde*, était plutôt jeune pour les lourds rôles dramatiques, même si j'avais commencé à la former dans la « Walküre » et « Siegfried » *Brunhildes*. J'ai entamé des négociations avec Lilli Lehmann et j'ai réussi à obtenir ses merveilleux services pour l'année suivante – mais j'en ai parlé en détail dans un autre chapitre.

Les résultats financiers de cette saison étaient tout à fait satisfaisants, mais je commençais à m'irriter de plus en plus sous la tâche antipathique du manager. Répéter chanteurs et orchestre du matin au soir était un plaisir, car il y avait un idéal artistique à atteindre et parce qu'il y avait toutes sortes de difficultés musicales à surmonter. Cela faisait partie de mon travail de musicien et de chef d'orchestre, et les fatigues et les soucis qui en découlaient étaient faciles à supporter. Mais les tâches de direction m'ennuyaient, et les intrigues constantes entre les chanteurs, dirigées tantôt les uns contre les autres, tantôt contre la direction, me semblaient souvent insupportables.

Au printemps 1898, Madame Nellie Melba, à la voix dorée, me dit qu'elle aimerait rejoindre ma compagnie pour l'hiver suivant et suggéra à son manager, M. Charles Ellis, bien connu comme directeur de l'Orchestre Symphonique de Boston, forme avec moi un partenariat, la compagnie qui s'appellera The Damrosch-Ellis Opera Company, dont la moitié du répertoire sera consacrée, comme auparavant, aux opéras de Wagner et l'autre moitié à l'interprétation d'opéras franco-italiens avec elle-même comme le chanteur principal. Nous devions lui payer quinze cents dollars par nuit, dix fois par mois, c'est garanti. La suggestion me parut raisonnable et avantageuse, et des dispositions furent prises en conséquence. Cette combinaison a suscité une grande indignation de la part de M. George Haven, le président du Metropolitan Opera House. Mme. Melba y était depuis plusieurs années l'une des principales chanteuses et il estimait que c'était un acte d'ingratitude de sa part de quitter le Métropolite et de la mienne de la prendre en ma compagnie, car j'avais moi-même été associé au Métropolite pendant cette période. tant d'années pendant qu'il était président. Je ne pensais pas que sa colère était justifiée, car beaucoup d'eau avait coulé en aval depuis ces jours-là ; et comme Melba, pour ses propres raisons, avait définitivement décidé de rompre tout lien avec le Métropolite, je ne voyais pas pourquoi je ne la ferais pas membre de ma compagnie. Mais il ne pouvait pas, ou ne voulait pas, comprendre ma version de la controverse et jura que tant qu'il serait président du Metropolitan, je n'y remettrais plus jamais les pieds à titre professionnel. Ce vœu n'a cependant pas été respecté par la suite, car non seulement j'y ai donné des représentations avec ma propre compagnie, mais au cours des saisons 1900-01 et 1901-02, j'ai de nouveau officié comme chef d'orchestre des opéras de Wagner pour Maurice Grau, qui avait puis devenir l'unique directeur et locataire du Métropolitain.

La combinaison des opéras wagnériens avec les opéras de l'école franco-italienne, dont Melba était la glorieuse star, s'est avérée un succès au point de vue populaire et financier, et la saison a rapporté de beaux bénéfices pour Ellis et moi-même, bien qu'une grande partie de cette a été dissipée par une tournée de printemps au cours de laquelle Melba, soutenue par une petite troupe de chanteurs, de chœurs et d'orchestre, a parcouru les villes occidentales. Cette tournée était gérée par mon partenaire Ellis et je ne les accompagnais pas, mes services de chef d'orchestre n'étant pas nécessaires pour les opéras français. J'avais alors définitivement décidé d'abandonner tout lien ultérieur avec l'opéra en tant que directeur et de consacrer ma vie future entièrement à un travail purement musical en tant que chef d'orchestre symphonique et, comme je l'espérais, également en tant que compositeur. Le métier harassant de « diriger » des chanteurs me répugnait de plus en plus, et je me sentais trop bon musicien et artiste pour perdre mon temps avec de telles choses dont le seul avantage pourrait être un éventuel gain pécuniaire.

J'ai découvert que de nombreux chanteurs étaient comme des enfants sans aucune conception claire du bien et du mal. Leur vie constante à proximité les uns des autres lors des répétitions et des représentations engendre souvent une conception exagérée d'eux-mêmes et de leur importance pour le monde. Ils pensent que, comme leur contact avec le public se fait uniquement sous les projecteurs, où ils reçoivent des éloges enthousiastes pour leurs représentations artistiques, le public n'existe littéralement que dans le but de les entendre chanter, et ils ignorent volontiers le fait que le public peut avoir d'autres intérêts, tels que la famille, la finance, la politique ou la religion, pour attirer son attention. Comme il est important pour un manager non seulement de maintenir un équilibre dans son grand livre mais aussi de rechercher les meilleurs résultats qu'un ensemble discipliné puisse atteindre, il ne peut pas toujours être en harmonie avec tous les désirs et exigences individuels de ses artistes. Il doit souvent opposer son opéra à leur orgueil personnel, et je reçois aujourd'hui des lettres de plusieurs des plus grands artistes de ma compagnie insistant sur le fait qu'ils doivent quitter ou rompre leur contrat parce que j'avais blessé leur sensibilité la plus profonde en mettant tel ou tel. dans le rôle qu'ils revendiquaient pour eux.

J'ai découvert que certains d'entre eux se livraient même occasionnellement à de petits chantages. Un de mes ténors, dont on gardera le nom, avait une clause dans son contrat selon laquelle il ne serait pas appelé à chanter *Tristan* au lendemain d'un très long voyage en chemin de fer. Nous avions joué à Cleveland, donné une représentation de « Lohengrin » dans laquelle, cependant, l'autre ténor était apparu, et avions pris un train de nuit dans des wagons-lits confortables dans l'un desquels mon ténor occupait un salon pour Pittsburgh, qui est, comme mon lecteur le sait, une distance d'environ 150 milles seulement. Alors que nous quittions Cleveland, mon ami le ténor apparut dans mon salon et, attirant l'attention sur la clause de son contrat relative à *Tristan* et à un « long » voyage en train, insista sur le fait qu'il ne pourrait pas chanter *Tristan* le lendemain à Pittsburgh sans mettre en danger sa musique. sa voix. Mais si je lui payais cinq cents dollars de plus, il prendrait le grand risque de se blesser la voix et accepterait de chanter. Naturellement, j'étais furieux et je lui ai dit poliment mais fermement ce que je pensais de lui, puis j'ai fait venir mon autre ténor et je lui ai dit que son rival essayait de me faire chanter et je lui ai suggéré que s'il chantait *Tristan* pour moi malgré le fait qu'il ait chanté *Lohengrin* la veille au soir, je le considérerais comme une interprétation hors de sa garantie. Inutile de dire qu'il a sauté sur l'occasion de gagner six cents dollars supplémentaires et en même temps de « mettre un de plus » sur son rival détesté. Je me suis ensuite couché et j'ai dormi profondément sur un oreiller rendu duveteux par un acte bien fait.

Le lendemain matin, j'ai reçu un message du ténor n°1 m'informant qu'il avait changé d'avis, qu'il se sentait très bien et qu'il allait chanter, mais je lui ai dit avec beaucoup de hauteur qu'il était trop tard et que j'avais déjà pris d'autres dispositions.

Jusqu'à présent, cette histoire semble être un merveilleux exemple de vertu triomphante et de vice vaincu, mais, hélas, les problèmes de la vie ne se déroulent pas toujours de cette façon ! Pendant la journée, ma soprano dramatique qui devait chanter *Isolde* s'enroua et il fallut changer l'opéra, de sorte que toute ma structure soigneusement élevée de justice et de punition envers le coupable tomba à terre avec un bruit sourd.

Ce n'est qu'un exemple parmi tant d'autres, certains enfantins et d'autres vraiment méchants. Mais le plus immoral, c'est que lorsque les coupables étaient de grands artistes, peu importe à quel point ils m'irritaient par leur méchanceté, après qu'ils réapparaissaient triomphalement sous les noms de *Siegfried* ou *d'Isolde* , je devenais souvent tellement enthousiasmé par leur travail que leur liste être lavés et j'étais prêt à leur pardonner à nouveau et à recommencer. Tel est le pouvoir de l'art, et un public reconnaissant sera toujours prêt à se souvenir uniquement de l'encouragement artistique qu'il a reçu de l'artiste et à oublier ses faiblesses personnelles.

Naturellement, mes restrictions ne s'appliquent qu'à certains chanteurs. Il y en avait beaucoup qui étaient toujours honorables dans leurs relations avec moi. Parmi les membres les plus dévoués de ma compagnie, je dois citer les chanteurs du chœur. Beaucoup d'entre eux se trouvaient au Metropolitan à l'époque de l'opéra allemand. Leurs salaires étaient modestes, mais si l'un d'entre eux tombait malade ou souffrait d'un autre malheur, aucun n'était aussi prompt à aider qu'eux, et ils supportaient toujours les difficultés du voyage avec une grande bonne humeur et une courtoisie et une décence sans faille envers moi.

Parmi les autres raisons qui m'ont finalement poussé à abandonner l'opéra, il y a eu la prise de conscience du fait qu'il est relativement rare d'obtenir une perfection artistique absolue lors d'une représentation sur scène. Il y a tellement de monde concerné qu'il est presque impossible d'obtenir toujours une distribution tout à fait satisfaisante, et un « second évaluateur » peut gâcher un ensemble. Un autre problème encore était celui de l'illusion scénique. J'y ai consacré beaucoup d'attention et d'étude, et j'ai dépensé beaucoup d'argent en décors et en éclairage. J'ai examiné les meilleures inventions dans ce sens dans les opéras d'Allemagne et j'en ai importé un grand nombre. J'ai été le premier à rapporter dans « L'Or du Rhin » les très astucieuses machines à nager utilisées à Dresde par les filles du Rhin. Mais les exigences scéniques de Wagner sont si extraordinaires qu'une véritable illusion n'est souvent pas possible. Sa musique excite l'imagination et suffit souvent. On peut voir les flammes glorieuses crépiter et brûler autour de *Brunhilde endormie* quand on entend un orchestre d'une centaine de personnes jouer la musique du « Charme du Feu », mais comme il est rare qu'une représentation sur scène renforce cette illusion ! La *Brunhilde* est peut-être trop grande et trop grasse, ou la lumière des flammes peut montrer trop clairement que le décor n'est après tout que de la toile peinte et du carton, et nos yeux sophistiqués ne savent que trop bien comment les tuyaux de vapeur du plombier véhiculent la vapeur qui est destiné à simuler la fumée des flammes de la chaudière dans la cave. Il me semblait parfois, après avoir vainement tenté de réaliser l'idéal de Wagner d'une union de tous les arts pour produire une forme d'art nouvelle et parfaite (la « musique-drame »), comme si ce grand génie avait réellement commis un crime. une erreur gigantesque, et comme si l'illusion artistique et l'apparence même de la vérité étaient détruites par l'attirail scénique.

Bien sûr, il y avait des représentations sur lesquelles une étoile heureuse semblait briller et qui, de temps en temps, nous procuraient une satisfaction et un bonheur complets. Mais le caractère statique du décor devenait pour moi de plus en plus un frein à une imagination prête à s'envoler sur les ailes de la musique.

J'ai dirigé ma compagnie d'opéra pendant encore un an en collaboration avec M. Charles Ellis, puis j'ai définitivement décidé de cesser toute activité de direction et de me limiter absolument à un travail purement musical. Il m'a fallu du temps pour prendre cette décision, car le travail à l'opéra a aussi un côté très fascinant et j'avais noué de véritables amitiés avec beaucoup de mes chanteurs.

J'avais trouvé qu'Ellis était un partenaire charmant. Il avait des années d'expérience en tant que manager du Boston Symphony Orchestra, et son tempérament égal et son esprit d'équité lui avaient valu de nombreux amis. Je lui ai vendu ma part de tous nos décors, costumes et propriétés car il souhaitait continuer son travail d'opéra avec Madame Melba comme vedette principale, et j'ai accepté de diriger pour lui un nombre limité de représentations de Wagner à Philadelphie au cours de la saison suivante.

Après les quatre années mouvementées que j'ai passées au sein de la Damrosch Opera Company, j'étais heureux d'avoir une telle opportunité de faire le point sur le passé et de réfléchir à l'avenir.

Ma femme et moi avons loué l'ancien logement de Butler dans le comté de Westchester, près de Hartsdale - un charmant vieux manoir entouré de forêts de pins sombres et traversé par la petite rivière Bronx - et nous y avons passé la majeure partie de l'hiver jusqu'en mai. J'y ai écrit une sonate pour violon et j'ai profité de la tranquillité d'une vie libérée des soucis et des excitations de l'opéra.

En 1900, je fus de nouveau tenté par le domaine de l'opéra, mais cette fois-ci, cela n'impliquait aucune responsabilité managériale ou financière.

Maurice Grau était alors locataire du Metropolitan Opera House. Abbey était décédé quelques années auparavant et les réalisateurs, qui avaient peu à peu compris que c'était Grau qui était le véritable « homme derrière l'arme », lui ont accordé, ainsi qu'à un petit groupe de bailleurs de fonds, le bail du Metropolitan Opera House. Grau m'a invité à revenir au Metropolitan comme chef d'orchestre des opéras de Wagner. Il disposait à cette époque d'un solide groupe de chanteurs wagnériens. A sa tête se trouvait l'inimitable Jean de Reszke, accompagné de son frère Edouard. Grau avait également succédé à ma société Madame Ternina, David Bispham et Madame Gadski. Ce dernier a été membre de la Damrosch Opera Company pendant les quatre années de son existence. Elle n'avait que vingt-trois ans lorsque je l'engageai pour la première fois, possédant une belle voix et une travailleuse infatigable. Il y avait des semaines lors de nos tournées occidentales où elle apparaissait cinq jours consécutifs dans les rôles d' *Elsa*, *Elizabeth*, *Sieglinde* et *Eva*. C'était une élève acharnée et sa voix se développait de plus en plus. Au cours de sa dernière année avec moi, elle a ajouté à son répertoire la « Walküre » et « Siegfried » *Brunhildes*, les étudiant avec moi, en partie dans les trains en voyage, en partie dans les hôtels et théâtres des différentes villes que nous avons visitées. Lorsqu'elle entre dans la compagnie Grau, elle ajoute les « Götterdämmerung » *Brunhilde* et *Isolde* , complétant ainsi tout le cercle des parties de soprano Wagner, à l'exception de *Kundry* .

Jean de Reszke, comme Lilli Lehmann, s'est tourné vers les rôles wagnériens au plus fort de sa carrière lyrique. Il s'est fait connaître dans les opéras franco-italiens, mais Wagner l'attire irrésistiblement.

Je me souviens que pendant l'une des saisons de la Damrosch Opera Company, nous jouions à Boston au Boston Theatre tandis que l'Abbey and Grau Company jouait dans l'immense Mechanic's Hall. Jean et Edouard de Reszke ont assisté à une de mes représentations de « Siegfried » avec Max Alvary dans le rôle-titre. Ils applaudirent bruyamment leur collègue, et après la représentation Jean me déplora de n'être obligé de chanter que *Fausts* , *Roméos* et *Werthers* , alors que l'ambition de sa vie était de chanter Wagner. Le souvenir de ses extraordinaires imitations de ces rôles plus tard est trop vif pour nécessiter un commentaire de ma part. La maladie l'a éloigné de l'Amérique pendant un an et, à son retour, j'étais de nouveau au Metropolitan comme chef d'orchestre des opéras de Wagner. Ce fut une joie de travailler avec cet homme. Grand artiste, gentleman courtois et collègue généreux et (ce qui a le plus de valeur pour un chef d'orchestre) infatigable aux répétitions. Son retour fut comme l'entrée triomphale d'un monarque victorieux. C'était un merveilleux imitateur, et il nous faisait de délicieuses imitations des différents artistes de la compagnie qui entraient dans sa loge pour nous féliciter après sa première réapparition.

De Reszke dépeindrait d'abord le collègue ténor français qui disait avec un accent poli, réservé et même condescendant :

« Vraiment, mon cher, vous-avez chanté très bien ce soir, très bien, je vous assure !

Puis venait le baryton allemand en redingote croisée et d'une manière méticuleusement polie, disant :

"Erlauben Sie mir, Herr de Reszke, Ihnen ma grosse Hochachtung aus zu drücken für den wirklich ausgezeichneten Genuss den Sie uns heute Abend bereitet haben."

Il était suivi du baryton italien, qui se précipitait impulsivement et, embrassant Jean sur les deux joues, s'écriait :

« Caro mio, carissimo ! » suivi d'un flot de mots italiens.

Puis vint le véritable point culminant de la scène. Entre en jeu l'électricien qui, enfonçant une « main de travail cornée » dans celle de de Reszke, s'exclamait avec un vrai accent « yankee » :

"Jean, tu as bien fait!"

Edouard de Reszke, l'immense frère basse au cœur d'enfant et à la bonhomie imperturbable, était également un bon imitateur. Mais ses merveilleuses histoires et imitations étaient d'un caractère résolument rabelaisien et ne supporteraient pas d'être répétées ici.

Avec ces deux frères bien corsetés mais peu corses, Madame Ternina ou Madame Nordica, Madame Schumann-Heink et David Bispham, nous avons donné des interprétations de « Tristan » aussi proches de la perfection que j'espère jamais voir.

Madame Nordica était depuis des années une chanteuse dite « utilitaire » au Metropolitan. Elle avait été formée au répertoire franco-italien et, même si sa voix était belle, elle n'avait pas encore atteint la pleine célébrité, peut-être parce qu'elle était née aux États-Unis et qu'il lui manquait le cachet européen, qui à l'époque était plus important qu'aujourd'hui. . Elle n'était pas naturellement douée pour la musique et n'était capable d'apprendre un rôle que par le travail le plus dur et le plus pénible de répétitions et de répétitions sans fin. Mais son ambition était sans limites : elle attendit son heure et, comme Lilli Lehmann, s'intégra progressivement au répertoire wagnérien. Consciente de sa valeur publicitaire, elle s'offre à Madame Cosima Wagner pour la production « Lohengrin » à Bayreuth. Elle accepta docilement toutes les instructions qui lui furent données pendant les mois de préparation, aussi minutieuses ou artificielles que certaines lui paraissent, et le succès qu'elle y obtint la lança avec succès dans sa carrière de chanteuse wagnérienne. Je l'ai formée chez *Brunhildes* *et* j'ai été étonné de la façon dont elle a réalisé, grâce à un travail acharné, ce que la nature donne aux autres du jour au lendemain.

Je me souviens qu'elle était venue à Philadelphie pour chanter « Götterdämmerung » avec ma compagnie. Elle est arrivée la veille et je l'ai trouvée encore très incertaine dans le deuxième acte, qui est rythmiquement très difficile. Je me suis assis avec elle à huit heures du soir et nous avons répété ce deuxième acte encore et encore jusqu'à environ quatre heures du matin. C'était horrible mais merveilleux. A dix heures du matin, je lui ai donné une répétition d'orchestre et le soir elle a chanté le rôle avec une parfaite assurance et sans presque aucune erreur.

Une représentation de « Tristan » que nous avons donnée avec la Grau Company à Baltimore au Lyric Theatre, qui possède peut-être la meilleure acoustique de tous les auditoriums du pays, reste encore très gravée dans ma mémoire. À la fin, nous étions si ravis que toutes les personnes concernées se sont embrassées avec extase après la chute du dernier rideau. Ce sont ces rares moments qui font oublier que la perfection dans l'opéra semble souvent impossible à atteindre.

MATHILDE MARCHESI

NELLIE MELBA

XI

ARTISTES

J'ai écrit ailleurs sur ma première visite en Europe après la mort de mon père, lorsque les directeurs du Metropolitan Opera House m'ont nommé assistant du réalisateur Edmund C. Stanton.

J'étais allé engager des chanteurs allemands pour la saison à venir, et Emil Fischer, basse de l'Opéra royal de Dresde, était l'un de ceux dont j'avais préparé le contrat pour la signature de Stanton à son arrivée un mois plus tard. Emil Fischer était mécontent de sa vie à Dresde et, en signant avec nous, il a rompu son contrat avec l'Opéra Royal et, selon un accord que tous les directeurs des différents opéras allemands avaient conclu entre eux, cela l'empêchait de pouvoir à nouveau apparaître sur la scène d'un opéra allemand. Il est resté en Amérique et est devenu l'un des principaux accessoires de la Metropolitan Opera House Company, et plus tard de ma Damrosch Opera Company.

Sa voix était une belle *basse cantante* d'une grande ampleur et d'un grand dynamisme. Sa production sonore était parfaite et ses pouvoirs d'imitateur égalaient son chant. Il restera toujours dans ma mémoire comme le plus grand *Hans Sachs* que j'aie jamais entendu. Il a imprégné le rôle d'une noblesse et en même temps d'un humour délicieux qu'aucun autre *Hans Sachs* n'a égalé.

En tant qu'homme, il était un délicieux mélange d'enfantillage, de vanité, de générosité et de gentillesse, mais je ne pense pas qu'aucune émotion de la vie ne l'ait touché très profondément.

En matière vestimentaire, il était toujours extrêmement exigeant, enclin à un amour quelque peu flamboyant des extrêmes. Ses cravates étaient plutôt vives, son pantalon peut-être d'une nuance de gris plus claire que ce que le goût le plus harmonieux exigerait. Il avait une poitrine très développée, dont il était si excessivement fier qu'il ne boutonnait jamais la partie supérieure de son gilet, comme pour démontrer qu'aucun gilet ne pouvait être coupé assez grand pour épouser ses proportions viriles.

Il n'avait aucune idée de la valeur de l'argent, en ce qui concerne l'épargne, et ses efforts constants visaient à cacher à sa femme le fait qu'il avait de l'argent en poche. C'était une dame plantureuse, un peu plus âgée que lui, qui, dans sa jeunesse, avait été *tragédienne* dans l'un des plus petits théâtres de la cour allemande. Elle a dû jouer des rôles tels que *Médée* et a continué l'articulation plutôt exagérée et sombre de ses paroles dans la vie privée et pendant toutes les années qui ont suivi sa sortie définitive de la scène. Chaque fois qu'elle me disait : « Mon Emil ne va pas bien aujourd'hui. Je lui ai préparé une assiette de soupe au bœuf dans laquelle j'ai fait bouillir quatre livres de bœuf », résonnait-il à mes oreilles comme un vers blanc shakespearien ou comme une tragédie grecque de Sophocle. Je pense qu'elle ennuyait excessivement Emil et qu'il était plus heureux quand il pouvait s'éloigner d'elle sans aucun doute avec un excellent contrôle et trouver du plaisir parmi un cercle de bons compagnons.

Je me souviens que lorsqu'il était membre de ma compagnie d'opéra, je lui payais deux cent cinquante dollars par apparition, avec environ douze apparitions par mois garanties, mais il a insisté pour que dans le contrat écrit je ne lui fixe que deux cents dollars par apparition et donnez-lui les cinquante autres en espèces. Il a utilisé cette méthode subtile pour gagner environ six cents dollars par mois, de l'argent de poche dont sa femme ne devrait rien savoir. C'est moi qui ai dû subir ses plaintes, qui ressemblaient à ceci : « Je ne sais pas pourquoi mon Emil est si mal payé alors que tous les autres reçoivent des salaires énormes. Mon Emil chante mieux que n'importe lequel d'entre eux et il doit se contenter de seulement deux cents dollars par apparition ! Et je resterais assis en me sentant très coupable, et pourtant, de cette horrible loyauté qu'un homme a pour un autre, n'osant pas me disculper en le condamnant.

À un moment donné, à Chicago, je l'ai accompagné dans une mercerie alors qu'il souhaitait acheter une cravate. Il en choisit un dont le prix était de deux dollars et demi, puis remit superbement au commis étonné un billet de cinq dollars en disant avec grandiloquent : « Vous pouvez garder la monnaie !

C'était un grand gourmet et il donnait de temps à autre un banquet chez lui à ses confrères artistes, avec des plats interminables et des vins de toutes sortes. Inutile de dire qu'il n'a rien économisé sur ses gains et que des années plus tard, à mesure qu'il vieillissait et que sa voix le quittait, il dut se tourner vers l'enseignement. Mais il n'a jamais changé ses habitudes et son apparence a été aussi soignée que les années précédentes. Finalement vint le moment où il fut vraiment dans le besoin, et j'aiida M. Flagler, qui était aussi un de ses anciens admirateurs, à lui obtenir une allocation au Metropolitan Opera House. Les directeurs donnèrent très généreusement accès à la maison, de nombreux actionnaires achetèrent leurs loges et le point culminant de la représentation fut l'apparition du cher vieux Fischer dans son plus grand rôle de *Hans Sachs* dans le troisième acte des « Maîtres chanteurs ». Une très bonne somme a été réalisée avec laquelle nous lui avons acheté une rente. Il avait alors, je crois, soixante-quatorze ans (sa femme était décédée quelques années auparavant), et une rente de dix ans nous paraissait le meilleur moyen de prendre soin de lui sans lui donner l'occasion de dilapider son argent. Il était ravi, et la première chose qu'il fit, fort de sa nouvelle richesse, fut d'épouser une demoiselle du chœur, qui cependant, je crois, prit parfaitement soin de lui jusqu'à sa mort.

Au cours de la deuxième année de la Damrosch Opera Company, alors que nous étions à Saint-Louis et juste la veille du moment où Fischer devait chanter *Hans Sachs* , un télégramme arriva disant que sa femme était très malade et ne devait pas vivre plus de huit heures. Frau Alvary a insisté pour que je l'oblige à aller la voir à New York. Il ne voulait pas y aller. Il n'avait pas été dans des termes particulièrement agréables avec elle, il savait qu'il ne pourrait pas arriver à temps pour la voir vivante, et en plus de cela, il savait aussi que je n'avais pas de substitut pour lui chanter *Hans Sachs* et que l'annulation de l'opéra coûterait cher. moi environ cinq mille dollars. Mais Mme Alvary, qui semblait prête à insister sur des raisons de sentiment quand il ne s'agissait pas de sa propre bourse, nous a tellement tourmentés toutes les deux que, étant encore jeune et sentimentale, j'ai finalement décidé qu'il devait partir. J'ai donc été obligé de modifier le programme au dernier moment et d'y substituer des actes isolés d'opéras différents, ce qui, bien sûr, était un changement très coûteux, car le public de Saint-Louis attendait avec impatience la première représentation de « Die » Maître chanteur.

La nouvelle d'un éventuel changement de programme s'était répandue rapidement et ce matin-là, je reçus la visite d'un jeune chanteur, Gerhardt Stehmann, qui, un an auparavant, était venu à Saint-Louis avec une petite troupe d'opéra allemande qui s'était rapidement échouée, laissant lui sans travail. Il avait cependant continué à y vivre, jouant occasionnellement dans des pièces de théâtre allemandes et enseignant le latin, car il était un homme d'excellente éducation. Il m'a demandé si je ne pouvais pas lui donner une place dans mon entreprise. Je l'ai trouvé un excellent chanteur, mais surtout un homme si doué musicalement qu'il pouvait apprendre un rôle entier en quelques heures. Il a appris tout le troisième acte de « Die Meistersinger » du jour au lendemain, de sorte que j'ai pu au moins le présenter à mon public de Saint-Louis. Je l'ai immédiatement engagé comme membre permanent de ma compagnie, et il est resté avec moi jusqu'à sa dissolution trois ans plus tard, lorsqu'il est retourné en Allemagne et a été engagé par Mahler pour l'opéra impérial de Vienne, où il se trouve depuis lors. Il connaissait et chantait littéralement toutes les parties de basse et de baryton des opéras et des drames musicaux de Wagner. Son *Beckmesser* dans « Die Meistersinger » était un chef-d'œuvre de délimitation, et personne ne pouvait dépeindre cette personne méchante, moqueuse, jalouse et vaniteuse d'une manière aussi convaincante que lui. Mais si les exigences du moment l'exigeaient, il était tout aussi capable de chanter *Hans Sachs* , *Pogner* , *Kothner* ou n'importe quel autre des bons vieux bourgeois de cet opéra. Dans « Tannhäuser », il était aussi à l'aise que *Landgrave* ou *Biterolf* , mais son exploit le plus remarquable, celui d'apprendre rapidement un rôle, a été réalisé un printemps à New York. Le compositeur allemand Xaver Scharwenka vivait à cette époque à New York en tant que pianiste virtuose et professeur. Il avait, des années auparavant, composé un opéra qu'il avait hâte de jouer, et William Steinway et d'autres m'ont demandé si je lui laisserais ma compagnie d'opéra à cet effet, afin qu'il puisse le diriger lui-même lors d'une représentation supplémentaire. J'ai accepté et un bon casting a été sélectionné. Le rôle de ténor devait être chanté par Ernest Krauss, un ténor héroïque plutôt vaniteux qui, ne trouvant pas le rôle à son goût, n'a plaidé l'enrouement que la veille de la représentation. Bien entendu, il n'y avait pas de substitut et il semblait que la représentation allait devoir être annulée, ce qui aurait été une expérience cruelle pour le compositeur. À mon grand étonnement, Stehmann apparut et me dit très simplement : « Donnez-moi le rôle et je l'apprendrai pour demain soir. » Quand je suis intervenu : « Mais ceci est une partie de ténor et vous êtes un baryton basse », il a répondu : « Donnez-le-moi. Je pense que je peux transposer quelques-unes des notes aiguës et que je peux au moins sauvegarder la performance. Scharwenka, ravie, lui confia le rôle et il le chanta et le joua le lendemain soir sans commettre une erreur : un exploit vraiment remarquable.

Je l'aimais beaucoup, non seulement à cause de ses qualités musicales, mais aussi parce qu'en tant qu'homme il était si simple et honorable, et j'étais heureux d'apprendre plus tard qu'il s'était fait une excellente position à Vienne.

Cet été 1922, je suis revenu à Vienne après de très nombreuses années. Je pensais que la guerre devait être complètement terminée pour nous et que nous devions chercher par tous les moyens à rétablir les relations culturelles avec nos anciens ennemis.

J'ai retrouvé Stehmann toujours à l'Opéra de Vienne, qui ne s'appelle plus désormais Kaiserliche mais Staats-Oper. C'était une joie de le revoir, mais la guerre lui avait aussi apporté un grand malheur ! Il m'a dit qu'avec ses économies, alors qu'il était membre de ma compagnie d'opéra, et grâce à ses économies ultérieures à Vienne, il avait acheté une maison avec plusieurs acres de terrain dans les Tyrols autrichiens. Les larmes aux yeux, il m'a montré des photographies de cette propriété. La maison était joliment située dans une vallée pittoresque avec les Alpes tyroliennes au-delà. Après la guerre, ce territoire fut repris par l'Italie ; et ce gouvernement, voulant chasser les Autrichiens et coloniser les terres avec les Italiens, avait contraint Stehmann à « vendre » ses biens pour une somme fixée par eux. Il n'avait pas le choix et le prix qu'il reçu s'élevait à environ trente-sept mille cinq cents couronnes, ce qui se trouvait être le montant que j'avais payé ce matin-là pour une paire de chaussures — à l'évaluation actuelle, environ trois dollars et soixante-dix cents ! Les Polonais prétendent que Bismarck a poursuivi la même politique en Posnie lorsque la Prusse s'est efforcée de réprimer les aspirations nationales polonaises, en les forçant à vendre leurs terres aux Junkers prussiens.

Je regrettais en arrivant à Vienne de ne pas revoir la vénérable vieille chanteuse Marianne Brandt, mais elle était décédée, à l'âge de quatre-vingt-quatre ans, au cours de l'hiver précédent. En 1884-85, elle avait été l'un des principaux accessoires de la première saison d'opéra allemand de mon père ; et son intensité émotionnelle dans « Fidelio » et en tant que mère dans « Le Prophète » avaient profondément marqué notre public. La nature ne l'avait pas dotée d'une beauté de visage ou de silhouette, et elle a toujours insisté : « J'ai été une femme vertueuse toute ma vie parce que je suis si laide qu'aucun homme ne me regarderait jamais. »

Wagner l'avait invitée à Bayreuth pour chanter le rôle de *Kundry* dans Parsifal, mais soit à cause de son manque de beauté, soit à cause, pensait-elle, des terribles intrigues de Madame Materna, elle ne chanta ce rôle qu'une seule fois et toujours. restait extrêmement jalouse de Madame Materna, dont les charmes plutôt amples, insistait-elle, avaient complètement hypnotisé Wagner.

Elle adorait simplement mon père et son idéalisme résolu, et la spiritualité de son caractère la séduisait à tel point qu'elle était prête à entreprendre n'importe quelle quantité de travail et à chanter n'importe quel rôle qu'il voulait d'elle, qu'il s'agisse d'un partie vedette ou l'une des Valkyries dans « Walküre ». Après sa mort, elle était inconsolable et se rendait toujours le jour de l'anniversaire au cimetière de Woodlawn pour déposer une couronne sur sa tombe. Elle a également cherché à démontrer sa vénération pour sa mémoire en m'aidant de toutes les manières possibles, à la fois en tant qu'artiste superbe et en tant que connaisseur des aspects pratiques de la vie lyrique grâce à ses années d'expérience à Vienne et à l'Opéra Royal de Berlin. Elle m'a toujours appelé « Mein Sohn », et je ne pourrai jamais oublier ses encouragements et sa foi en mon avenir en tant que musicien pendant de nombreuses périodes difficiles.

Elle avait un sens de l'humour délicieux, mais aussi un caractère très colérique, et je me souviens qu'elle m'a dit un jour qu'elle avait reçu un avis du Département des Postes de New York l'informant qu'une lettre recommandée l'attendait au General Post- Bureau à la Mairie. Elle s'y rendit et demanda à la fenêtre appropriée sa lettre.

"Oui", a déclaré le responsable, "nous l'avons ici. Avez-vous un document prouvant que vous êtes Marianne Brandt ? Une lettre, un livret de banque ou un passeport ?

"Je n'ai rien de tout cela, mais je m'appelle Marianne Brandt et je veux cette lettre."

"Je suis désolé, madame, mais les règles sont strictes et vous devrez amener quelqu'un pour vous identifier."

À ce moment-là, Brandt était dans un état d'indignation extrême. « Vous ne me donnerez pas la lettre ? Je vais vous prouver que je suis Marianne Brandt ! Et puis elle a chanté à pleine voix la grande cadence de son air principal du Prophète. Sa voix glorieuse résonnait et résonnait dans les couloirs voûtés du bureau de poste. Des hommes accoururent de tous côtés pour savoir ce qui s'était passé et finalement le fonctionnaire agité lui remit la lettre en disant : « Voici votre lettre, mais pour l'amour de Dieu, taisez-vous ! »

Elle se retira finalement de la scène dans son ancienne maison de Vienne et donna son art à deux mains à un groupe d'élèves dévoués. Pendant la guerre, j'ai entendu dire par l'une d'elles qu'en raison de la misère qui régnait à Vienne, elle était réellement dans le besoin, mais elle a immédiatement rendu le chèque que nous lui avions envoyé et, dans une lettre très douce adressée comme d'habitude à "Mein Sohn", a assuré elle m'a dit qu'elle n'avait pas besoin d'argent, qu'elle ne comptait pas vivre longtemps et qu'elle pensait pouvoir tenir sans recevoir aucune aumône de ses amis. Nous avons cependant réussi à lui envoyer de la nourriture qu'elle partageait avec d'autres.

L'un des chanteurs que j'ai engagés pour le Metropolitan Opera House lors de ma première visite en Allemagne et qui a ensuite acquis une grande renommée était Max Alvary, un jeune ténor lyrique de l'Opéra Ducal de Weimar. Il était le fils du célèbre peintre allemand Andreas Achenbach, de bonne éducation, d'allure gentleman et d'un goût artistique raffiné. Il était également extrêmement beau. En tant que chanteur, il était très inégal, bien qu'il ait étudié avec le maître italien Lamperti. Au début, nous ne le payions que cent dollars par soir, mais après avoir chanté des rôles mineurs pendant quelques mois, Anton Seidl le choisit pour créer le rôle de *Siegfried* et, dans ce rôle, il connut un succès si instantané qu'il le plaça immédiatement dans le rôle de Siegfried. au premier rang des chanteurs d'opéra allemands. Personne d'autre n'a donné *à Siegfried* une telle atmosphère d'innocence enfantine et de beauté pittoresque. Les femmes, qu'elles soient bénies, l'adoraient simplement, depuis l'écolière de seize ans jusqu'à la matrone d'âge mûr et plus que mûr, et ce succès se répéta lorsqu'il apparut sous le nom de *Siegfried* en Allemagne, en Autriche et en Angleterre. Il gagnait beaucoup d'argent et le dépensait sans compter. Son armure et son casque en « Lohengrin » ont été spécialement fabriqués pour lui en argent d'après un dessin qu'il avait lui-même dessiné. Les étoffes de ses costumes étaient souvent tissées spécialement pour lui. Il atteint l'apogée de sa carrière lorsqu'il est choisi par Cosima Wagner pour chanter *Tannhäuser* et *Tristan* à Bayreuth. A cette époque, ce sanctuaire du wagnérien était déjà devenu, sous la main directrice et autocratique de la veuve de Wagner, un produit hautement artificiel. J'ai vu plusieurs de ces représentations et j'ai été franchement étonné de l'apparente dégénérescence depuis l'époque de Wagner. Alvary, qui avait un grand sens de l'humour, a donné des descriptions très amusantes des répétitions et comment, par exemple, en imitant servilement certains rythmes de l'orchestre, *Tannhäuser* et *Wolfram* devaient exécuter une sorte de menuet l'un en face de l'autre pour pouvoir se faire entendre. complétez l'introduction instrumentale avant que *Wolfram* ne commence son célèbre plaidoyer à *Tannhäuser* : « Als du im kühnen Sange uns bestrittest ».

Au printemps 1891, le Carnegie Hall, qui avait été construit par Andrew Carnegie pour accueillir les activités musicales supérieures de New York, fut inauguré par un festival de musique auquel participèrent l'Orchestre symphonique et l'Oratorio de New York. Afin de donner à ce festival une signification particulière, j'ai invité Peter Iljitsch Tschaïkowsky, le grand compositeur russe, à venir en Amérique et à diriger certaines de ses propres œuvres. Au cours de mes nombreuses années d'expérience, je n'ai jamais rencontré un grand compositeur aussi doux, aussi modeste – presque timide – que lui. Nous l'avons tous aimé dès le premier instant : ma femme et moi, le chœur, l'orchestre, les employés de l'hôtel où il vivait et bien sûr le public. Il n'était pas chef d'orchestre de profession et par conséquent la technique, les répétitions et les concerts, le fatiguaient excessivement ; mais il savait ce qu'il voulait et l'atmosphère qui émanait de lui était si sympathique et si amoureuse que tous les exécutants s'efforçaient avec un double empressement de deviner ses intentions et de les exécuter. L'exécution qu'il a dirigée de sa Troisième Suite, par exemple, était admirable, bien qu'elle soit par endroits très difficile ; et comme il fut pratiquement le premier des grands compositeurs vivants à visiter l'Amérique, le public le reçut avec jubilation.

Il venait souvent chez nous et, je pense, il aimait venir. Il était toujours doux dans ses relations avec les autres, mais un sentiment de tristesse semblait ne jamais le quitter, même si son accueil en Amérique fut plus qu'enthousiaste et sa visite si réussie à tous points de vue qu'il projeta de revenir l'année suivante. Pourtant, il était souvent balayé par des vagues incontrôlables de mélancolie et de découragement.

L'année suivante, en mai, je me rendis en Angleterre avec ma femme et reçus une invitation de Charles Villiers Stanford, alors professeur de musique à Cambridge, à visiter l'ancienne université pendant les intéressants exercices d'admission au cours desquels les diplômes honorifiques de docteur en musique devaient être décernés. décerné à cinq compositeurs de cinq pays différents : Saint-Saëns de France, Boito d'Italie, Grieg de Norvège, Bruch d'Allemagne et Tchaïkovski de Russie.

Les débats se sont révélés très intéressants et agréables. Alors que chaque récipiendaire de l'honneur s'avançait dans sa robe de docteur, l'orateur s'adressait à lui dans un discours de phrases latines orotund, louant ses nombreuses vertus et réalisations, et ces phrases étaient constamment interrompues par le fracas de remarques facétieuses et de demandes des étudiants de premier cycle. le balcon, tout cela selon une vieille coutume établie. Parfois, le tumulte devenait si grand que le président du comité devait se lever et exiger le « Silentium ».

Parmi les autres diplômés à cette occasion se trouvait le feld-maréchal Lord Roberts, baron de Kandahar, qui, dans son uniforme écarlate sous sa robe de médecin, reçut bien entendu l'accueil le plus bruyant. À cette époque, personne n'imaginait que vingt-trois ans plus tard, il parcourrait l'Angleterre pour lancer un avertissement solennel contre l'inévitabilité d'une guerre avec l'Allemagne et pour demander à l'Angleterre de se préparer à se préparer, pour ensuite être ridiculisé comme un alarmiste et publiquement réprimandé par les politiciens. pour avoir cherché à susciter un tel sentiment contre une « puissance amie ».

Le soir, un grand banquet fut donné au réfectoire du collège et, par bonheur, je fus placé à côté de Tchaïkovski. Il m'a dit pendant le dîner qu'il venait de terminer une nouvelle symphonie dont la forme était différente de toutes celles qu'il avait jamais écrites. Je lui ai demandé en quoi consistait la différence et il a répondu : « Le dernier mouvement est un adagio et toute l'œuvre a un programme. »

"Dites-moi le programme", ai-je demandé avec empressement.

« Non, » dit-il, « cela, je ne le dirai jamais. Mais je vous enverrai la première partition orchestrale et les premières parties dès que Jurgenson, mon éditeur, les aura prêtes.

Nous nous séparâmes dans l'espoir de nous revoir en Amérique au cours de l'hiver suivant, mais, hélas, en octobre arriva le câble annonçant sa mort du choléra, et quelques jours plus tard arriva un colis de Moscou contenant la partition et des parties de sa Symphonie n° 1. 6, la « Pathétique ». C'était comme un message venant d'entre les morts. J'ai immédiatement mis l'œuvre en répétition et lui ai donné sa première représentation en Amérique le dimanche suivant. Son succès fut immédiat et profond. Nous l'avons répété à de nombreuses reprises cet hiver-là et je l'ai joué depuis dans des concerts partout aux États-Unis. D'autres orchestres l'ont cultivé avec la même assiduité, et en fait pour moi le moment est venu il y a plusieurs années où j'ai crié à l'arrêt et j'ai laissé l'œuvre en jachère, car elle avait manifestement été surjouée et ses rythmes tendus avaient excité les nerfs des exécutants. et le public si souvent qu'il risquait d'être surmené.

Ignace Paderewski a fait sa première apparition en Amérique en 1891 et j'ai dirigé ses cinq premiers concerts d'orchestre. Il est venu sous les auspices de Steinway and Sons, et ils m'ont dit que les recettes brutes du premier concert n'étaient que de cinq cents dollars ! Mais son jeu ainsi que sa personnalité ont immédiatement conquis notre public et je ne pense pas que, depuis l'époque de Franz Liszt, il ait existé un autre virtuose voyageur chez lequel l'homme ait été aussi fascinant que l'artiste. Ceux qui se sont demandés comment il avait pu, au début de la Grande Guerre, se lancer avec autant d'équipement à chaque instant dans la lutte pour l'unité nationale de la Pologne, ne se rendent pas compte qu'il se préparait, consciemment ou inconsciemment, à cela. opportunité toute sa vie. Il a toujours rêvé d'une Pologne unie et indépendante. Il connaissait l'histoire de son peuple, sa force et sa faiblesse. On raconte qu'il joua un jour devant le tsar qui, le félicitant, exprima son plaisir qu'un « Russe » ait atteint une telle éminence dans son art. Paderewski répondit : « Je suis Polonais, Votre Majesté » et, bien entendu, il ne fut plus jamais invité à jouer en Russie. Son esprit est l'un des plus extraordinaires avec lesquels j'ai jamais été en contact. Tout le monde connaît ce qu'il a accompli en musique : ses interprétations inspirées, sa mémoire prodigieuse et la gamme subtile de couleurs de sa palette musicale, mais peu de gens connaissent son intérêt pour la littérature, la philosophie et l'histoire, et il a fallu le Grande Guerre pour démontrer qu'en tant qu'orateur et homme d'État, il occupe un rang aussi élevé que celui de musicien. Je l'ai entendu prononcer un discours sur la Pologne lors de l'Exposition universelle de San Francisco en 1915 devant un auditoire de dix mille personnes, dans lequel il a donné un aperçu si éloquent de l'histoire de la Pologne, de ses besoins et de ses droits, qu'il a suscité chez le peuple une frénésie de enthousiasme, et je suis convaincu que la Pologne doit aujourd'hui son existence nationale à son sens politique et à la sympathie que sa personnalité a suscitée parmi les Alliés à la Conférence de Versailles. Je crois que le colonel House l'a déclaré le plus grand homme d'État de la Conférence, et ce n'est que le cynique Clemenceau qui lui a dit : « M. Paderewski, vous étiez le plus grand pianiste du monde et vous avez choisi de descendre à notre niveau. Quel dommage!"

Lorsqu'il est arrivé en Amérique pour la première fois, son anglais était très incomplet, mais même à ce moment-là, il a démontré sa maîtrise de la langue de manière indubitable. Un soir, lui, ma femme et moi avons dîné chez de très chers amis communs, M. et Mme John E. Cowdin, à Gramercy Park. Cowdin avait été toute sa vie un joueur de polo enthousiaste et, après le dîner, Paderewski et moi avons admiré quelques beaux trophées d'argent qu'il avait gagnés et qui étaient placés dans la salle à manger. J'ai dit : "Vous voyez la différence entre vous et Johnny, c'est qu'il gagne ses prix en jouant au polo tandis que vous gagnez les vôtres en jouant en solo."

"Ce n'est pas toute la différence !" Paderewski s'est immédiatement exclamé avec son doux accent polonais. "Je suis un pauvre Polonais qui joue en solo, mais Johnny est une âme chérie qui joue au polo."

Il est très doué en tant que compositeur et, outre une symphonie très intéressante et spirituelle, je me souviens avec un vif plaisir de son opéra « Manru », que Maurice Grau a présenté au Metropolitan Opera House en 1902 et que j'ai dirigé. Je ne me souviens pas avoir jamais travaillé plus dur pour réussir une première. Les parties orchestrales, qui avaient été copiées en toute hâte en Allemagne, arrivaient si pleines de fautes que les premières répétitions furent une véritable agonie d'arrêts et de corrections constants, et ces corrections se poursuivirent pendant tout le temps de la préparation, et je crois que je a tout de même constaté deux inexactitudes lors de la répétition précédant juste la répétition générale. Encore et encore, j'ai emporté chez moi certaines des pires parties et j'ai travaillé tard dans la nuit pour les parcourir moi-même méticuleusement et les comparer avec la partition orchestrale dans le but de mettre de l'ordre dans le chaos. L'opéra reçut un accueil chaleureux, mais le livret manquait quelque peu d'intérêt dramatique ; et la musique, avec tout son charme et sa chaleur authentiques, n'a pas réussi à combattre ce manque.

Je pense que si Paderewski avait été prêt à sacrifier sa merveilleuse carrière de pianiste virtuose (et cela aurait été un grand sacrifice), il serait devenu l'un des plus grands compositeurs de notre époque. Il ne semble pas facile de réunir les deux carrières, car elles sont essentiellement en guerre l'une contre l'autre. Liszt, le seul homme avec lequel je puisse comparer Paderewski, l'a reconnu et, à quarante ans, a résolument tourné le dos au virtuose, avec sa vie sous les projecteurs, ses excitations, ses foules et ses émoluments, pour se consacrer à la composition. Il s'installe dans la petite ville de Weimar, mène une vie de pauvreté et ne touche plus jamais au piano à des fins personnelles. De temps en temps, il jouait en public afin de récolter des fonds pour le monument Beethoven à Bonn ou pour une grande œuvre caritative. Et pourtant, il est universellement reconnu que même lui s'est arrêté trop tard et que, aussi grande que soit la somme totale de ses contributions à l'art créateur, il aurait été encore plus grand et capable de s'exprimer avec plus d'authenticité s'il n'avait jamais été « le plus grand pianiste de sa génération.

Il est difficile de définir le charme dont les artistes polonais semblent être imprégnés presque au-delà de toute autre race. C'est plus qu'un cadeau social. Ce n'est pas le résultat d'un calcul mais semble être une combinaison de bonté de cœur et de bonne éducation. Madame Marcella Sembrich l'a au plus haut degré, ainsi que Jean et Edouard de Reszke, également Tim et Joe Adamowski, Paul Kochanski et mon vieil ami Alexandre Lambert, et si le nouvel État de Pologne était composé uniquement d'élus polonais comme Je viens de mentionner qu'elle deviendrait bientôt la république idéale du monde. D'un autre côté, un pays composé exclusivement de musiciens pourrait ne pas faire une population contente, car il est bien connu que nous avons besoin d'un public pour nous écouter, et les musiciens, à tort ou à raison, ont la réputation de ne jamais vouloir écouter. l'un l'autre.

Je ne veux cependant pas laisser entendre que les Polonais sont les seuls détenteurs du charme personnel. Par exemple, je ne connais aucun homme qui en soit atteint à un degré plus élevé que mon vieil ami Charles Martin Loeffler, qui est né en Alsace, a fait ses études musicales en France, a été violoniste dans l'orchestre privé d'un grand-duc de Russie à Nice. , et, à l'âge de seize ans, il vint en Amérique. Mon père l'aimait immédiatement et le dimanche après-midi, quand nous avions toujours de la musique de chambre à la maison, dans laquelle mon père jouait le premier violon et Sam Franko le second, Martin Loeffler jouait de l'alto. Je l'aimais énormément et notre amitié a duré au fil des années. Nos anniversaires sont le même jour, et nous avons presque un âge, puisqu'il n'a qu'un an de plus. Lorsque Higginson a formé le Boston Orchestra sous la direction de George Henschel, Loeffler a émigré à Boston et est devenu premier violon et deuxième violon solo. Parallèlement, il poursuit ses études de composition et est depuis devenu l'un de nos plus grands compositeurs américains. Pendant des années, il a vécu comme gentleman farmer à Medfield, dans le Massachusetts. Ses compositions sont rares, mais toutes ont la même conception aristocratique, le même raffinement et la même orchestration originale, telles que peut en écrire un homme qui a passé une grande partie de sa vie dans l'orchestre et qui connaît sa littérature et ses possibilités. Ses lettres, d'une écriture exquise, se rangent au rang de celles d'Eugène Ysaye, et c'est un grand éloge, car Ysaye est le prince même des épistoliers. J'ose insérer ici un ouvrage de Loeffler parce qu'il traite de la première représentation de mon opéra, « Cyrano », et parce qu'il est si sincère dans ses éloges et si doux mais perspicace dans ses critiques des points faibles de mon œuvre.

Medfield, Mass.

Dimanche 26 mars 1913.

Cher Walter :

Il n'y avait personne parmi le public plus étonné jeudi dernier que votre vieil ami ici présent. Ayant travaillé et vautré quelque temps dans la tempête sur ma propre pièce en un acte, je connais les difficultés, les doutes et les aléas que l'on rencontre dans le métier d'écrire un opéra. C'est donc avec une véritable admiration que j'ôte mon chapeau et que je m'incline devant celui qui a pu écrire la partition de Cyrano. C'est l'accomplissement magistral d'une tâche périlleuse. Je ne vous ai pas vu lors de cette nuit passionnante ; il y a eu une certaine incertitude quant à ma possibilité d'obtenir un lit dans le train de 13 heures, j'ai finalement dû renoncer au plaisir d'aller chez vous. Je serre maintenant votre chère vieille main en esprit et avec une sincère admiration.

Votre orchestration sonnait superbement. Vos chœurs se mariaient à merveille avec l'orchestre et je ne doute pas qu'avec un léger *rémaniement* et *raccourcissement*, Cyrano fera la joie de beaucoup dans le futur. Je comprends que vous avez déjà procédé à des réductions considérables, mais je vous conseille néanmoins d'en réduire davantage. Quatre Actes est une longue proposition et certaines des meilleures choses viennent dans le dernier Acte. Mais le public commence à se lasser et ne peut plus pleinement profiter des beautés de cette loi. D'ailleurs, quelques choses me sont venues à l'esprit. Dans la scène du balcon, je pense que c'est une erreur de laisser Cyrano dire ce que Christian va répéter à Roxane. N'est-ce pas ce qui se passe dans l'acte III, « Comment pourrais-je t'aimer davantage », etc. ? Ne serait-il pas plus expressif de laisser Cyrano inciter son stupide ami à des chuchotements et à des gestes pantomimes ? Curieusement, cette scène qu'on aurait pu qualifier de « faite pour un opéra » était peut-être la partie la moins efficace de l'Opéra. Après la montée vers sa bien-aimée, tout redevient admirable.

Puis, dans le dernier acte, je crois que si vous abrégeiez le délire de Cyrano et hâtiez quelque peu sa mort, vous renforceriez et augmenteriez l'effet final de votre œuvre. Cyrano meurt dur et on pense à la mort à neuf chats vivants de Tristan ! Tout cela peut paraître long à venir au terme des trois heures intenses qui précèdent. Il y a des effets vraiment extraordinaires dans votre dernier acte et on aimerait regarder une partition comme la vôtre. Probablement, comme toutes les choses significatives dans ce monde, vos effets sont obtenus par les moyens les plus simples.

L'ensemble de l'œuvre est pour moi un délice en raison de sa véritable musicalité – une œuvre issue d'un cerveau très sensible et très intelligent, qui a beaucoup absorbé et assimilé, sans imiter personne ni quoi que ce soit.

Ce sont mes premières impressions sincères de votre travail, auxquelles j'ajouterai mes sentiments. Pendant que le musicien écoutait pendant les heures de représentation, l'ami en lui était soigneusement tenu à l'écart. Cependant, lorsque le cœur du musicien se mit à battre de plus en plus chaleureusement, l'ami et le musicien se retrouvèrent unis dans leur joie.

Ici aussi surgit la réflexion : où avez-vous ou où quelqu'un a-t-il acquis la maîtrise ? Les surdoués eux-mêmes savent-ils vraiment ce qu'ils font et Maeterlinck a-t-il raison lorsqu'il fait dire à Mélisande « Je ne sais pas ce que je sais » ?

A priori, je dirai toujours : il doit y avoir de l'opéra en anglais – mais à l'heure actuelle, il ne peut y en avoir, car personne ne sait y chanter. La performance était cependant admirable. Amato était superbe, tout comme l'orchestre, le chœur et le vieux Herty ! Chapeau à lui aussi !

Bien cordialement à Mme Damrosch dans laquelle Elise me rejoint.

Croyez-moi, cher Walter, comme toujours et plus fièrement que jamais,

Ton ami

En 1891, on m'a demandé de donner un concert pour l'hôpital orthopédique auquel mon amie, Mme John Hobart Warren, s'est toujours beaucoup intéressée, et en recherchant quelque film sensationnel qui attirerait le public, j'ai eu l'idée d'avoir Eugene Ysaye et Fritz Kreisler jouent le concerto de Bach pour deux violons. Ysaye était alors au zénith de sa carrière et Kreisler venait d'arriver en Amérique en tant que jeune violoniste doté de grandes compétences et d'un grand charme, et encore plus prometteur pour l'avenir. L'interprétation du concerto de Bach a prouvé tout ce que j'avais espéré et, après le concert, Ysaye a dîné avec moi au vieux Delmonico's de Madison Square. Ysaye est non seulement un artiste remarquable, mais aussi l'un des causeurs les plus brillants que j'ai rencontrés, et pendant le dîner, il a procédé de la manière la plus fascinante à une analyse de lui-même et de Kreisler. Il a déclaré : « Je suis arrivé au sommet et à partir de maintenant, mes pouvoirs vont diminuer régulièrement. J'ai vécu ma vie pleinement et j'ai brûlé la bougie par les deux bouts. Pendant quelque temps, je rattraperai par la subtilité du phrasé et des nuances ce que ma technique de violoniste ne peut plus donner, mais Kreisler est en pleine ascension et dans peu de temps il deviendra le plus grand artiste. Il ne m'appartient pas de dire si la prophétie d'Ysaye s'est réalisée, mais quiconque l'a entendu dans la fleur de l'âge ne peut oublier sa conception véritablement gigantesque du concerto de Beethoven, par exemple, et la maîtrise avec laquelle il a déversé le flot doré de sa musique.

En 1909, j'ai donné un cycle Beethoven au cours duquel j'ai interprété toutes les symphonies de Beethoven et d'autres petites œuvres de Beethoven dans un ordre historique. Nous avions engagé Ysaye pour jouer le Concerto pour violon de Beethoven, mais, à mon grand étonnement, il m'a fait savoir une semaine auparavant qu'il devait d'abord jouer un concerto pour violon de Vitali, car il devait mettre ses doigts en bonne condition avant de jouer le Concerto pour violon de Beethoven. . Je lui ai fait des remontrances et lui ai expliqué que dans un cycle de Beethoven je ne pouvais pas donner un concerto de Vitali, même pour obliger Ysaye, et je lui ai proposé de jouer tout seul le concerto de Vitali dans le salon avant le concert, mais il a refusé d'accepter. cet amendement et j'ai été contraint, à contrecœur, d'annuler sa participation au cycle. Cela provoqua entre nous une froideur qui dura plusieurs années et que je regrettais excessivement. Mais le temps est un grand pacificateur. Nous nous sommes revus par hasard quelques années plus tard, et par consentement tacite, ce petit contretemps a été complètement enterré et nous sommes aussi bons amis qu'autrefois.

Le grand musicien français le plus important et le plus intéressant que j'ai connu était peut-être Camille Saint-Saëns, que j'ai rencontré en 1908 alors qu'il venait en Amérique pour une tournée de concerts. Il avait alors soixante-dix ans. Son extraordinaire vitalité et la fluidité de son jeu nous ont tous étonnés, et l'Amérique s'est surpassée pour honorer ce vénérable *grand maître*. J'ai eu le grand plaisir de diriger tous ses concerts à New York au cours desquels il a joué ses cinq concertos pour piano, un exploit extraordinaire pour un homme de son âge. Nous avions entendu tant d'histoires de la part de musiciens français sur son « mauvais caractère » lors des répétitions et ses commentaires caustiques sur tel ou tel phrasé de ses symphonies ou concertos que nous étions tous très agréablement déçus de le trouver génial, enjoué et reconnaissant de ce que nous avions fait. ont pu lui donner. Il a même insisté pour jouer lui-même de l'orgue lors de mon interprétation de sa Symphonie n° 3, dédiée à la mémoire de Liszt. J'ai toujours considéré qu'il s'agissait de sa plus grande œuvre dans la mesure où, avec toute la clarté de forme et de diction qui est une caractéristique particulière de son style, il y a aussi une émotion profonde qui s'élève dans le dernier mouvement jusqu'à un point culminant triomphant et passionnant.

Je l'ai revu à Paris pendant la guerre, à l'été 1918, et je lui ai rappelé une visite que mon père lui avait rendue en 1876.

"Ce n'était pas la première fois que je rencontrais ton père", répliqua-t-il rapidement. «Je me souviens très bien de l'avoir rencontré à Weimar en 1857, alors que je visitais Liszt.»

En 1920, ma deuxième fille, Gretchen, devait se marier avec le fils du juge Finletter de Philadelphie. Les jeunes s'étaient rencontrés à Chaumont, en France, où Finletter était en poste au quartier général après l'armistice et tandis que Gretchen et son amie Mary Schieffelin étaient là en tant qu'ouvriers de guerre. Ma fille a accepté avec enthousiasme ma suggestion que le mariage ait lieu à Paris après ma tournée européenne avec l'orchestre, et cet événement très important pour eux s'est déroulé avec un grand succès le 17 juillet, la cérémonie étant célébrée à l'American l'église et la réception organisée à mon hôtel, le « France et Choiseul », rue Saint-Honoré. Comme j'étais venu dans cet hôtel depuis tant d'années, Monsieur Mantel, le *directeur*, et tous les employés depuis le chef jusqu'au chef, ont contribué à l'affaire avec un enthousiasme qu'on ne retrouve que dans un pays comme la France, où toutes les fêtes de famille la vie est traitée avec une importance capitale. Toutes les salles de réception du rez-de-chaussée et la plus grande partie de la cour, joliment encadrées de lauriers et remplies de petites tables accueillantes, avaient été mises à notre disposition. Tous les employés de la maison, dont Léonie, François, Pierre, Adolph, Théo, Félice, Madeleine, Michel et Louis, que j'avais connus pendant la guerre et même avant, portaient de grandes boutonnières blanches et des rubans en l'honneur du occasion; et à quatre heures, une centaine d'amis français et américains commencèrent à arriver de la cérémonie à l'église. Parmi eux se trouvaient ma vieille amie Madame Nellie Melba, venue de Londres à cet effet, et « *le grand maître* » Camille Saint-Saëns, que tous les employés de l'hôtel reconnurent immédiatement et traitèrent avec une grande et affectueuse déférence.

En entrant dans la cour, Saint-Saëns se tourna vers moi et me dit, un peu irrité : « Mon cher ami, pourquoi est-ce que vous n'avez-pas donné une de mes symphonies dans un de vos concerts à Paris ce printemps ? Pendant un moment, je ne savais pas quoi répondre. Nous avions donné trois concerts à Paris et j'en avais consacré un à « l'Héroïque » de Beethoven, et les deux autres aux symphonies en ré mineur de César Franck, au « Jupiter » de Mozart et aux symphonies du « Nouveau Monde » de Dvořák, mais Albert Spalding, mon soliste, avait joué le Concerto pour violon de Saint-Saëns, si bien que son nom était représenté sur nos programmes. Soudain la bonne réponse me vint : « Cher maître, ne sais-tu pas que pendant la guerre j'ai joué ta grande Symphonie n°3 lors d'un concert de gala de la Fête Nationale à la Salle du Conservatoire au profit de la Croix Rouge, et voici monsieur Cortot qui jouait le piano et ici mademoiselle Boulanger qui jouait de l'orgue. (Ils se trouvaient heureusement tous les deux à mes côtés lorsque Saint-Saëns entra.) Il fut complètement apaisé et fut emmené en triomphe au buffet par une foule de musiciens français en adoration pour lui offrir un rafraîchissement.

Henri Casadesus me raconta plus tard que lorsque Saint-Saëns arriva au buffet, il dit : « J'ai soif. » "Voici du champagne", dit Casadesus. "Non. C'est trop froid », « Eh bien, voici du chocolat. » "Non. C'est trop chaud », après quoi il prit la coupe de champagne, la versa dans le chocolat et la but avec un plaisir évident. Plutôt bien pour un homme de quatre-vingt-deux ans !

Saint-Saëns avait toujours conservé une grande adoration pour Liszt, qui avait été l'un des premiers musiciens à se lier d'amitié avec lui à ses débuts, et son admiration pour la musique de Liszt était restée bien plus grande que pour celle de Wagner. En fait, pendant la guerre, la majorité des musiciens français étaient furieux de son attitude chauvine à l'égard de Wagner.

On raconte que lorsque Saint-Saëns était encore un très jeune homme, il rendait visite à Liszt et le domestique lui demanda d'attendre quelques minutes car Liszt était occupé dans une autre pièce. Saint-Saëns, voyant une partition d'orchestre manuscrite sur le piano, s'assit et commença avec son merveilleux sens musical à la lire et à la jouer à vue, quand soudain la porte s'ouvrit et Liszt et Wagner se précipitèrent à l'intérieur, étonnés d'entendre les harmonies complexes de « Wagner » Rheingold » si merveilleusement reproduit. Wagner venait d'apporter la partition à Liszt pour la lui montrer.

Au cours de l'hiver 1920-21, j'ai accepté la co-édition d'une série de lecteurs de musique destinés à être utilisés dans nos écoles publiques, et comme j'avais accepté d'inviter un petit groupe d'éminents compositeurs français et anglais à contribuer quelques chansons pour cette publication , j'ai demandé à Saint-

Saëns de nous en honorer deux. Il s'exécuta volontiers et, au cours de l'été 1921, m'invita à venir dans son appartement car il avait toutes les chansons prêtes. Lorsque je l'appelai, il s'assit immédiatement au piano et me les joua à partir de son manuscrit très soigneusement écrit, me priant de remarquer qu'il avait rendu l'accompagnement extrêmement simple afin que « les professeurs d'école américains ne soient pas trop perplexes ». par cela." Pour l'une des chansons composées en l'honneur des aviateurs de la guerre, il avait même écrit les paroles lui-même, et pour l'autre il avait repris les paroles de La Fontaine.

Il est venu à mon hôtel en août 1921. Il m'a semblé plus faible, mais voyant sur mon piano une édition des sonates pour piano de Beethoven, éditée par von Bülow, avec laquelle j'aime toujours voyager car je retrouve le jeu de ces sonates très agréables et reposantes entre les inévitables irritations du voyage, Saint-Saëns se hérissa tout à coup et se fâcha contre un certain doigté un peu compliqué que Bülow avait donné à un passage de piano, ses doigts n'étant pas adaptés par nature au jeu rapide. .

«C'est comme ça qu'il faut jouer», dit Saint-Saëns en s'asseyant au piano et en laissant ses doigts, encore gantés de fil d'Écosse, parcourir les touches avec une rapidité incroyable, comme de petites souris grises. . Cette dextérité extrême ne l'a jamais quitté. Je l'avais entendu un mois auparavant lors d'une comédie musicale donnée par Widor en son honneur et dans laquelle Saint-Saëns jouait le piano dans son propre « Septuor avec trompette ». Ses doigts s'enfuyaient littéralement avec lui, et à chaque passage rapide, il accélérait le tempo à tel point que les autres joueurs n'avaient qu'à se précipiter après lui du mieux qu'ils pouvaient.

Il est mort l'hiver dernier à l'âge de quatre-vingt-quatre ans, et tout Paris, gouvernemental, artistique et scientifique, s'est uni pour lui faire d'imposantes et significatives obsèques. Le respect que les jeunes gens de France ont pour leurs vieux maîtres est extrêmement sympathique pour un observateur américain. Chaque fois que Saint-Saëns apparaissait parmi eux, ils se promenaient avec une déférence empressée, rougissant de fierté lorsqu'il disait quelque chose à l'un ou à l'autre. En fait, Widor, qui a peut-être dix ans de moins que Saint-Saëns, a toujours tenu à le traiter comme si lui, Widor, était un jeune écolier déférent en présence de son grand maître. En effet, ils réservent le qualificatif de « *grand maître* » uniquement à leurs meilleurs hommes des arts et des professions savantes.

Avec Lillian Nordica, j'ai fait une tournée commune à travers la Nouvelle-Angleterre, donnant des concerts de Wagner. Comme elle était alors arrivée au véritable domaine de la prima donna, elle possédait une voiture privée dans laquelle elle vivait et dans laquelle j'avais également une chambre. La pauvre dame arriva le premier jour avec une bronchite si aiguë qu'elle pouvait à peine parler. Sa voix ressemblait au coassement d'un corbeau. Je n'ai jamais vu de femme dans un désespoir aussi abject, se promenant de long en large dans la petite salle à manger de la voiture comme une tigresse en cage, touchant de temps en temps une note du piano droit qui y avait été placé et essayant sa voix. Elle était vêtue d'un pagne, et les larmes et la misère avaient ravagé son joli visage au point qu'il était à peine reconnaissable. Bien sûr, je pensais qu'elle ne chanterait pas ce soir-là, mais à sept heures, elle disparut dans sa chambre et ressortit une heure plus tard vêtue de magnifiques toilettes, avec son diadème de diamants sur la tête et son visage merveilleusement maquillé. Lorsqu'elle se présentait devant son public, dont elle était une vieille favorite, ses manières avaient tout le charme royal mais souriant d'autrefois. Sa voix? Eh bien, c'est une autre histoire.

Durant toute cette semaine, cette tragi-comédie se répétait chaque jour. Sa bronchite ne la quittait plus, et de ma chambre j'entendais cette pauvre femme, en entrant dans la salle à manger, toucher furtivement le piano et essayer de chanter quelques notes. C'était une véritable agonie, et depuis, je déteste les voitures particulières et je suis tout à fait content d'occuper un salon ou une couchette dans une voiture-lits ordinaire lorsque je voyage. C'est certainement plus gai.

Lorsque nous sommes finalement arrivés à New York, où nous comptions donner deux concerts de Wagner, et voilà, les nuages se sont soudainement dissipés. Nordica était elle-même, et même si le diadème de diamant n'aurait pas pu paraître plus royal ni le sourire plus séduisant qu'à Worcester, Massachusetts, sa voix avait retrouvé son charme d'antan et le cri de la Valkyrie et du Liebestod *d'Isolde* ramené à le souvenir de son public des jours heureux où Nordica, Schumann-Heink et Jean de Reszke l'avaient électrisé au Metropolitan.

Madame Nordica n'était cependant pas la seule artiste américaine avec laquelle j'entrais en contact professionnel fréquent et qui avait atteint une éminence égale à celle des meilleurs d'Europe. David Bispham est devenu membre de ma compagnie d'opéra en 1896. Il était issu d'une vieille famille quaker de Philadelphie, dans la vie de laquelle la musique n'avait jamais pénétré. La manière dont Bispham a acquis son intense tempérament musical est l'un de ces mystères que ni les lois de l'hérédité ni celles de l'environnement ne peuvent expliquer.

C'était un homme de quelques moyens, et trouvant l'atmosphère locale dans laquelle il vivait peu adaptée à ses besoins artistiques évidents, il se rendit en Europe. Il avait une voix de baryton vibrante, étudia le chant avec Lamperti et commença progressivement à faire des apparitions avec succès sur scène, notamment en Angleterre. Dans ma compagnie, il a obtenu des succès particuliers dans les rôles de *Telramund*, *Kurvenal* et *Beckmesser*, ainsi que dans celui *de Roger Chillingworth* dans mon propre opéra sur la « Lettre écarlate » de Hawthorne. Il adorait un rôle dans lequel il pouvait « jouer ». En fait, il a parfois exagéré. Sa mémoire musicale, surtout dans ses dernières années, n'était pas toujours fiable, mais plus il oubliait les paroles, plus son jeu devenait intense, et comme *Chillingworth* , rôle dans lequel il n'a jamais vraiment appris le texte, il se contorsionnait assez. son corps en exprimant les sinistres machinations et les désirs de vengeance de ce démon.

En tant qu'homme, il était d'un caractère singulièrement charmant, presque enfantin. Les choses de cette vie existaient rarement pour lui telles qu'elles étaient réellement. Il les voyait à travers le verre de sa propre imagination exubérante. Le mystérieux, l'extraordinaire l'a toujours fasciné, et il est donc souvent devenu la proie de personnes inventrices qui profitaient facilement de sa nature confiante. C'était un collègue des plus généreux et plus libre de toute jalousie que la plupart des chanteurs d'opéra. Les répétitions, aussi longues soient-elles, étaient pour lui comme le souffle dans ses narines, et il passait souvent des heures devant son verre dans la loge à composer son visage pour un personnage en imitant fidèlement un tableau célèbre qu'il avait vu à la Galerie des Offices à Florence ou la Royal Gallery de Londres. Il adorait incarner un méchant, mais, d'un autre côté, son dévouement de chien envers *Tristan* en tant que *Kurvenal* nous faisait souvent monter les larmes aux yeux.

Ma femme et moi sommes devenus très attachés à lui et, plus tard, lorsque lui et moi avons rejoint la Metropolitan Opera House Company, toujours sous la direction de Maurice Grau, nous prenions souvent nos repas ensemble lors des longs voyages occidentaux à destination et en provenance de la Californie.

Il était extrêmement irascible si les domestiques n'exécutaient pas correctement ses ordres, et il les réprimandait de sa voix très sonore avec une précision d'élocution digne de la *Comédie Française* . Un matin, nous étions assis en train de déjeuner dans le wagon-restaurant de notre train lorsque le garçon de couleur lui apporta son café, qui était si faible qu'une goutte de ce qu'on appelle la crème le rendait gris bleuâtre. « Enlevez ce café ! » Bispham tonna. « Ce n'est pas bon à boire. C'est trop faible !

"Oh, non, sah!" » s'expliqua doucement le serveur. « Ce café, ça va. C'est la crème qui est trop puissante et forte !

A cette époque, les valises en cuir faisaient juste leur première apparition et j'en avais acheté une et je l'emportais avec moi. Bispham le remarqua et dit, dans son anglais extrême de Kensington, qu'il avait soigneusement acquis là-bas : « Walter, c'est un très beau sac que tu as là. Je pense que je vais en acheter quatre, chacun un peu plus petit que l'autre, pour pouvoir les mettre tous les uns dans les autres.

"Pourquoi," dis-je, "David, tu ne vas pas mettre autre chose dans ces sacs ?"

"Hahaha!" rit David. "Walter, tu fais toujours ta petite blague!"

Chaque fois que ma compagnie d'opéra venait à Boston, les figurants, lorsqu'un groupe supplémentaire ou une foule de chevaliers ou de paysans, etc., étaient nécessaires, étaient toujours pris à l'Université de Harvard. Cela est devenu une source d'énormes revenus pour le portier à l'entrée de la scène. Notre régisseur lui payait vingt-cinq cents pour chaque super, mais non seulement il empochait cet argent lui-même, mais il facturait aux étudiants jusqu'à cinquante cents au-dessus, selon la popularité de l'opéra, pour le privilège de l'entendre sur scène. En conséquence, nous avions souvent les plus merveilleux spécimens athlétiques que la poursuite ardente du sport produit parmi les collégiens, ravissant nos yeux lorsque le rideau se levait, et les chevaliers et les nobles du deuxième acte de Tannhäuser, par exemple, vêtus de magnifiques robes. , marchait et écoutait solennellement le concours de chant dans le château du landgrave de Thuringe.

Mais ils n'étaient pas tous des athlètes et je me souviens d'un véritable étudiant parmi eux. Le rideau s'est levé sur le premier acte de « Lohengrin » et, à mon grand étonnement, en levant les yeux de la tribune de mon chef d'orchestre, j'ai vu un de ces collégiens, vêtu de l'armure et du manteau d'un des chevaliers du roi Henri, se tenant calmement devant au pied du trône, de grandes lunettes sur le nez, s'occupant de suivre le déroulement de l'opéra à partir d'un livret qu'il tenait à la main et près de ses yeux.

Une autre fois, un événement bien plus terrible s'est produit, mais « en coulisses ». J'étais à Boston avec la Grau Opera Company et, lors d'une matinée du samedi, « Carmen » a été donnée avec Madame Calvé dans le rôle titre. Je n'ai pas dirigé cet opéra et il m'est arrivé de déambuler sur scène après le troisième acte. Je trouvai toute la compagnie dans un état de gaieté à moitié réprimée. Pendant que Madame A... chantait sur scène l'air *de Micaela , dans lequel elle implore Don José* de quitter *Carmen* et de retourner auprès de sa vieille mère, un de ces jeunes malheureux de Harvard s'était glissé dans sa loge, et pour avoir un souvenir triomphant à accrocher dans ses appartements à l'université, il l'avait volée… Non, pas ses bas, mais une autre partie importante de ses vêtements. Madame A..., en rentrant dans sa loge, avait découvert le vol. Sa servante l'avait dit à la costumière, la costumière l'avait dit au menuisier de scène, il l'avait répété au régisseur, et ainsi de suite, et ainsi de suite, toute la troupe s'en réjouissait, d'autant plus que Madame A... était elle-même. Il était issu de la Nouvelle-Angleterre et était considéré comme un jeune exceptionnellement convenable.

CAMILLE SAINT-SAËNS ET WALTER DAMROSCH
D'après un cliché pris à Paris lors du mariage de Gretchen Damrosch, le 17
juillet 1920

XII

ROMANCE

"Enfin!" s'exclameront mes lecteurs. « Toutes ces réminiscences sur les musiciens, c'est bien, mais ce sont leurs amours qui nous intéressent. Pensez à Beethoven et à la comtesse Giucciardi, à Berlioz et Miss Smithson, à Liszt et la comtesse d'Agoult, à Wagner et Madame. Wesendonck. Les musiciens sont si romantiques, si différents des hommes ordinaires. Ils portent leurs cheveux plus longtemps ; ils affectent de délicieuses excentricités de conduite et de vêtements ; le train-train ordinaire de la vie ne les touche pas, et ils vivent seulement dans l'atmosphère plus élevée et plus rare de l'art et de la poésie. C'est pourquoi la femme, qui est bien plus spirituelle que l'homme, pense parfois, dans ses moments d'inattention, que le vrai bonheur ne peut être trouvé qu'en tombant amoureuse d'un artiste ou, mieux encore, en le faisant tomber amoureux d'elle.

Sans oser me placer dans la même catégorie que les grands musiciens mentionnés ci-dessus, je me propose néanmoins dans ce chapitre de donner un récit complet et détaillé de toutes mes liaisons amoureuses - toutes, ou du moins autant qu'il est possible de les rassembler dans le monde. limites d'un chapitre. J'ai vécu de nombreuses années et ma vie, comme celle d'autres artistes, a été remplie de toutes sortes d'événements intéressants et fascinants, et afin que mes lecteurs puissent se faire une idée fidèle, je commencerai par le tout début. , promettant de dire la vérité, toute la vérité et rien que la vérité.

Aussi terrible que cela puisse paraître, je dois d'emblée avouer que j'ai commencé ma vie de *Lothario gay* à l'âge de huit ans. Ma famille vivait alors à Breslau, en Silésie, et l'arrière de la maison dans laquelle se trouvait notre appartement ouvrait sur une grande cour, sur laquelle faisaient face plusieurs autres maisons. Cette cour est naturellement devenue le terrain de jeu de tous les enfants qui vivaient aux alentours. Nous étions particulièrement intimes avec une famille dont les enfants étaient un frère aîné, déjà étudiant à l'université, qui affectait l'apparence et les manières du grand poète allemand Friedrich Schiller. Il était censé avoir de grands talents poétiques, et la rumeur courait qu'il avait déjà écrit deux tragédies. J'étais très impressionné par lui, mais son jeune frère, qui était un garçon de mon âge, était mon camarade de classe à l'école, au gymnase, comme on l'appelait. Et puis il y avait une sœur, la petite Lorchen, âgée de sept ans, aux yeux bleus et aux nombreuses boucles blondes. J'avais joué avec elle et son frère pendant plusieurs mois avant de découvrir soudain que ses boucles étaient belles, comme de l'or filé, et qu'il y avait quelque chose de particulièrement séduisant dans le bleu de ses yeux. J'avais un désir intense de la serrer dans mes bras, mais, chose étrange à dire, cette conscience m'emplissait d'une telle colère qu'au lieu de m'y abandonner, j'en profitai pour gifler impitoyablement cette chère petite enfant. À ce jour, je ne peux pas expliquer ma dépravation contre nature, et j'aimerais pouvoir maintenant, plus de cinquante ans plus tard, revoir la petite Lorchen pour lui dire que cette gifle était mon seul moyen de lui faire savoir combien je l'aimais. Hélas, elle ne l'a jamais su, et comme nous avons émigré en Amérique peu après, je n'ai jamais eu le temps ni l'occasion de vaincre ma timidité et de déposer convenablement mon amour à ses pieds.

Je ne me souviens d'aucune nouvelle passion jusqu'à ma seizième année. L'image de Lorchen disparut bientôt et complètement de ma mémoire. J'étais énormément occupé, d'abord par l'apprentissage de l'anglais, la vie scolaire à New York, mes études musicales, jouer aux billes, faire voler des cerfs-volants et construire des bateaux pour naviguer sur l'étang de Central Park. Mais quand j'avais quinze ans, un petit Français est venu à New York et s'est présenté à mon père avec ses deux petites filles, Louise et Jeanne, toutes deux pianistes prodiges. Louise avait quinze ans et la petite Jeanne seulement douze. Cette dernière était vraiment remarquable et son jeu faisait alors sensation à New York. Mais j'étais singulièrement attiré par la sœur aînée, Louise. Leur mère était morte alors que les enfants étaient très jeunes et Louise avait tout à fait pris la place de la mère et veillait sur Jeanne avec une sollicitude et une tendresse maternelle vraiment remarquables chez une si jeune fille. Elle jouait elle-même d'une manière exquise, et j'entends encore le contact velouté de ses doigts dans l'Etude plate de Chopin, mais dans son adoration pour le talent plus brillant de sa sœur cadette, elle s'effaçait complètement, et ce n'était qu'avec difficulté qu'on pouvait obtenir qu'elle joue si sa sœur était présente. Ils habitaient une petite pension française et j'adorais y aller le soir, et pendant que Jeanne jouait pour nous de la manière la plus brillante, Louise s'asseyait à une table au centre de la pièce et, sous la douce lumière d'une lampe centrale, repriserait des bas ou refaçonnerait adroitement une robe que Jeanne devait porter à son prochain concert. Louise avait les yeux bruns les plus doux, et son visage et son allure respiraient une tranquillité et une douceur rarement trouvées dans la vie nerveuse et agitée d'aujourd'hui. Elle n'était pas bavarde, mais quand elle parlait, ses yeux souriaient et se plissaient d'une façon très invitante.

J'avais certes dépassé l'âge des gifles, mais je n'avais pas encore trouvé le courage de déclarer mon adoration. Il me semble avoir été tout à fait content de m'asseoir à côté de Louise et de regarder dans ses doux yeux, ou d'observer ses doigts habiles tandis qu'ils plissaient et cousaient et faisaient toutes ces choses intelligentes que seuls les doigts des femmes savent faire. Ce printemps-là, hélas, le père et ses filles sont rentrés en France et je ne les ai jamais revus.

Mais la jeunesse est si inconstante que l'année suivante je tombai follement amoureux de Madame Teresa Carreno, dont j'ai déjà parlé dans un chapitre précédent. J'avais seize ans et elle en avait vingt-quatre, d'une beauté radieuse, brillamment instruite et une linguiste remarquable, parlant anglais, allemand, français, espagnol et italien avec la même aisance. Mais pour moi, ses yeux parlaient un langage encore plus éloquent que sa langue, et il n'était pas étonnant que j'étais complètement bouleversé. Lors de ma première tournée de concerts, sa beauté, son jeu exquis et les charmes langoureux semi-tropicaux du Sud à travers lesquels nous tournions constituaient une combinaison à laquelle je ne pouvais pas résister.

Mais mon adoration d'écolier reçut un choc sévère lorsque, le dernier jour de notre tournée, un beau et très robuste baryton italien, du nom de Tagliapietra, vint à sa rencontre et je découvris qu'elle était follement amoureuse de lui. Ils se sont mariés peu de temps après.

Elle aussi semble avoir inconscient de mon adoration. Trente-deux ans plus tard, lors d'un dîner donné à l'Hôtel Plaza en l'honneur de mon vingt-cinquième anniversaire en tant que chef d'orchestre, elle était présente et dans mon discours de remerciement, je l'ai désigné avec humour comme la *grande passion* de ma première jeunesse. Elle a ensuite dit à ma sœur : « Je n'aurais jamais su que Walter avait ressenti cela à mon égard ! »

Poursuivre mes aveux. L'année suivante, je me suis rencontré - mais, hélas, ce chapitre est déjà surchargé et je devrai continuer le récit (pour moi) si fascinant de mes divers romans dans mon prochain livre de mémoires, que je compte publier dans une vingtaine d'années.

XIII

LA SOCIÉTÉ ORATORIO DE NEW YORK

Mon père avait toujours considéré que l'étude des oratorios de Bach et de Haendel constituait une base très importante pour le jeune musicien, et j'avais passé de nombreuses heures avec lui à étudier leurs partitions et à imiter leur forme dans mon propre travail contrepointal. « St. La Passion de Matthieu, le Messie, Samson et Judas Maccabée de Haendel, je les connaissais pratiquement par cœur. Mon père croyait également que le développement des chœurs amateurs était un facteur très important dans la croissance musicale d'un peuple. Sous son inspiration, le chœur de la Société Oratorio grandit constamment en nombre et en compétence technique ; mais elle souffrait d'une grande pénurie de chanteurs masculins, notamment de ténors. L'état terriblement unilatéral du développement musical dans notre pays, qui s'est déroulé presque exclusivement selon des lignes féminines, s'est manifesté de manière frappante dans cette branche de l'art. Beaucoup de chanteurs masculins qui, d'une manière ou d'une autre, avaient été cajolés ou contraints de rejoindre une chorale, devaient souvent être entraînés dans leurs rôles comme des enfants, mais sans la rapidité de perception d'un enfant. Le résultat était que le travail de formation était incessant et que les erreurs d'une année se répétaient inévitablement l'année suivante. En répétant des oratorios tels que le « Messie » de Haendel ou « St. » de Bach. La Passion de Matthieu », par exemple, un bon chef d'orchestre expérimenté pouvait toujours prédire à l'avance quelles erreurs le chœur allait commettre.

À l'époque de mon père, les sopranos de l'Oratorio Society étaient d'une puissance et d'une qualité écrasantes ; mais c'était en grande partie parce que ma mère, lorsque nous sommes arrivés en Amérique, a renoncé à chanter en solo en public et s'est consacrée avec enthousiasme à diriger le chœur de soprano. Sa voix était phénoménale par sa force et sa qualité, et lorsque, comme dans un chœur fugué de Haendel, les sopranos entrèrent enfin dans le thème principal, sa voix triomphante emportait tout avec elle. Elle chantait toujours par cœur, ses beaux yeux enfoncés fixés sur le chef d'orchestre, et lorsque ce chef d'orchestre se trouvait être son propre mari ou son propre fils, il y avait en eux un dévouement et un amour que je ne pourrai jamais oublier.

Maintenir une chorale dans une ville immense comme New York est doublement difficile en raison des nombreuses tentations et distractions qui assaillent ses membres dans une si grande métropole et menacent la participation régulière aux répétitions. J'ai donc toujours pensé que les nombreuses et splendides performances que la société a données au cours de sa longue existence de quarante-neuf ans étaient particulièrement à son honneur. Les répétitions avec ces chanteurs amateurs demandent cependant au chef dix fois plus d'énergie, de patience et de vitalité qu'il faut à un orchestre composé de professionnels formés. Et pourtant, il y a un charme à travailler avec des amateurs dévoués. Mon père adorait ça, et même pendant les travaux pénibles de fondation et d'entretien de l'opéra allemand au Metropolitan, il se tournait toujours vers les répétitions régulières des chœurs de la Société Oratorio, le jeudi soir, pour se changer et se reposer. J'avoue que j'ai également apprécié l'étude presque primitive nécessaire avec un chœur amateur après une journée passée avec mon orchestre, et je repense avec le plus profond plaisir aux nombreuses années pendant lesquelles j'ai dirigé l'Oratorio Society.

Les petites villes devraient pouvoir développer des sociétés chorales bien plus facilement que New York. Toronto, au Canada, a toujours été un exemple de ce qui peut être accompli dans cette direction. Il existe quatre sociétés chorales de grand mérite, parmi lesquelles peut-être le chœur Mendelssohn, fondé par le docteur Vogt, occupe la première place. Les Anglais ont un amour et un talent hérités pour le chant choral et, à Toronto, la répétition hebdomadaire est la seule « dissipation » de la semaine et est attendue avec impatience par les chanteurs. J'ai entendu le Chœur Mendelssohn à plusieurs reprises lors de leurs visites à New York et j'ai été enthousiasmé par la beauté et le volume de leur son ainsi que par la précision de leur chant.

J'ai parlé ailleurs du grand festival musical qui fut projeté et dirigé par mon père en mai 1881. Pour le grand chœur de douze cents personnes, qui en était l'élément marquant, les quatre cents chanteurs de la Société de l'Oratorio formaient l'épine dorsale, et je fut chargé de la formation de deux autres sections du chœur du festival. Comme j'avais été accompagnateur et organiste pendant des années à toutes les répétitions de l'Oratorio Society et que j'avais officié comme chef d'orchestre de la Newark Harmonic Society pendant trois ans après le festival, j'étais techniquement bien équipé pour prendre la direction de l'Oratorio Society lorsque on me l'a offert après la mort de mon père en 1885.

J'ai dirigé le dernier concert de cette saison, « St. La Passion de Matthieu », et j'ai découvert que l'affection et le respect que le chœur nourrissait pour mon père les faisaient m'aider avec dévouement dans mes débuts difficiles.

Pour la saison suivante, j'ai cherché une nouvelle œuvre pour marquer mon entrée dans ce domaine et j'ai décidé qu'un concert de « Parsifal » de Wagner intéresserait le public new-yorkais. Le caractère sacré de l'œuvre, l'importance et la beauté de ses parties chorales, et le fait que sa musique était encore presque inconnue me semblaient inviter à une telle exécution, même si Wagner l'avait conçue pour une représentation dramatique et avec une mise en scène. paramètre. Il avait prévu que cette œuvre ne soit exécutée qu'à

Bayreuth, mais en 1882, lorsqu'elle y fut créée pour la première fois, il m'avait lui-même donné une partition orchestrale manuscrite du Finale choral du premier acte pour la présenter à mon père, afin qu'il puisse le produire sous forme de concert à New York.

Lors d'une visite à Londres au printemps 1886, je rendis visite au représentant londonien des éditeurs de « Parsifal » et lui demandai s'il était possible d'acheter une partition orchestrale de l'œuvre complète. Il m'a dit que c'était possible, mais que son achat ne me donnerait pas droit à une représentation de l'œuvre et que si je l'utilisais pour une représentation, je devrais payer une amende de cinquante livres. Je lui ai dit que j'étais tout à fait prêt à payer une amende telle que je la voulais pour un concert à New York, et j'ai immédiatement acheté une partition d'orchestre et j'en ai fait copier les parties orchestrales.

Grâce à mes liens avec le Metropolitan Opera House, j'ai pu donner à l'œuvre une distribution exceptionnelle. *Kundry* a été chanté par Marianne Brandt, qui l'avait chanté à Bayreuth lors d'une des premières représentations. Max Alvary a été choisi pour le rôle-titre et Emil Fischer pour *Gurnemanz*. Alvary tomba malade peu avant la représentation et son rôle fut repris par un autre jeune ténor de notre compagnie, un certain M. Kraemer. Les parties chorales ont été chantées par la Société Oratorio avec un effet passionnant.

Il s'agissait de la première représentation de « Parsifal » en dehors de Bayreuth, et elle a fait sensation mais a également suscité une vive polémique dans les journaux quant à son aptitude à la salle de concert. Des arguments valables et sérieux peuvent être avancés des deux côtés. Lors d'une représentation de concert, beaucoup de gens perdent beaucoup de choses, en particulier ceux dont l'imagination ne peut fonctionner sans l'incitation des décors, des costumes et de l'action dramatique ; mais à cette époque, c'était la seule occasion pour les mélomanes américains, qui ne pouvaient pas faire le long voyage jusqu'à Bayreuth, de se familiariser avec la musique. Pour de nombreux auditeurs, les parties chorales, en particulier celles centrées sur les cérémonies religieuses dans la salle du Saint Graal, étaient tout aussi impressionnantes, sinon plus, que dans une représentation scénique. Aujourd'hui et d'une manière générale, je préfère entendre la musique de « Parsifal » les yeux fermés. Mon imagination, stimulée par la musique, peut peindre l'investiture scénique et dramatique de manière bien plus idéaliste que n'importe quelle représentation scénique réelle, mais je ne prétends pas cela comme une vérité pour tous, mais seulement comme ma préférence individuelle.

Nous avons donné deux concerts au Metropolitan Opera House (répétition publique et concert), et plus de trois mille personnes ont écouté avec une grande attention chaque interprétation.

Des années plus tard, en 1903, lorsque Heinrich Conried, alors directeur de l'opéra du Metropolitan, annonça son intention de donner une représentation scénique de « Parsifal », je reçus une lettre de Madame Cosima Wagner, me disant qu'elle avait entendu dire que je possédais le partition et parties orchestrales de l'œuvre. Elle m'a prié de ne pas les donner à M. Conried, car celui-ci *avait* laissé dans son testament des instructions absolues selon lesquelles les représentations scéniques de cette œuvre devaient être réservées pour toujours à Bayreuth. Elle avait entendu dire que j'avais donné un concert et se demandait comment j'avais obtenu la permission.

Je lui ai écrit et lui ai expliqué que j'avais obtenu la partition et que j'avais envoyé les « cinquante livres d'amende » aux éditeurs, conformément à mon accord avec eux. Je reçus alors une autre lettre d'elle, comme suit :

CHER M. DAMROSCH :

Merci beaucoup pour vos aimables lignes et l'expression de vos sentiments pour Parsifal, qui, bien entendu, ne doivent jamais être dévoilés hors de Bayreuth ; mais concernant la production en concert, on a fait un choix de fragments très limité, qui n'est pas à étendre. Le choix, fait par le maître, est le suivant :

1. Prélude, fin du premier acte, rien du second.

2. Verwandlungsmusik—fin du troisième acte.

3. Amfort-tâche

4. Charfreitagszauber

Je suis étonné que pour 50 £ vous ayez obtenu l'allocation (permission) pour exécuter tout le Parsifal de concert et je vais en parler à l'éditeur.

Concernant la prestation sur scène, j'espère toujours que la partie cultivée du public new-yorkais ne l'acceptera pas.

Recevez, cher Monsieur Damrosch, avec mes meilleurs remerciements, mes plus cordiales salutations.

C. WAGNER

Bayreuth, 6 juillet 1903.

Conried, cependant, a obtenu ses rôles ailleurs et a donné une représentation sur scène cet hiver-là. Depuis, les droits d'auteur sur « Parsifal » ont expiré et il a été produit partout dans le monde.

Au cours de ma recherche d'œuvres modernes, je me suis efforcé également de maintenir vivant l'intérêt pour les oratorios anciens. Je leur devais beaucoup, et leur dignité et l'expression authentique de leur sentiment religieux avaient été un facteur très important dans ma première éducation. Enfant, je chantais alto dans le chœur de la Société Oratorio et, à seize ans, j'ai été promu au rang d'accompagnateur lors des répétitions. Dans ce travail, je devenais un véritable expert, et si mon père s'arrêtait à un certain endroit pour corriger le chœur, je saurais bien sûr d'avance ce qu'il voulait et je martelerais la bonne note pour les altos ou les ténors. C'était généralement les ténors - ou bien ils recouraient, même pendant qu'ils chantaient, à toutes sortes d'expédients, comme jouer les intervalles critiques une octave plus haut afin de maintenir le ton ou de les définir plus clairement. Pendant que ma mère et Tante Marie chantaient en chœur, nous rentrions tous les quatre après une répétition, discutant de tel ou tel point qui méritait d'être approfondi, ou d'une faiblesse à renforcer, ou nous exprimions un enthousiasme mutuel. sur un refrain particulièrement bien chanté ce soir-là. Naturellement , le refrain après presque chaque répétition était : « Comment pouvons-nous obtenir dix premiers ténors de plus ? L'Amérique ne semblait pas en cultiver, et comme même les basses n'étaient pas aussi nombreuses qu'elles auraient dû l'être, il semblait presque que le futur compositeur américain devait écrire des chœurs uniquement pour les femmes. Si lors du procès vocal des nouveaux candidats, qui avait généralement lieu avant ou après la répétition, ce *rara avis* , un ténor, était découvert, nous rayonnions de joie et spéculions sur la question de savoir s'il se présenterait réellement à la prochaine répétition et deviendrait un habitué. membre. On ne peut pas prétendre que l'on trouve encore aujourd'hui des ténors à profusion, mais la qualité des chanteurs de chœur a connu un immense développement. Leurs voix sont mieux exercées, ils lisent mieux à vue, et l'accroissement général de l'intérêt pour la musique se manifeste très fortement dans ce sens.

En 1892, j'ai donné un festival Haendel en l'honneur du cent cinquantième anniversaire de la première représentation du « Messie » de Haendel à Dublin sous sa propre direction, en 1742, suivie de celle à laquelle le roi George II et sa cour ont assisté. , et lorsque la foule était si nombreuse que la direction demandait aux messieurs de ne pas porter leurs épées ni aux dames leurs jupes à cerceaux, afin de permettre au plus grand nombre d'entendre l'œuvre de « M. Haendel. » Lors de cette représentation, lorsque le chœur d'Alléluia commença, avec son puissant point culminant, « Roi des rois, Alléluia ! Alléluia!" Le roi George, submergé d'émotion, se leva et resta debout jusqu'à la fin. Naturellement, tout le public se levait à l'imitation de son maître royal, et la Grande-Bretagne a perpétué cette coutume depuis lors. Comme c'était un hommage approprié à la fois au Tout-Puissant et au compositeur qui, dans ce chœur, exprimait si merveilleusement l'adoration de l'homme pour lui, mon père a introduit cette coutume lors de sa propre première représentation du « Messie », en 1874, et le public de l'Oratorio Society l'ont suivi jusqu'à ce jour.

Un récit intéressant du type d'orchestre que Haendel a pu employer est donné dans la description d'un service commémoratif du « Messie », chanté à l'abbaye de Westminster peu après sa mort. J'ai décidé de reproduire autant que possible un tel orchestre lors de notre représentation en festival. Les principales caractéristiques consistaient dans le dédoublement des parties de cordes dans les chœurs avec hautbois et bassons et dans la duplication des trompettes et des timbales dans les climax choraux. L'effet en fut des plus remarquables. J'avais placé un hautbois supplémentaire tous les trois violons et un basson supplémentaire tous les trois violoncelles, avec quelques contrebassons et clarinettes contrebasses pour renforcer les contrebasses et prendre le rôle du serpent, instrument devenu obsolète. Le doublement des trompettes et des timbales dans les climax ne les rendait pas plus forts, mais plus pleins. Pour la première fois de mon expérience, le son de l'orchestre n'était pas complètement enfoui dans l'avalanche de sons d'un grand chœur de trois cent cinquante voix. Les accompagnements orchestraux soutenaient et complétaient le chœur d'une manière que seul un orgue d'église très grand et doux pourrait peut-être faire.

À l'époque de Haendel, il s'asseyait lui-même habituellement à l'orgue et remplissait par des improvisations magistrales bon nombre des harmonies pour lesquelles dans sa partition il n'avait écrit que la basse, avec des chiffres indiquant les harmonies que l'organiste devait improviser. Depuis, divers musiciens se sont efforcés de fournir ces harmonies de façon permanente en les écrivant pour d'autres instruments de l'orchestre, principalement pour les clarinettes et les bassons. Comme la plupart des salles de concert sont peu équipées en orgues, ces arrangements offraient une sorte de substitut, et le plus utilisé était celui de Robert Franz. C'était un compositeur allemand de très belles chansons et un grand admirateur de Haendel, mais, curieusement, ses arrangements étaient très mauvais et peu conformes à l'esprit haendélien. Mozart avait également des accompagnements écrits pour suppléer aux harmonies manquantes lors d'une représentation du « Messie » à Vienne dans une salle où il n'y avait pas d'orgue d'église. Ses ajouts, notamment dans l'air « Les gens qui marchaient dans les ténèbres », sont d'une telle beauté transcendante que lorsque j'ai entrepris mon travail de restauration de l'orchestre haendélien dans sa forme originale, mon courage m'a complètement fait défaut lorsque j'ai abordé cet air. C'était comme si un maître avait trouvé un tableau d'un autre et l'avait encerclé dans un cadre d'une telle beauté qu'il rehaussait la valeur du tableau original. Je ne pouvais pas supporter de le déranger, mais j'ai jeté les clarinettes et les bassons de Robert Franz avec beaucoup d'enthousiasme.

Un autre aspect nouveau et intéressant de notre festival était la représentation scénique d'une charmante pastorale de « Acis et Galatée » de Haendel. Cet opéra s'est avéré avoir des qualités dramatiques qui, dans leur attrait, semblaient bien au-delà de celles des nombreux opéras italiens écrits par Haendel. Le casting était excellent. Le rôle de *Galatée* était chanté par Madame de Vere, charmante chanteuse coloratura ; le berger *Acis* de William Rieger, un de nos meilleurs jeunes ténors de concert ; et *Polyphème*, le géant, du maître artiste Emil Fischer. La scène représentait un paysage d'une beauté classique et tous les participants étaient vêtus de très charmants costumes de berger grec. La scène dans laquelle *Polyphème*, tombant sur les bergers amoureux, soulève un énorme rocher et, dans une rage jalouse, tue Acis, a été réalisée avec une intensité dramatique telle qu'elle a ravi notre public. La représentation fut un véritable événement, car cette œuvre n'avait peut-être pas été donnée sous sa forme dramatique depuis l'époque de Haendel ; mais, curieusement, cela ne suscita que peu d'intérêt, car, alors que toutes les autres représentations de la fête étaient bondées jusqu'aux portes, nous n'avions qu'une moitié de public à nos deux représentations de la pastorale. Il est arrivé vingt ans trop tôt et je pense qu'aujourd'hui, surtout s'il était donné sous les auspices du Metropolitan Opera, il susciterait un large intérêt.

Ce printemps (1922), j'étais à Munich et la ville était en grande effervescence à l'approche de la représentation dramatique d'« Acis et Galatée » de Haendel. Leur chef d'orchestre, Bruno Walter, m'a dit : « Nous sommes très fiers de cette représentation scénique, car c'est la première depuis l'époque de Haendel. » Il a été étonné et, comme il me l'a dit, très contrarié lorsque je lui ai appris que je l'avais donné à New York il y a près de trente ans. Il lui a offert une belle prestation. J'avais costumé mes chanteurs en grec classique, mais le metteur en scène munichois avait donné à l'œuvre une saveur supplémentaire et plutôt piquante en habillant les chanteurs et les danseurs comme à l'époque de Haendel, où tous les interprètes, quel que soit l'âge de leurs pièces, étaient censés prendre lieu, portaient les costumes et les énormes perruques de leur époque.

Au cours de l'été 1898, nous étions très enthousiasmés par les récits dramatiques de la victoire de l'amiral Dewey dans la baie de Manille, et il me semblait approprié de la célébrer en composant un « Te Deum » pour solistes, chœur et orchestre. Afin de donner à mon "Manila Te Deum" un caractère approprié, j'ai utilisé plusieurs sons de clairon de l'armée et de la marine américaines comme *cantus firmus*, autour duquel j'ai tissé les développements fugués des voix du chœur. Dans le dernier refrain : « O Seigneur, j'ai confiance en toi ; que je ne sois jamais confus », j'ai utilisé la « bannière étoilée » de la même manière.

L'œuvre fut créée lors d'un concert de l'Oratorio Society, le 3 décembre 1898, et marqua l'introduction de mon frère comme chef d'orchestre régulier de la société. Le printemps suivant, j'ai été invité à le diriger lors d'une célébration de Dewey à Chicago et, le 6 février 1900, je l'ai dirigé à nouveau lors d'une représentation spéciale donnée au Carnegie Hall, dont les bénéfices devaient être utilisés pour la construction d'une arche. en l'honneur de l'amiral Dewey. Cependant, cette arche n'a jamais été construite et les quelques milliers de dollars résultant de notre concert ont finalement été reversés par le Dewey Arch Committee à un but philanthropique. Nos deux invités d'honneur à cette représentation étaient l'amiral Dewey, dans une loge d'un côté de la salle, et Theodore Roosevelt, alors gouverneur de New York, dans une loge de l'autre côté. Roosevelt devait prononcer un discours approprié, et comme le vainqueur de la baie de Manille était présent et que l'occasion était entière d'admiration jubilatoire pour notre marine, nous nous attendions à l'un des discours patriotiques les plus enflammés de Roosevelt sur les gloires de la marine américaine. Mais, hélas, ce soir-là, son esprit était complètement occupé par des choses plus proches de chez lui, et après quelques remarques très courtoises sur ma musique, il se lança dans un discours formidable sur le service de nettoyage des rues de New York et sur le « devoir de chaque citoyen de votez aux primaires » !

En 1892, j'ai donné la première représentation en Amérique de l'opéra « Samson et Dalila » de Saint-Saëns. Cette œuvre est admirablement adaptée au concert, et de nombreuses parties sont bien plus efficaces sous cette forme que sur scène. La musique est belle et d'une grande simplicité mélodique, et de nombreux chœurs sont écrits sous forme d'ora torio. Lors des représentations sur scène, le point culminant dramatique du deuxième acte, dans lequel *Dalila* apparaît jubilatoire à la porte de son palais, secouant triomphalement la perruque rouge *de Samson* devant le grand prêtre et les soldats admiratifs, est en réalité un déception et excite bien plus notre risque que notre chagrin. que la force donnée par Dieu au puissant soldat l'a quitté.

De mon père, j'ai hérité d'une profonde admiration pour Hector Berlioz et j'ai dirigé de nombreuses représentations de ses plus grandes œuvres : la « Damnation de Faust », la « Messe de Requiem », « Roméo et Juliette » et la première interprétation en Amérique de son « Te Deum.

Une autre nouveauté que j'ai réalisée avec la Société Oratorio en 1889 était la « Missa Solemnis » d'Edward Grell. Cette œuvre a fait sensation. Son compositeur était pratiquement inconnu, sauf localement à Berlin, où il avait enseigné le contrepoint et la composition dans la première moitié du XIXe siècle. Il s'était tellement conformé au style des maîtres italiens des XVIIe et XVIIIe siècles que les harmonies modernes n'existaient tout simplement pas pour lui, et sa « Missa Solemnis » est conçue absolument à la manière des premiers maîtres de la musique ecclésiastique. Il est écrit pour quatre chœurs de quatre parties chacun et quatre quatuors solistes. Il n'y a absolument aucun accompagnement, et la pureté de ces harmonies à seize voix, sans aucun mélange d'instruments, produit des effets véritablement célestes. Les quatre chœurs, généralement utilisés en antiphonie avec les quatuors solistes, produisent des sommets palpitants, et le *Benedictus* surtout donne une impression de beauté extatique.

J'ai écrit ailleurs sur ma première interprétation du « Christus » de Liszt. J'ai également produit « St. Christopher », d'Horatio Parker, éminent musicien et compositeur américain. Ce travail ne s'est cependant pas révélé aussi efficace que sa « Hora Novissima ». Il semblait tomber entre deux tabourets, car ce n'était ni un opéra ni un oratorio.

J'ai bien sûr donné de nombreuses interprétations des oratorios de Haendel, Haydn et Mendelssohn, et j'ai inauguré la coutume d'une représentation annuelle de « Saint-Pierre » de Bach. La Passion de Matthieu » pendant la Semaine Sainte. Je suis heureux de dire que j'ai réussi à « populariser » cette œuvre puissante, de sorte qu'elle attire désormais un public immense et dévoué chaque fois qu'elle est donnée. Mais d'une manière générale, l'intérêt pour les oratorios plus anciens diminue, non seulement à New York mais dans tout le pays. Les oreilles de notre public ont perdu tout plaisir dans les harmonies plus simples de Haendel et de Haydn et, habituées à l'orchestration plus riche d'aujourd'hui, trouvent les accompagnements de l'orchestre haendélien minces et archaïques. Quelque chose de la foi religieuse simple et naïve qui inspirait les anciens oratorios a également disparu, et on n'a pas encore trouvé le compositeur qui puisse exprimer la foi et les aspirations d'aujourd'hui. Il est dommage que l'ancienne forme orat orio soit ainsi négligée. Je pense cependant qu'il n'est pas mort, mais qu'il dort seulement et qu'il se réveillera.

En 1898, j'ai pris ma retraite en tant que chef d'orchestre de l'Oratorio Society, en raison de la pression exercée par mon travail d'opéra et d'orchestre, et mon frère Frank a été élu pour me succéder. Il a deux ans de plus que moi et a toujours partagé à parts égales mon amour et mon enthousiasme pour la musique. Il étudia le piano lorsqu'il était enfant, mais avait toujours insisté sur le fait que son talent n'était pas assez grand pour justifier de faire de la musique son métier ; c'est pourquoi, à l'âge de dix-sept ans, il décida avec beaucoup de courage de partir dans l'Ouest et de commencer une carrière dans les affaires. Arrivé à Denver, Colorado, avec cent dollars en poche, il entreprit, à la manière de nos jeunes hommes américains qui n'ont pas l'intention de devenir un fardeau pour leurs parents, de gagner sa propre vie.

Il a commencé tout en bas et a progressé lentement vers le haut, mais a souffert intensément au cours de ses premières années à Denver du manque presque total de musique là-bas. Il en avait bu en quantités si généreuses à New York que cette boisson occupait désormais une place plus importante dans sa vie qu'il ne l'avait cru ; et pour satisfaire son besoin, il fonda une société chorale avec laquelle il donna quelques-uns des anciens oratorios, et avec une audace caractéristique, il compléta celle-ci par un orchestre composé d'une poignée de professionnels jouant alors dans les théâtres de Denver et de quelques amateurs. Les citoyens de Denver, se rendant compte qu'il était un vrai musicien malgré sa modeste estime de lui-même, le pressèrent d'abandonner les affaires et de se tourner complètement vers la musique.

Au moment de la mort de mon père, Frank était devenu pratiquement la force motrice de toutes les grandes entreprises musicales de Denver. Il me semblait que le moment était venu de l'inciter à retourner à New York et à poursuivre avec moi l'œuvre commencée par mon père. Il fut rapidement engagé comme chef de chœur au Metropolitan Opera House et devint également de plus en plus actif dans le travail pédagogique, pour lequel il éprouvait un enthousiasme particulier qui ne s'est jamais démenti.

Ses activités s'étendirent dans de nombreuses directions. Il fonde les Young People's Concerts au Carnegie Hall et devient superviseur de musique dans les écoles publiques de New York, réformant complètement l'enseignement de la musique. Les effets bénéfiques de cette mesure se font encore sentir aujourd'hui. Il fonda également l'Union chorale populaire, dans laquelle les travailleurs et les travailleuses apprenaient le chant et les rudiments de la musique, puis étaient promus dans un chœur de mille deux cents voix qui étudiait et interprétait les vieux oratorios de Haendel et Haydn.

Il fut chef d'orchestre de l'Oratorio Society de 1898 à 1912 et, pendant cette période, dirigea les premières représentations à New York de « Le Rêve de Gerontius » et « Les Apôtres » d'Edward Elgar, du « Stabat Mater » d'Anton Dvořák et de « La Croisade des enfants » de Gabriel Pierné. », « Song of Fate » de Johannes Brahms et « La Vita Nuova » de Wolf-Ferrari.

Son intérêt pour la pédagogie de la musique a culminé dans la fondation d'une école de musique, l'Institut d'Art Musical, qui a été généreusement dotée par James Loeb et d'autres, et qui est devenue l'une des rares grandes écoles de musique de ce pays. et l'Europe. Cette école commença bientôt à prendre des proportions telles qu'elle exigea tout son temps et sa vitalité. Il se retire donc d'autres travaux publics, à l'exception de la direction de la Société d'Art Musical, un chœur unique de soixante-cinq chanteurs professionnels, ne donnant que deux concerts par saison, ce qui représente le plus haut que l'on puisse atteindre dans le chant choral. Pour ses programmes, il a puisé dans les trésors riches et en partie inconnus des chœurs *a capella* de maîtres tels que Palestrina, Orlando di Lasso, Cornelius et Brahms ; et comme ce chœur était composé des meilleurs chanteurs d'église et de concert de New York, il obtint des résultats ravissants par leur beauté.

Quand nous étions enfants, nous nous disputions de manière terrible et scandaleuse. Frank essayait de faire valoir ses deux années d'ancienneté sur moi et je m'en voulais des deux mains et des pieds. Je me souviens que ma mère nous séparait résolument et me donnait un peu d'espace pour moi, car cela semblait être le seul moyen d'instaurer la paix entre nous. Mais je suis heureux de dire que depuis 1885, lorsque Frank est revenu à New York, nous avons vécu et travaillé ensemble dans une harmonie absolue et une entraide mutuelle. En fait, l'unité entre nous a été si complète que nous sommes maintenant enclins à nous considérer les uns les autres comme ayant été exceptionnellement diaboliques et méchants au cours de nos premières années d'enfance. Je sais bien sûr que c'est entièrement sa faute, car il s'est montré si autoritaire et présomptueux à cause du hasard de sa naissance antérieure, tandis qu'il est également convaincu que j'étais trop effronté pour mon âge et que c'était absolument nécessaire pour mon âge. mon propre bien et mon bien-être futur pour me placer à ma place.

En 1919, on me demanda à nouveau d'assumer la direction de la Société des Oratorio. Leurs affaires n'avaient pas prospéré après que mon frère eut renoncé à la direction. Une énorme dette menaçait de les engloutir et, alors que j'étais accablé par le travail lié au New York Symphony Orchestra, avec lequel je donnais plus d'une centaine de concerts chaque hiver, je ne pus résister à leur appel et promis de rester à leurs côtés jusqu'à ce qu'ils pourraient trouver un chef permanent à leur goût.

Je suis heureux de dire que l'homme a été retrouvé en Albert Stoessel. Il avait été chef d'orchestre à l'AEF pendant la guerre, avait été choisi comme professeur de direction d'orchestre à l'école de chef d'orchestre de Chaumont, que j'avais fondée pour le général Pershing, et était devenu mon chef d'orchestre adjoint aux répétitions de la Société des Oratorio. Le chœur fut enchanté de lui et il fut élu chef régulier de la société en 1920. Il a déjà dirigé deux saisons très réussies, et je pense que notre vieille société bien-aimée aura de nombreuses années de vie et de succès sous sa direction.

XIV

L'ORCHESTRE SYMPHONIQUE DE NEW YORK

À la mort de mon père, il n'y avait que trois orchestres symphoniques en Amérique : le New York Symphony, le New York Philharmonic (Thomas a formé son orchestre itinérant à partir de là) et le Boston Symphony. Ce dernier était soutenu par le major Higginson et était le seul dont les membres recevaient un salaire hebdomadaire pendant une saison de trente semaines, se réunissaient chaque matin pour les répétitions et se consacraient exclusivement à l'interprétation de la musique symphonique. Ce fut le premier « orchestre permanent » fondé en Amérique. Les orchestres new-yorkais ne donnaient alors qu'un très petit nombre de concerts symphoniques, pour chacun desquels ils avaient environ trois répétitions. Leurs membres augmentaient leurs revenus en jouant dans d'étranges concerts, à l'opéra, au théâtre, en fait, dans presque tout ce qu'ils pouvaient trouver.

Aujourd'hui, l'Orchestre symphonique de New York est magnifiquement entretenu en tant qu'orchestre permanent grâce à la générosité de son président, M. Flagler. L'Orchestre philharmonique est également soutenu par des contributions libérales provenant de diverses sources, et d'autres orchestres de Philadelphie, Chicago, Détroit, Minneapolis, Cincinnati, Saint-Louis, San Francisco et Los Angeles utilisent à partir de cent mille dollars par an, donnés par leurs respectifs. citoyens, au-delà des recettes de la vente des billets, afin de se maintenir en tant qu'organisations symphoniques permanentes. Sans ces subventions, ces orchestres ne pourraient exister, car, même si les concerts sont bondés, les dépenses sont bien supérieures aux recettes possibles.

Je me demande combien de chefs d'orchestre de ces orchestres, qui reçoivent tous des salaires généreux et ne courent aucun risque financier personnel dans l'entreprise, se rendent compte du travail de pionnier difficile que nous avons dû accomplir au début pour maintenir nos orchestres en vie et établir le fondements musicaux sur lesquels ils sont aujourd'hui si solidement bâtis.

Après la mort de mon père, j'ai été élu, à l'âge de vingt-trois ans, chef d'orchestre de la New York Symphony Society. Nous donnions six concerts et six répétitions publiques pendant l'hiver, et pendant les sept années qui suivirent mon élection, cet orchestre fut également employé pour l'opéra allemand du Metropolitan. Mais lorsque l'opéra allemand fut supplanté par l'opéra italien sous Abbey, Schoeffel et Grau, j'eus du mal à trouver suffisamment de travail pour que mes hommes puissent les maintenir ensemble. La petite subvention versée à cette époque par les directeurs de la Société Symphonique était tout juste suffisante pour donner les six concerts réguliers de la saison d'hiver. J'avais appris l'art difficile d'accompagner des solistes avec sympathie avec l'orchestre, et les artistes étrangers qui venaient en Amérique, tels que Sarasate, Ysaye, d'Albert, Joseffy, Paderewski, Kubelik et bien d'autres, choisissaient toujours mon orchestre pour les accompagner. . Mais ces concerts étaient relativement peu nombreux et j'ai dû chercher d'autres moyens de donner suffisamment de travail à mes hommes pour que cela vaille la peine de rester avec moi au lieu d'accepter des engagements de voyage avec de petites compagnies d'opéra, etc. Peu à peu, j'ai développé le dimanche après-midi. les concerts symphoniques, une innovation complète, car jusqu'alors la seule musique donnée le dimanche était le soir et avait un caractère plus populaire et trivial. J'ai soutenu que le dimanche était le seul jour de la semaine où les hommes n'étaient pas plongés dans les soucis professionnels, et que ce jour-là, eux et leurs familles seraient plus susceptibles d'apprécier une classe musicale plus élevée et plus sérieuse. J'ai donc inauguré avec audace une série de concerts symphoniques tous les dimanches après-midi de l'hiver ; et ma foi était justifiée, car non seulement ces concerts étaient suivis par un public immense, mais le pourcentage d'hommes était plus grand que jamais auparavant lors de concerts symphoniques. Pendant plusieurs années, j'ai eu le monopole de mon idée, mais ensuite d'autres orchestres et solistes en ont perçu la valeur, et aujourd'hui je dois partager les dimanches après-midi avec deux ou trois autres organismes qui donnent également des concerts de haut niveau, généralement tous organisés. bien fréquenté.

J'ai aussi progressivement développé de longues tournées printanières avec une cinquantaine d'hommes, ce qui était considéré à l'époque comme un orchestre itinérant de belle taille. Au cours de ces tournées, j'ai pénétré le Sud, le Middle West et, plus tard, le Far West de la Californie et de l'Oregon.

De nombreuses communautés que nous avons visitées n'avaient jamais entendu d'orchestre symphonique auparavant et nous avons fait pour elles un véritable travail de pionnier, car j'ai maintenu un haut niveau de musique dans mes programmes. Les classiques constituaient bien sûr la base ; mais Wagner devint très vite une grande puissance d'attraction, et les programmes de Wagner furent souvent les plus demandés.

Le plan général de mes tournées était de demander à l'agent avancé d'organiser des festivals de trois jours avec un chœur local qui participerait à des oratorio ou des extraits de concert des opéras de Wagner, Verdi, etc. J'emmènerais également un quatuor de chanteurs solistes. , parfois complété par une « star », car le public américain moyen aime beaucoup les « noms ». Beaucoup de ces stars gagnent le plus d'argent longtemps après que leurs capacités vocales ont diminué, et elles sont obligées de combler ce manque par des moyens fortuits tels que des costumes extraordinaires, peut-être plus de décolleté que ce que la coutume locale autoriserait, mais qui sont toujours considérés comme tout à fait exceptionnels. ce qui convient à un personnage aussi exotique que la « prima donna ».

Durant ces festivals de trois jours, nous donnions généralement cinq concerts et, comme nous réservions souvent deux festivals en une semaine, les dix concerts et répétitions nécessaires mettaient souvent ma vitalité à rude épreuve. Mais il fallait le faire, car les comités locaux des fêtes étaient obligés d'assister au plus grand nombre de concerts possible pour subvenir à leurs besoins. Cela a toujours été fascinant pour moi de faire un travail de pionnier, soit en organisant quelque chose de nouveau, en introduisant un nouveau compositeur, ou en pénétrant dans des régions où la musique symphonique n'était pas encore connue. La gratitude du peuple était souvent très touchante, et si mes bénéfices au terme d'une tournée pénible n'étaient parfois pas aussi importants qu'ils auraient dû l'être, j'avais au moins gardé mon orchestre ensemble pendant huit, dix ou même douze semaines, et avait élargi le rayon d'activité musicale de plusieurs centaines, parfois de milliers de kilomètres. Je m'émerveille maintenant du courage avec lequel je commencerais une tournée dans laquelle peut-être seulement la moitié de mes concerts étaient garantis, et ces garanties, hélas, n'étaient pas toujours entièrement payées. Mais pendant des années, j'étais presque le seul à voyager à travers le pays avec un orchestre, et comme les tarifs ferroviaires n'étaient que la moitié de ce qu'ils sont aujourd'hui, je pouvais généralement terminer ma tournée avec un certain bénéfice.

J'ai également commencé à aborder la question de savoir comment utiliser mon orchestre pendant les mois d'été et j'ai eu la chance de résoudre ce problème de manière très efficace pendant de nombreuses années. Dès 1885 et 1886, j'ai été invité par la Southern Exposition de Louisville, Kentucky, à venir là-bas avec mon orchestre et à jouer tout l'été, en donnant deux concerts par jour. Je repenserai toujours à ces deux étés avec plaisir et gratitude. J'étais très jeune et c'était ma première expérience d'un séjour prolongé dans une ville du Sud. Louisville était à cette époque une petite communauté, mais avec une civilisation ancienne qui se manifestait dans un cercle de personnes charmantes, de culture et de relations sociales établies. Ils ont ouvert leurs portes et leur cœur à mon frère et à moi. Le Pendennis Club, dans sa courtoisie et son hospitalité d'antan, ressemblait à un page de Thackeray ou de Dickens. La plupart des gens n'avaient jamais entendu de musique symphonique, et comme nous jouions deux fois par jour pendant environ trois mois, je leur ai donné presque tout le répertoire orchestral, depuis la bonne musique populaire de Johann Strauss en passant par les symphonies de Mozart, Beethoven et le compositeurs modernes, jusqu'à Wagner, qui devint immédiatement leur « compositeur préféré ». Les membres de mon orchestre furent également reçus avec une grande cordialité, et il en résulta plusieurs amours très tendres et romantiques. Moi aussi, j'aurais volontiers succombé aux charmes de ces beautés du Sud, mais, hélas, j'étais un jeune homme tellement travaillé avec mes deux concerts par jour et mes répétitions que je ne pouvais pas me livrer beaucoup à la romance.

Un soir, au cours d'un terrible orage, la foudre s'écrasa sur les machines fournissant l'éclairage électrique du music-hall et le plongea dans l'obscurité. Des milliers d'auditeurs y étaient remplis et pendant quelques minutes il y eut un silence stupéfiant, interrompu seulement par les grands coups de tonnerre. Peu à peu, des cris hystériques de la part des femmes se firent entendre çà et là et une ruée vers les portes commença. L'obscurité était intense, mais je savais que l'orchestre pouvait jouer par cœur la marche du Prophète, alors je leur ai crié de commencer ce numéro. J'entends encore le vieux Karl Deis, qui avait été trombone sous mon père, commencer tout seul par le thème d'ouverture, suivi immédiatement par le reste de l'orchestre. Je dirigeais comme un fou, même si, à cause de l'obscurité, aucun des joueurs ne pouvait me voir, sauf lorsque des éclairs illuminaient momentanément la salle ; mais la musique calma immédiatement le public, qui s'assit et, à la fin de la marche, applaudit bruyamment. Nous avons ensuite commencé le « Beau Danube Bleu » et dans le deuxième bar, les lumières électriques de la salle se sont à nouveau allumées. Le lendemain soir, le chef des pompiers et d'autres fonctionnaires de la ville sont apparus et, avec plusieurs bouteilles de champagne, ont porté un toast à l'orchestre et à son chef pour leur « grand acte salvateur » de la veille.

Le dimanche, il n'y avait pas de concerts et c'étaient des jours bénis de paix et de repos. Je les passais habituellement dans la maison de campagne d'un ami - un manoir spacieux et hospitalier du Sud, un délicieux dîner de midi, et ensuite un moment de farniente et de bonheur sur la pelouse, à regarder les chevaux, beaux, purs, élevés dans le Kentucky, gambader. sans selle ni bride, comme les jeunes chiots, selon la vieille coutume dominicale du lieu. Pour le Kentuckien, l'amour pour ses chevaux et la fierté de leurs qualités font partie du romantisme de sa vie ; C'était du moins le cas à cette époque, bien avant l'apparition de l'automobile.

Les nombreux concerts à l'Exposition de Louisville, qui ont eu lieu au début de ma carrière de chef d'orchestre, m'ont donné une énorme routine et une connaissance de tout le répertoire orchestral.

J'ai trouvé le Sud extrêmement réceptif. La Nouvelle-Orléans était, bien sûr, partisane de l'opéra français depuis des années - son opéra était l'un des plus charmants que j'aie jamais vu - mais j'ai également créé de nouveaux centres de musique, dont l'un s'est développé avec beaucoup de succès dans la petite ville. de Spartanburg, Caroline du Sud. L'impulsion est venue du Converse College for Women, qui jouit d'une grande réputation dans le Sud. Les demoiselles de cette institution formaient le noyau d'un chœur nombreux et bien formé de deux cent cinquante voix. J'y suis allé avec mon orchestre chaque printemps pendant plus de dix ans. Nous avons réussi à développer un grand amour et une grande appréciation pour la musique là-bas et dans d'autres endroits à proximité, car il était de coutume pour les anciens élèves du collège de revenir à Spartanburg pour la semaine du festival de musique, puis de rapporter et de répandre leur enthousiasme musical. dans leurs villes d'origine.

Peu à peu, je pénétrai de plus en plus vers l'Ouest. En 1904, j'ai fait une tournée jusqu'à Oklahoma City avec l'orchestre et un groupe assez important de chanteurs solistes, avec lesquels j'ai donné des extraits de Parsifal de Wagner, reliant les différents numéros par quelques remarques explicatives. La tournée a été un grand succès, car le public avait beaucoup lu sur les premières représentations de « Parsifal » à Bayreuth et à New York et était impatient d'entendre la musique. Je me souviens d'un incident amusant à Oklahoma City. Notre concert avait été programmé dans le cadre d'un programme de divertissement dirigé par un responsable local. Le théâtre était bondé et je venais de terminer le prélude de « Parsifal » et j'étais prêt à commencer les extraits du premier acte, quand soudain le directeur surgit sur scène et s'adressa au public en ces termes : « Mesdames et messieurs : Je suis fier de vous voir si nombreux ici ce soir et profite de cette occasion pour vous annoncer que j'ai déjà pris des dispositions pour la saison prochaine pour un cours qui sera en tous points plus beau que celui que je vous donne cette année ! Je voudrais également annoncer que le Stewart's Oyster Saloon sera ouvert après le concert pour le déjeuner. (Sic.) Ce fut cependant notre seule interruption, et le reste de la musique fut écouté avec un intérêt évident et une approbation enthousiaste.

Une fois le concert terminé, alors que je sortais par la porte de la scène pour retourner à mon hôtel, j'ai été accueilli par la foule qui descendait de la galerie supérieure. Un jeune homme qui se prélassait contre l'entrée de la scène s'approcha d'un des hommes qui sortait de la salle et lui dit : « Eh bien, comment ça s'est passé, Jim ? et Jim a répondu : « Ce spectacle ne vaut pas trente cents. » Les malheurs d' *Amfortas* et les mesures chantantes des *Flower Maidens* n'avaient visiblement pas séduit ce jeune Oklahoman !

En contraste avec cette expérience, je voudrais raconter ce qui s'est passé une autre fois lorsque nous donnions un concert symphonique, peut-être le premier jamais entendu là-bas, à Fargo, dans le Dakota du Nord. Efrem Zimbalist, homme et artiste charmant, était notre soliste lors de cette tournée, et après le concert, lorsque nous nous sommes retrouvés pour le dîner, il a raconté avec des éclats de rire que pendant que je jouais la Symphonie « Lenore », de Raff, il était assis derrière les scènes de « l'opéra » – chaque ville occidentale a un « grand opéra » – en écoutant la musique, quand un cow-boy, jeune et beau, en chemise de flanelle, bottes hautes, chapeau mou, etc., est entré la scène et s'assit amicalement à côté de lui. Le cow-boy était peut-être un peu «doux», comme c'était le cas avant l'époque de la prohibition nationale, mais il avait manifestement une oreille musicale, même s'il n'avait jamais entendu de sa vie un orchestre symphonique. Chaque fois que la musique devenait une sorte d'apogée joyeuse, il saisissait le genou de Zimbalist avec un plaisir convulsif et criait : « Bon sang, mais j'aime cette musique ! Puis il restait assis dans un silence profond jusqu'à la prochaine explosion, où il saisissait à nouveau Zimbalist et criait : « Ils peuvent aller en enfer, mais ils savent jouer ! » Nous enviions tous cet homme car, même si nous apprécions la musique, nous en avons tellement entendu que nous ne pourrons plus jamais ressentir le frisson d'entendre un orchestre symphonique pour la première fois de notre vie.

L'histoire, bien sûr, a fait le tour de l'orchestre, et pendant des semaines après, si nous étions assis dans le wagon-restaurant de notre train, la voix d'un des musiciens pouvait être entendue au-dessus du rugissement des wagons et du vacarme. des couteaux et des fourchettes qui claquent avec des accents joyeux : « Bon sang, mais j'aime bien cette omelette !

A propos de wagons-restaurants, lors d'une de nos tournées occidentales au cours des premières années de la guerre, nous avions beaucoup entendu parler des tristes conditions dans lesquelles se trouvaient les Belges, dont le territoire avait été si impitoyablement envahi par les armées allemandes. Notre orchestre tout entier venait de répondre à l'unanimité et généreusement en contribuant au Fonds de Secours Belge, et dans le wagon-restaurant à la table en face de la mienne étaient assis notre deuxième flûtiste belge, accompagné de son fils, qui était un de nos talentueux violoncellistes. . Leurs assiettes étaient remplies de dinde, de sauce aux canneberges et de pommes de terre, et il y avait une tarte aux pommes en perspective. J'ai dit : "Je pensais que les Belges mouraient de faim !" "Oh", dit Barrère, toujours prêt et toujours spirituel, "ils mangent pour les autres."

Que de choses avons-nous dû pour ces tournées à George Barrère ! Il a toujours été pour moi un membre modèle d'un orchestre. C'est un grand artiste — peut-être le plus grand à la flûte que j'aie jamais entendu — mais aucune répétition n'est trop longue pour lui, et les inévitables contretemps du voyage sont acceptés par lui avec une bonhomie imperturbable. J'ai décrit ailleurs avec quelle difficulté j'ai pu l'importer de France il y a dix-sept ans, en raison de l'opposition de la New York Musical Union, mais il a depuis lors plus que justifié ses prétentions à la citoyenneté américaine, non seulement par son talent artistique. œuvre, mais par le groupe d'élèves américains qu'il a rassemblés autour de lui, qui lui sont dévoués et qui ont reçu et fait leur une grande partie de son talent artistique. C'est un délicieux mélange d'esprit gaulois et d'humour américain. On lui a demandé un jour : « Si vous n'étiez pas musicien, Monsieur Barrère, qu'aimeriez-vous être ? » » et il répondit aussitôt : « Un chef d'orchestre ! Une méchante remarque, mais comme il est devenu depuis le chef du Petit Orchestre Symphonique de Barrère, je peux lui rendre du tac au tac.

Quand la guerre a éclaté, j'ai découvert que comme nous avions treize nationalités dans l'orchestre, y compris toutes les nations en guerre, les relations pouvaient souvent devenir tendues, surtout lors de nos longues tournées où les hommes sont forcés, dans les wagons-lits et lors des concerts. , dans une compagnie constante et étroite. Je leur ai donc fait un petit discours dans lequel je leur ai expliqué que comme ils gagnaient leur vie dans ce pays et qu'ils étaient artistes, sinon ils ne feraient pas partie de l'Orchestre symphonique de New York, leurs premiers devoirs étaient envers leur art, envers moi, et envers leurs familles qu'ils soutenaient honorablement et que, pour le moment, il était donc pour le bien de tous d'oublier leurs divergences politiques et leurs diverses attitudes à l'égard de la guerre, et de vivre en harmonie les uns avec les autres. Cet entretien a eu de bons résultats, car pendant les quatre années de guerre, je ne me souviens d'aucune différence ou querelle sérieuse entre eux.

Il y eut bien sûr des discussions sérieuses et parfois des railleries bon enfant. A cette époque, Rudolf Rissland était le chef de mes seconds violons et dirigeait l'orchestre pendant les longues tournées. Il est avec moi depuis de nombreuses années et je l'apprécie hautement en tant qu'homme de caractère et loyal. Il est d'origine allemande et, bien qu'il soit devenu un Américain patriote, il portait toujours sa moustache blonde coiffée vers le haut à la mode allemande. Nous avions été informés avant notre tournée canadienne qu'aucun joueur d'origine allemande ne serait admis au Canada, mais, grâce à l'ambassadeur britannique, Sir Cecil Spring-Rice, un vieil ami de la famille de ma femme, nous avons reçu une permission spéciale pour les quelques Nés en Allemagne qui n'avaient pas encore reçu leurs deuxièmes papiers de citoyenneté, pour entrer au Canada, car je m'en suis volontiers chargé. Nous étions le seul orchestre à donner des concerts à Toronto et à Montréal pendant la guerre. Lors de ce voyage particulier, après que notre train ait quitté Toronto, l'orchestre a commencé à taquiner Rissland sans pitié, l'accusant d'avoir lâchement peigné sa moustache avant de monter sur scène pour le concert. Au début, il l'a nié catégoriquement, mais il a finalement avoué qu'il avait passé au peigne fin le côté tourné vers le public, mais qu'il avait gardé l'autre côté tourné vers le haut, d'un air de défi !

L'idée d'exprimer ses sentiments contre une nation en maltraitant la musique de ses compositeurs lors de répétitions ou de concerts n'est jamais venue à l'esprit de nos musiciens. Nos Français jouaient une symphonie de Beethoven ou un extrait d'une musique dramatique de Wagner avec le même soin et le même enthousiasme qu'une œuvre d'un de leurs propres compositeurs. Il en était de même pour nos membres nés en Allemagne. Pour le bon musicien, l'art est international, même si chaque nation a ses propres normes et traditions d'interprétation, et il est intéressant de constater à quel point celles-ci s'opposent parfois. Il existe souvent un curieux antagonisme racial entre les musiciens français et italiens. Le Français insistera sur le fait que le phrasé de l'Italien est bâclé et hypersentimental, tandis que l'Italien rétorquera que celui du Français est académique et rigide. Chaque nation a ses excellentes qualités, et le meilleur orchestre du monde est celui composé des meilleurs des différentes nationalités, réunis en un tout harmonieux par un chef d'orchestre sans préjugés musicaux raciaux.

Nos visites en Californie ont peut-être été celles que nous avons le plus appréciées. Celles-ci ont commencé bien avant que le tremblement de terre et l'incendie n'aient détruit le vieux San Francisco, et lorsque la ville avait tout le romantisme d'antan et que Chinatown était encore une région exotique et fascinante de mystère. La société de San Francisco était différente de celle de toute autre ville des États-Unis. Elle était composée en grande partie de pionniers agités venus de l'Est et d'autres pays qui, après avoir « travaillé » à travers le continent, s'étaient finalement arrêtés et s'étaient installés à San Francisco parce que l'océan Pacifique les empêchait d'aller plus loin et aussi parce qu'en Californie la nature ouvrit grand ses deux bras pour lui souhaiter la bienvenue et donna sa générosité si librement que la vie et la nécessité de la soutenir devinrent une affaire facile. Beaucoup de riches envoyaient leurs fils et leurs filles, non pas à New York et à Boston, mais à Paris et à Londres, pour leur éducation. La société était internationale dans la mesure où elle comprenait des Américains, des Allemands, des Français et des Italiens. Ils aimaient tous instinctivement la musique et l'acclamaient avec enthousiasme, comme dans une ville d'Italie ou dans le Midi de France.

Peu d'orchestres symphoniques expérimentés avaient pénétré aussi loin en Occident, et mon orchestre fut une révélation pour beaucoup de nos auditeurs.

Pour moi, il y avait aussi d'agréables visites à San Mateo et dans d'autres beaux endroits à proximité, où l'on pouvait assister à une bonne partie de polo ou de tennis et se laisser délicieusement combler ses besoins gastronomiques par des cuisiniers chinois et des majordomes japonais. A cette époque, Los Angeles n'était qu'une petite ville et personne ne rêvait alors du développement unique et fulgurant qui en a fait en quelques années l'une des villes les plus importantes d'Amérique.

En poursuivant notre tournée plus au nord, nous sommes tombés sous la direction de deux femmes très remarquables, sous le nom de « Steers and Coman », qui contrôlent virtuellement le domaine musical de l'Oregon et de Washington jusqu'à Denver. Miss Lois Steers et Miss Wynne Coman vivent à Portland, Oregon. Grâce à leur génie organisateur et à leur enthousiasme pour la musique, ainsi qu'à leur intégrité absolue dans toutes les relations commerciales, ils ont non seulement gagné le plus grand respect et la confiance des communautés dont ils s'occupent, mais ils ont également bâti une organisation très efficace. Sous leurs auspices, tous les grands artistes qui ont jamais visité ce pays sont apparus non seulement dans les grandes villes des États qu'ils contrôlent, mais aussi dans de nombreuses petites villes universitaires et communautés agricoles dans lesquelles les Miss Steers et Coman ont pu se développer. un intérêt pour la musique. Ce ne sont pas seulement des femmes d'affaires de qualités supérieures, mais des dames d'une telle sympathie et d'une si belle éducation que je me suis toujours senti particulièrement honoré de leur amitié.

Lors de nos tournées, Miss Steers s'occupait généralement des besoins locaux des villes que nous visitions – les comités de musique, les directeurs de salle et les journaux – tandis que Miss Coman voyageait avec nous en tant que directrice générale des chemins de fer, répartitrice de bagages et « comité d'un, » pour aplanir toutes les difficultés, régler les éventuels différends et, d'une manière générale, « huiler les rouages ». Dès notre arrivée sur leur territoire, tout s'est déroulé comme sur des roulettes. Je me souviens cependant d'un jour angoissant, où nous avons dû nous rendre à Salt Lake City par l'ouest et où de terribles inondations avaient perturbé tous les horaires des chemins de fer. Le choc final survint lorsque, à une gare du chemin, les deux wagons de John Drew, contenant sa compagnie et ses décors dramatiques, furent ajoutés à notre train déjà trop lourd parce que les inondations l'avaient également contraint à modifier son itinéraire. Tout espoir d'atteindre Salt Lake City à temps pour notre concert semblait disparu. Miss Coman sauta sur le moteur et s'assit à côté de l'ingénieur et du chauffeur. Je ne savais pas si elle utilisait les ruses d'une femme, la force brute ou une combinaison des deux, mais nous sommes arrivés à Salt Lake City à 21 heures par une belle soirée d'été. Deux mille spectateurs avaient été prévenus de notre retard et se promenaient tranquillement devant le théâtre. Des camions attendaient à la gare pour amener nos bagages à la salle, nos hommes avaient enfilé leur tenue de soirée dans le fourgon à bagages, et j'ai commencé l'ouverture d'ouverture avec tous les instruments bien réglés à dix heures moins dix. Les concerts symphoniques étaient si rares à Salt Lake City que le public ne se souciait pas du tout de cette longue attente.

Bien entendu, toutes ces difficultés n'auraient pas pu être résolues avec autant de bonheur si je n'avais pas toujours eu des chefs dévoués et efficaces des différents départements de notre organisation. George Engles est le plus prudent des chefs d'entreprise ; Rissland, le directeur de l'orchestre, a toujours déployé des efforts infatigables pour maintenir les hommes dans une bonne discipline et un bon moral et pour veiller à leur bien-être ; et Hans Goettich, qui est mon bagagiste et bibliothécaire depuis plus de vingt-cinq ans, est une pure merveille. Je me souviens l'avoir vu héler un train entier parce qu'il s'était soudain aperçu que notre fourgon à bagages, contenant toute notre musique et nos instruments de musique, y avait été accroché par erreur. Comme ce train se dirigeait vers la Nouvelle-Orléans, alors que nous nous dirigions vers Chicago, nous aurions dû arrêter de donner des concerts pendant plusieurs jours jusqu'à ce que ce fourgon à bagages ait été retrouvé et nous soit renvoyé ! C'est à Goettich qu'incombe l'entière responsabilité de la bibliothèque, qui est emballée dans des dizaines de cartons et conservée selon un système qui lui est propre. Lors de ces longues tournées, nos programmes sont modifiés plus ou moins tous les jours, en partie pour éviter pour nous la monotonie de la répétition et en partie parce que chaque communauté a ses propres besoins en fonction de son stade de développement musical, que j'essaie d'évaluer très minutieusement lors de l'élaboration de mes programmes. mes programmes. Cela signifie un travail incessant pour le bibliothécaire et des erreurs peuvent facilement se produire, mais pendant toutes ces années, je ne me souviens pas d'un seul concert où, par la faute de Goettich, une partie orchestrale ait été perdue ou égarée. C'est un record remarquable.

Je me souviens avoir donné un concert symphonique dans la ville de Lincoln, dans le Nebraska, de William J. Bryan. J'ai découvert une communauté typique du Moyen-Ouest, vivant dans de belles maisons avec des pelouses vertes, des rues bien maçonnées et des trottoirs en béton, et des écoles spacieuses aux grandes fenêtres. Le théâtre dans lequel nous avons joué était tout à fait moderne, propre et bien éclairé, et le public bien habillé et reconnaissant. Un de mes contrebassistes m'a raconté qu'il y avait joué trente ans auparavant avec Théodore Thomas. A cette époque, Lincoln n'était qu'une ville frontière et le théâtre et le public venu entendre l'Orchestre Thomas étaient d'un caractère plus ou moins primitif. Mon contrebassiste m'a raconté qu'avec un collègue dont la tête était dépourvue de cheveux, il s'était tenu juste en dessous d'une loge d'avant-scène dans laquelle était assis un groupe de cow-boys. Pendant que l'orchestre jouait la Cinquième Symphonie de Beethoven, un de ces cow-boys, qui chiquait violemment du tabac, s'amusait à cracher fréquemment et visait toujours le crâne chauve du bassiste, qui devait garder un œil agité sur le chef d'orchestre et l'autre sur cet auditeur horriblement débrouillard, afin d'éviter ses plans trop bien dirigés.

Notre orchestre appréciait toujours les longues tournées printanières, même si de temps en temps des événements inconfortables gâchaient leur plaisir. Rien ne rend un musicien assez méchant pour être privé d'un bon repas carré, et parfois notre wagon-restaurant ne communiquait pas correctement ou nous étions si retardés qu'il arrivait dans une ville juste à temps pour se précipiter au théâtre et donne notre concert. Il me faudrait alors déployer tous mes pouvoirs d'orateur pour les inciter à aller directement au théâtre au lieu de « flâner au bord du chemin », et je commanderais rapidement de grandes quantités de sandwiches au jambon et au fromage suisse à distribuer dans les coulisses. juste avant le concert.

À l'heure actuelle, nos joueurs en tournée reçoivent chaque jour bien plus que leur salaire pour les repas et les lits, mais au début, je payais leurs frais d'hôtel, mon manager engageait les chambres et arrangeait les tarifs « sur le plan américain » avant notre arrivée. dans la ville dans laquelle nous devions jouer. Ce système n'a cependant jamais bien fonctionné car il y avait toujours une intense jalousie parmi les musiciens quant à la qualité ou au confort de leurs salles respectives ; et si le premier hautbois trouvait que sa chambre ne donnait pas sur un lieu aussi agréable que celui du premier cor, il bouderait peut-être et considérerait qu'il a été injustement traité. Le nouvel arrangement s'est avéré bien meilleur, car il a permis à certains d'économiser avec l'argent qui leur était accordé et à d'autres de « faire des folies » en dépensant davantage.

Je me souviens qu'à cette époque, nous devions fixer un rendez-vous dans une petite ville de l'État de New York avant d'aller au Canada. L'hôtel principal ne pouvait accueillir qu'une vingtaine de personnes, et les autres membres de l'orchestre étaient logés dans quatre autres hôtels. Naturellement, les cinq malheureux qui furent placés dans le dernier d'entre eux eurent une terrible histoire à raconter sur leurs souffrances lorsque nous nous retrouvâmes le lendemain matin à la gare. Certes, le directeur de l'hôtel n'avait facturé qu'un dollar par personne, y compris le dîner, le lit et le petit-déjeuner, mais leurs chambres étaient lugubres et les lits durs. Le point culminant fut atteint le matin, quand, alors qu'une serveuse maussade commençait à leur servir leur petit-déjeuner dans la salle à manger mouchetée, sur une table recouverte de l'inévitable drap sale à carreaux rouges et blancs, le directeur, mettant la tête dans l'eau, la porte, a crié : « Lizzie, pas d'œufs pour le groupe ! Cette phrase est devenue un mot d'ordre dans l'orchestre, et chaque fois que mon manager ou moi refusions quoi que ce soit à nos hommes, le cri retentissait immédiatement : « Bien sûr, pas d'œufs pour le groupe !

Les musiciens d'orchestre, grâce à leur expérience, deviennent des voyageurs remarquablement routiniers. Ils connaissent les bons hôtels et restaurants de chaque ville de l'Union, et pendant les longs sauts ferroviaires, surtout à l'ouest du Mississipi, où les distances entre les villes importantes deviennent de plus en plus grandes, ils savent s'amuser, chacun selon sa mode. . Il existe bien sûr quelques groupes qui jouent au poker violemment du matin au soir. D'autres sont également constants au pinochle ou au pont, tandis que quelques-uns sont de parfaits requins aux échecs. Les Français, tout comme les Juifs russes, sont de grands lecteurs de littérature sérieuse, et les livres d'histoire, de philosophie et de musique sont très demandés parmi eux.

Chaque fois que le train s'arrête, même pour quelques minutes, une douzaine de personnes sautent pour jouer au ballon. En règle générale, pendant la journée, nous avons deux voitures, dont une est livrée aux fumeurs, où en effet l'air devient si épais qu'on pourrait le couper avec un couteau. La nuit, trois ou quatre dormeurs sont nécessaires pour prendre soin de nous confortablement. L'époque où je voyageais avec cinquante hommes est révolue depuis longtemps, et maintenant nous ne devrions plus songer à partir en tournée avec un orchestre de moins de quatre-vingt-cinq personnes.

Le temps des tournées printanières semble cependant révolu, alors que les villes occidentales commencent à répondre aux besoins de leurs communautés respectives avec leurs propres excellents orchestres.

Pendant de nombreuses années, j'ai accepté de longs engagements estivaux avec deux concerts par jour, d'abord à Willow Grove près de Philadelphie, puis à Ravinia Park, sur la côte nord près de Chicago. Le premier est devenu un grand facteur éducatif, car Philadelphie n'avait pas à cette époque d'orchestre propre. Willow Grove Park est situé à dix-sept milles de cette ville et a été construit par la Rapid Transit Company afin de stimuler les déplacements sur leurs lignes de tramway. La première saison, pour laquelle une fanfare militaire avait été engagée, n'avait pas été un succès, et j'ai été invité l'année suivante dans l'espoir qu'une organisation symphonique ferait mieux. J'ai commencé par leur proposer des programmes populaires de bonne musique avec une soirée symphonique régulière tous les lundis et un programme Wagner tous les vendredis soir, avec d'excellents résultats. Notre public était généralement de quinze à vingt mille personnes. La Rapid Transit Company, se rendant compte de l'importance des concerts, construisit aussitôt un immense auditorium en plein air d'après mes propres plans, constitué uniquement d'un toit sur piliers relié à la coque dans laquelle était placé l'orchestre. L'acoustique s'est avérée extrêmement bonne et l'ambiance extérieure a été préservée.

J'ai continué ces concerts pendant sept saisons, développant ainsi un public pour la musique symphonique qui exigeait finalement et inévitablement son propre orchestre résident. Aujourd'hui, l'orchestre de Philadelphie, sous la direction de Leopold Stokowski, compte parmi les meilleurs de notre pays. Ses concerts font salle comble jusqu'aux portes et j'aime penser que nos sept années de travail de pionnier à Willow Grove ont contribué à en poser les fondations.

J'ai également dirigé une série de concerts à Ravinia Park, organisés par la Chicago and Milwaukee Electric Railway dans un but commercial similaire. Chicago avait, bien sûr, bénéficié pendant des années des splendides concerts d'hiver du Chicago Orchestra, d'abord sous la direction de Theodore Thomas puis sous celui de son successeur, Frederick Stock, mais c'était la première fois que des concerts symphoniques étaient donnés pendant l'été dans un cadre aussi charmant. au bord du lac Michigan. Ces concerts se sont avérés extrêmement populaires, le public étant constitué non seulement des habitants de la Côte-Nord mais de milliers de personnes venues de Chicago en train et en tramway.

Cependant, après plusieurs années de travail, les concerts quotidiens incessants, qui survenaient après une saison hivernale éprouvante, commencèrent à émouvoir mes nerfs musicaux. Je courais un réel danger, si je continuais, de devenir un simple routinier musical, avec une perte inévitable de l'enthousiasme et de la fraîcheur qui sont une nécessité absolue pour l'interprète. J'ai donc abandonné toute direction d'orchestre pendant les mois d'été.

J'ai fondé la Damrosch Opera Company en 1895 et la question angoissante de savoir comment entretenir mon orchestre semblait résolue, car, pendant la première année, ma saison d'opéra durait treize semaines et pendant les trois années suivantes, de vingt à trente semaines chacune. Cela m'a non seulement permis de maintenir un orchestre parfaitement formé pour les opéras de Wagner, mais cela a également donné à mes interprétations symphoniques une meilleure finition. L'orchestre était désormais sous mon contrôle exclusif et pouvait répéter aussi souvent que l'orchestre doté du major Higginson. Mais comme c'était l'opéra qui me permettait d'offrir à mes hommes un engagement aussi long, ses besoins devaient régir tous les autres arrangements, et peu à peu la séquence régulière de mes concerts d'hiver à New York commença à en souffrir. Je ne pouvais pas garder ma compagnie d'opéra à New York sauf pendant une période limitée chaque année, et je devais donc passer une grande partie de mon temps à Philadelphie, à Boston et dans les plus grandes villes du Sud et du Middle West. En 1899, je fus donc finalement contraint de renoncer à la série régulière d'abonnements à nos concerts new-yorkais et l'Orchestre Symphonique de New York devint une partie de mon organisation lyrique itinérante.

J'ai fait ce sacrifice le cœur lourd, mais à cette époque c'était la seule solution. Un orchestre consacré uniquement aux concerts ne pouvait être entretenu sans une dotation, ce que je n'avais pas à l'époque, tandis que la durée de ma saison d'opéras de Wagner me permettait non seulement d'engager mes hommes mais d'avoir le choix des meilleurs musiciens de New York.

À partir de ce moment-là et jusqu'en 1903, nous jouions la plupart de la musique symphonique uniquement lors de nos tournées de concerts du printemps et à intervalles irréguliers à New York.

En 1900, Maurice Grau me demanda de diriger les opéras de Wagner au Metropolitan et, au printemps 1902, à la fin de ma deuxième saison avec lui, je reçus une invitation de la New York Philharmonic Society à en devenir le chef d'orchestre. Cette invitation fut pour moi une grande surprise, car la Philharmonie était, depuis l'époque de mon père, l'orchestre rival. À bien des égards, cela semblait une proposition flatteuse, car il s'agissait de la plus ancienne organisation de ce type en Amérique et avait eu une histoire honorable. Sous la direction de Theodore Thomas et plus tard d'Anton Seidl, les audiences avaient été nombreuses et les affaires avaient prospéré. Il s'agissait toujours d'une association coopérative, composée des membres de l'orchestre, qui contrôlaient entièrement ses affaires, ne recevant aucun salaire, mais se partageant également les bénéfices entre eux à la fin de chaque saison. J'ai accepté la direction, mais j'ai vite compris que mon acceptation était une erreur. La société avait connu des jours difficiles et, sous la direction du dernier chef, la fréquentation était tombée à moins de la moitié. Des membres de l'orchestre, il ne restait qu'un squelette, et je constatai avec stupéfaction que sur la centaine de musiciens présents aux concerts, moins de cinquante étaient de véritables membres de l'organisation, le reste étant engagé de l'extérieur et changeait souvent d'un concert à l'autre. un autre. Certains membres étaient des vieillards qui n'auraient plus du tout dû jouer dans l'orchestre ; mais ils étaient dévoués aux concerts de la société, et comme l'orchestre était réglé par leurs votes, ils ne voulaient naturellement pas en être exclus. Beaucoup d'entre eux avaient été d'excellents musiciens et étaient personnellement des hommes honnêtes, mais l'âge, hélas, ne fait pas attention à la technique, et les doigts de la main gauche et les muscles du bras d'arc se raidissent progressivement avec l'âge. La plupart des instruments à vent étaient des étrangers et ne pouvaient donc pas être correctement contrôlés quant à leur présence aux répétitions et aux concerts, tandis qu'au contraire, presque tous les premiers violons étaient d'anciens membres, dont plusieurs n'étaient plus aptes à jouer du premier violon.

Le fait est que le major Higginson, de Boston, avec son orchestre permanent composé de jeunes hommes, dont beaucoup étaient les meilleurs de leur espèce, avec leurs répétitions quotidiennes et au moins soixante-quinze concerts symphoniques par saison, avait établi un nouveau standard en matière de musique orchestrale. technique que la vieille Philharmonie, dans ses conditions archaïques, ne pouvait espérer égaler.

La seule solution me semblait résider dans la constitution d'un fonds suffisamment important pour produire les mêmes conditions et résultats que ceux obtenus par Higginson dans l'Orchestre de Boston, et surtout de confier la direction de la Philharmonie à un comité qui ne doit pas être composé de membres de l'orchestre, mais de mélomanes et garants du fonds.

J'ai discuté de cette idée avec plusieurs de mes amis et quelques anciens abonnés et amis de la Philharmonie lors d'une réunion tenue le 5 janvier 1903, et il fut résolu d'obtenir un fonds de cinquante mille dollars par an pendant quatre ans, qui serait administré pendant le bénéfice de la Philharmonic

Society en tant que fonds d'orchestre permanent par un conseil d'administration de quinze administrateurs ou plus, mais il ne devait pas être soumis au contrôle de la Philharmonic Society. Ce fonds devait être le début d'une dotation pour un orchestre permanent, dont la Société Philharmonique devait être le noyau. Les modalités de l'acte de fiducie en vertu duquel le fonds devait être détenu devaient être déterminées par un comité de trois personnes, composé de M. Samuel Untermyer, M. John Notman et M. E. Francis Hyde.

Les membres de l'Orchestre Philharmonique n'étaient pas défavorablement disposés à l'égard de notre projet. L'idée de se voir garantir un salaire annuel au lieu de partager des bénéfices annuels problématiques les a naturellement séduits ; mais lorsque notre comité leur expliqua que, aux termes d'une telle dotation, plusieurs des membres joueurs devraient démissionner parce que, de l'avis du comité, ils avaient dépassé l'âge d'utilité, ils se révoltèrent. Ils ne se sentaient pas non plus enclins à renoncer à la gestion absolue de leurs concerts.

Parmi les membres les plus respectés de l'Orchestre Philharmonique se trouvaient deux vieux violonistes. Celui-ci, Richard Arnold, vice-président de la société, avait été premier violon sous mon père vingt-cinq ans auparavant et officiait toujours à ce poste à la Philharmonie. L'autre, August Roebbelin, qui avait été premier violoniste de l'orchestre pendant près de quarante ans, avait également agi en tant que directeur de la société et avait généreusement consacré toutes ses énergies à ses affaires. En tant que violoniste, cependant, il avait dépassé son temps utile. Notre comité, peut-être assez crûment, a informé le comité philharmonique qu'en vertu de la réorganisation, le choix de l'orchestre devait être laissé entre les mains du chef d'orchestre et que M. Arnold devrait se contenter d'une seconde position à la première tribune, de sorte que un artiste plus jeune pourrait devenir maître de concert et que plusieurs des premiers violonistes, parmi lesquels M. Roebbelin, devraient être complètement à la retraite.

J'avais particulièrement précisé que ma sélection comme chef d'orchestre pour l'année suivante n'était en aucun cas un élément nécessaire du projet de réorganisation, car il me semblait que la seule manière de parvenir à un véritable orchestre permanent pour New York était d'unir les factions en conflit et de laisser le choix du chef d'orchestre se faire après que l'organisation ait été correctement placée sur une base solide et globale.

Après de longues négociations, la Philharmonie, dans une lettre du 28 février 1903, refusa définitivement l'offre du comité de réorganisation car, comme l'exprimait son secrétaire, les amendements demandés par notre comité « changeraient tellement la nature de la société qu'ils gêneraient sérieusement la société ». avec le contrôle de ses affaires par ses membres, qui a toujours été son principe vital, et que la prospérité future de la société s'en trouverait compromise.

Comme je n'avais aucune envie de continuer une année supplémentaire avec l'orchestre sur la base des conditions existantes, j'ai écrit à M. Arnold et demandé que mon nom ne soit pas proposé comme candidat pour l'année suivante. J'avais été dans une situation très délicate pendant tout ce temps, car j'avais développé une grande affection personnelle pour certains de ces hommes mêmes que, pour des raisons artistiques, il était nécessaire de mettre à la retraite. Il n'était pas dans la nature humaine qu'ils se voyaient comme les autres les voyaient, ou s'entendaient comme les autres les entendaient, et lors de nos répétitions et de nos concerts, ils ont certainement tous donné le meilleur de eux-mêmes. Les changements que j'avais proposés étaient cependant nécessaires si la société voulait continuer à exister en tant que corps orchestral.

Pendant quelques années, ils ont évité l'inévitable en engageant pour chaque saison un certain nombre de chefs invités européens. Cela a servi de palliatif, car cela a détourné l'attention du public des déficiences de l'orchestre vers les personnalités et spécialités musicales différentes et intéressantes des chefs d'orchestre. Mais ensuite un plan de réorganisation, exactement dans le sens que j'avais initialement proposé, éliminant complètement le pouvoir des musiciens d'orchestre de diriger les concerts ou de sélectionner les musiciens de l'orchestre, fut accepté par eux, et aujourd'hui l'orchestre de la Philharmonie La société est organisée et fonctionne avec succès exactement sur les mêmes bases que la New York Symphony Society et le Boston Orchestra.

Pour moi, le rejet de notre projet de réorganisation a été naturellement une grande déception à l'époque, mais pas pour longtemps, car mes efforts m'avaient fait de nouveaux amis et dans une nouvelle direction, ce qui a finalement constitué un tournant dans ma vie.

Le 19 mars 1903, je reçus une lettre qui se lisait comme suit :

J'ai été chargé par les membres du Comité Permanent du Fonds d'Orchestre de vous exprimer leur appréciation de l'esprit de désintéressement et de loyauté envers les intérêts artistiques les plus élevés qui a caractérisé votre attitude au cours des négociations en cours entre notre Comité et le Société Philharmonique. Nous regrettons qu'une consolidation de nos intérêts se soit révélée impossible, mais nous abandonnons le projet que nous avions en vue avec le plus grand respect et admiration pour votre large attitude d'esprit à l'égard de l'entreprise, pour votre sens musical et pour votre dévouement à la cause. de la musique dans laquelle nous travaillons tous.

Des années auparavant, j'avais rencontré M. Flagler par l'intermédiaire de son ami Max Alvary, lorsque ce dernier était membre de la Damrosch Opera Company, mais la rencontre était assez informelle et je ne l'avais revu qu'aux réunions du Comité du Fonds de l'Orchestre Philharmonique, dont il était devenu membre. J'avais été singulièrement attiré par lui et par son attitude douce et calme, presque timide. Il avait été un grand amateur de musique toute sa vie et avait trouvé en sa femme Anne une compagne enthousiaste dans son amour pour cet art. Au fur et à mesure que le plan de réorganisation de l'Orchestre Philharmonique se développait, il s'y intéressa de plus en plus comme étant la bonne solution au problème du développement d'un orchestre symphonique à New York qui devrait être l'égal du Boston Symphony ou du Chicago Orchestra. et il était prêt à contribuer à un tel projet dans la mesure de ses capacités financières. Très vite après l'échec de ce projet, de nombreuses forces concernées se recrutèrent à nouveau et une grande partie des garants potentiels se tournèrent vers moi en me proposant de réorganiser l'Orchestre Symphonique de New York et en subventionnant tous les premiers musiciens et les liant ainsi à l'orchestre, prendre un nouveau départ dans la bonne direction. Pendant l'interrègne de trois ans, l'orchestre s'était assez bien maintenu grâce aux revenus de nos longues tournées de printemps et de nos engagements d'été, mais j'ai salué avec joie cette occasion de renouveler les concerts d'hiver à New York. Une réorganisation de la Symphony Society of New York fut rapidement réalisée par la réélection de la plupart des anciens directeurs et de nombreux nouveaux. Mon vieil et fidèle ami Daniel Frohman, au théâtre duquel j'avais donné de nombreuses conférences sur Wagner au cours des années passées, a accepté la présidence à titre provisoire et a été d'une grande aide en procurant du travail extérieur aux membres de l'orchestre. Il fut remplacé par M. Samuel Sanford, un homme doté de réelles capacités musicales, qui avait fondé le département de musique de l'Université de Yale et avait généreusement contribué à de nombreuses entreprises musicales. Il est immédiatement devenu l'un des plus grands garants de notre fonds d'orchestre.

Nous avons donc repris nos concerts new-yorkais sous les meilleurs auspices possibles avec une direction enthousiaste et une liste d'abonnements importante. Cependant, je n'étais pas satisfait des instruments à vent disponibles à l'époque à New York. L'Union Musicale, qui contrôlait tous les musiciens d'orchestre, avait rendu presque impossible l'afflux de bons musiciens d'Europe en insistant sur le fait qu'un musicien devait avoir vécu au moins six mois dans ce pays avant de pouvoir adhérer au syndicat, et ce jusqu'à ce qu'il devienne membre du syndicat. Aucun autre membre du syndicat ne serait autorisé à jouer avec lui. Comme tous les engagements orchestraux à l'opéra, au concert ou au théâtre étaient entre les mains de syndicalistes, cela signifiait que le nouveau venu devait mourir de faim pendant six mois avant de pouvoir commencer à gagner un dollar pour subvenir à ses besoins. Cette loi n'a pas été appliquée par les syndicalistes pour des raisons patriotiques, car la plupart d'entre eux étaient nés en Europe, mais parce qu'ils craignaient une éventuelle concurrence pour les postes qu'ils monopolisaient. Les meilleurs musiciens de bois de l'époque – et c'est généralement le cas aujourd'hui – étaient français ou belges. Le Conservatoire de Paris produit depuis des années des artistes très supérieurs sur ces instruments. L'Orchestre de Boston, qui n'est pas syndiqué, comptait plusieurs parmi ses membres, et leur ton exquis et leur beau phrasé m'ont toujours particulièrement enragé car, en raison des restrictions syndicales, je ne pouvais pas avoir des musiciens d'égale valeur.

J'ai donc décidé de jeter le gant au syndicat en me rendant délibérément en France pour engager les cinq meilleurs artistes que je pouvais trouver en flûte, hautbois, clarinette, basson et trompette, démontrer leur excellence supérieure à tout ce que nous pouvions obtenir à New York. à cette époque, et sous la pression de l'opinion publique — et surtout la nécessité d'une compétition artistique avec l'Orchestre symphonique de Boston — forcent le syndicat à accepter ces hommes comme membres. Lorsque les Français arrivèrent, la colère parmi les membres du syndicat new-yorkais ne connut aucune limite. J'avais un engagement d'été pour l'orchestre sur l'un des jardins sur le toit, mais le syndicat a refusé de les laisser jouer avec nous sauf en tant que « solistes », et j'ai décidé de porter l'affaire plus haut jusqu'au congrès annuel de la Fédération nationale des musiciens. , qui s'est tenue à Détroit au cours de l'été 1905.

J'ai trouvé les délégués nationaux beaucoup plus raisonnables que mes collègues new-yorkais. Il y avait parmi eux davantage de vrais Américains et beaucoup d'entre eux écoutaient mes plaidoiries avec intérêt et sympathie. Le président de la fédération, Joseph N. Weber, est un homme doté d'une réelle capacité intellectuelle ; et bien que lui et moi ayons eu de violentes querelles et désaccords au cours de ces nombreuses années, et même si je l'ai parfois dénoncé en face comme un fanatique et qu'il m'a donné du tac au tac, je dois reconnaître que non seulement il a eu la capacité pour bâtir une organisation remarquable et d'une grande puissance, mais il a souvent agi avec une grande équité dans les différends survenus entre les directeurs de la New York Musical Union et moi-même.

La Fédération Nationale s'est prononcée en ma faveur et m'a donné la permission d'incorporer ces cinq Français dans mon orchestre et de les inscrire comme membres du syndicat de New York, mais comme j'avais « péché contre les lois de la fédération en les faisant venir d'un pays étranger », j'ai été condamné à une amende de mille dollars. On m'a cependant fait savoir en privé que si je revenais au prochain congrès de la fédération, qui devait avoir lieu à Boston l'été suivant, je recevrais selon toute probabilité une remise de la plus grande partie de cette amende. Il va sans dire que je n'ai jamais revu une seule partie de ces mille dollars.

Je suis rentré à New York en liesse et mes musiciens français se sont révélés des artistes si supérieurs qu'avec nos autres excellents membres, dont beaucoup étaient avec moi depuis des années, l'orchestre s'est rapidement classé parmi les meilleurs du pays.

Le leader de mes premiers violons était M. David Mannes. Je l'avais découvert quelques années auparavant dans un des théâtres de New York, où il faisait partie du petit orchestre et où je l'entendais jouer avec charme un solo entre le premier et le deuxième acte. La belle qualité de son timbre et une fine sensibilité aux mélos de l'œuvre qu'il jouait m'ont attiré et je l'ai engagé pour le dernier stand des premiers violons. De là, il fut rapidement promu jusqu'à occuper le poste de premier violon solo. Il a épousé ma sœur Clara, une pianiste de grande réussite. Leurs récitals de sonates sont devenus des modèles d'unité intime dans la musique de chambre et ils ont fondé il y a quelques années la David Mannes Music School. Cela empiétait tellement sur son temps et son énergie qu'il fut contraint de démissionner de son poste au sein de l'Orchestre Symphonique de New York, qu'il avait occupé si honorablement pendant de nombreuses années.

Chaque année, le fonds de garantie pour l'entretien de l'orchestre était augmenté par les partisans de la New York Symphony Society, et de plus en plus d'hommes étaient engagés avec un salaire hebdomadaire régulier. Mon rêve se réalisa enfin et New York possédait un orchestre organisé sur le modèle des orchestres de Boston et de Chicago, consacré exclusivement à la musique symphonique et se réunissant quotidiennement pour les répétitions.

Le fonds atteignait à cette époque plus de cinquante mille dollars par an, souscrits principalement par les dirigeants de notre organisation. Plusieurs d'entre eux étaient des partisans de l'époque de mon père, parmi lesquels Isaac N. Seligman, qui, avec sa famille, s'intéressait à la musique à New York depuis de nombreuses années. D'autres étaient entrés dans l'organisation lorsque j'en étais devenu le chef d'orchestre et étaient restés des partisans fidèles et des amis proches à partir de ce moment-là. Parmi eux se trouvaient : Richard Welling, directeur depuis 1886, avocat et réformateur bien connu en politique municipale, et qui, en tant que membre de la Réserve navale, s'est rapidement enrôlé comme enseigne lorsque nous sommes entrés dans la Grande Guerre, bien qu'il ait alors largement dépassé cinquante ans; Mlle Mary R. Callender et Mlle Caroline de Forest, directrices depuis 1885. Mlle Callender a encore manifesté son affection pour l'orchestre en laissant

cinquante mille dollars à la caisse de retraite et de maladie après son décès en
1919. La liste complète des souscripteurs à le fonds à l'époque était le suivant
:

<table>
<tr><td>Mme HA Alexander</td><td>Mme. Nordique</td></tr>
<tr><td>M. CB Alexandre</td><td>M. Stephen S. Palmer</td></tr>
<tr><td>Mlle Kora F. Barnes</td><td>Mme Trenor L. Park</td></tr>
<tr><td>Mme William H. Bliss</td><td>M. Amos Pinchot</td></tr>
<tr><td>Mlle Mary R. Callender</td><td>Mme Joseph Pulitzer</td></tr>
<tr><td>M. Robert J. Collier</td><td>M. Thomas F. Ryan</td></tr>
<tr><td>Mme Paul D. Cravath</td><td>M. Charles E. Sampson</td></tr>
<tr><td>M. Paul D. Cravath</td><td>M. Samuel S. Sanford</td></tr>
<tr><td>Mlle Caroline de Forest</td><td>M. RE Schirmer</td></tr>
<tr><td>M. Charles H. Ditson</td><td>M. Henry Seligman</td></tr>
<tr><td>Mme S. Edgar</td><td>Mme Henry Seligman</td></tr>
<tr><td>Mlle AC Flagler</td><td>M. Isaac N. Seligman</td></tr>
<tr><td>M. Harry Harkness Flagler</td><td>M. Jefferson Seligman</td></tr>
<tr><td>M. Edward S. Flagler</td><td>Mme Jesse Seligman</td></tr>
<tr><td>Mme Frances Hellman</td><td>M. Frank H. Simmons</td></tr>
<tr><td>M. Otto H. Kahn</td><td>Mlle Clara B. Spence</td></tr>
<tr><td>M. AW Krech</td><td>Mme FT Van Beuren</td></tr>
<tr><td>Mme Daniel Lamont</td><td>M. Richard Welling</td></tr>
<tr><td>M. Albert Lewisohn</td><td>Mme JA Zimmerman</td></tr>
<tr><td>M. Frank A. Munsey</td><td>M. Paul Warburg</td></tr>
<tr><td>M. Emerson McMillin</td><td></td></tr>
</table>

Les conditions idéales dans lesquelles je travaillais désormais m'ont donné l'occasion de réaliser plusieurs projets artistiques que j'avais depuis longtemps. Le premier d'entre eux était un cycle de Beethoven, dans lequel j'ai donné non seulement les neuf symphonies par ordre chronologique, mais aussi d'autres compositions de Beethoven, dont certaines n'étaient pas encore apparues aux programmes de concerts de New York. C'est pourquoi, au cours de l'hiver 1909, j'ai préparé six programmes composés d'œuvres de Beethoven et, lors du dernier concert, j'ai donné une double exécution de sa « Neuvième Symphonie ». Ce fut un véritable *tour de force* , mais pas original pour moi. Au cours de l'été 1887, que j'avais passé avec von Bülow à étudier les symphonies de Beethoven, il m'avait raconté avoir donné une telle double représentation à Berlin et que les résultats avaient été très remarquables, dans la mesure où lors de la seconde audition, le Le public avait pu mieux saisir nombre des subtilités de ce « Hamlet » parmi les drames symphoniques. Notre double performance a suscité de nombreux commentaires, pour la plupart très favorables. Entre les deux représentations, l'orchestre et le chœur ont été rafraîchis avec du café chaud et des sandwichs, et comme l'œuvre dure environ une heure et dix minutes, la répétition, accompagnée d'une demi-heure de repos entre les deux, a provoqué l'explosion tumultueuse finale du chorale « Ode à la joie » à onze heures. Malgré l' heure tardive, le public commença une grande démonstration d'approbation, applaudissant et criant pendant de nombreuses minutes ; mais tandis que moi et mes interprètes considérions une partie de cela comme étant la nôtre de droit, j'ai toujours senti que le public en voulait une bonne partie comme étant dirigée vers lui-même pour avoir si noblement supporté la grande tension que je lui avais imposée.

C'était le premier Festival Beethoven donné à New York et, quelques années plus tard, j'organisais un Festival Brahms sur le même modèle. J'ai dirigé ses quatre symphonies, le séduisant Zimbalist jouant le « Concerto pour violon », Wilhelm Backhaus le grand « Concerto pour piano en si bémol » et mon frère avec le chœur de l'Oratorio Society dirigeant une très belle interprétation du « Requiem ».

De tels festivals consacrés exclusivement à l'œuvre d'un compositeur sont une grande leçon pour le mélomane sérieux, et je pense que comme Beethoven représente presque l'alpha et certainement l'oméga de la musique symphonique, il devrait y avoir des répétitions des cycles de Beethoven toutes les quelques années. Je n'ai jamais pu comprendre pourquoi il ne serait pas également possible de donner au printemps des cycles shakespeariens, dans lesquels tous nos meilleurs acteurs pourraient s'unir pour constituer des distributions idéales. Nous devrions certainement familiariser les enfants américains avec les grandes tragédies de Shakespeare comme, par exemple, les enfants d'Allemagne, pour qui Shakespeare est bien plus familier que pour ceux de ce pays ou d'Angleterre. Si la musique peut trouver des Flaglers et des Higginsons pour la doter d'une nécessité éducative, pourquoi ne trouverait-on pas des hommes semblables pour faire de même pour le théâtre et contribuer ainsi à le sortir, en tant que facteur éducatif, de la position douloureusement faible dans laquelle se trouvent les nécessités de sa réalisation ? un établissement payant l'a piloté.

Durant toutes ces années, mes relations avec M. et Mme Flagler sont devenues de plus en plus intimes. Je n'avais jamais rencontré de telles personnes de toute ma vie. Leur dévouement et leur intérêt pour l'orchestre ont augmenté constamment, et les contributions de M. Flagler au fonds sont devenues de plus en plus importantes à mesure que les besoins de l'orchestre augmentaient. Mais son aide lui fut proposée avec timidité, comme si c'était l'orchestre qui lui en avait conféré le bénéfice. Il a également repris un travail que j'avais toujours détesté plus que tout, c'est la collecte de fonds. À mesure que les dépenses de l'orchestre augmentaient avec les années, il devint nécessaire de collecter des fonds auprès de sources extérieures au-delà des sommes importantes déjà versées par les directeurs de la société. Avec une bonne humeur constante, de la patience et un tact infini, M. Flagler, dont les dons au fonds étaient plus élevés en proportion de ses revenus que ceux de beaucoup d'autres, écrivait des lettres ou faisait personnellement appel à des mécènes musicaux aisés pour collecter peut-être quelques centaines de dollars pour le fonds, et il serait extrêmement fier de son succès en tant que financier et collectionneur.

Finalement, même sa patience infinie s'est épuisée sous cette tension annuelle et cela s'est manifesté d'une manière très remarquable.

Au printemps 1914, il m'informa discrètement qu'il avait décidé d'assumer lui-même l'entière responsabilité financière de l'orchestre et de contribuer tous les fonds nécessaires à son bon entretien. Ce montant était le double de ce qui aurait été jugé nécessaire dix ans auparavant, mais les salaires des musiciens d'orchestre et les autres dépenses liées à l'organisation de concerts avaient énormément augmenté et M. Flagler souhaitait que, même s'il n'y avait pas de gaspillage, les affaires de l'orchestre devrait être géré d'une manière si libérale que les besoins artistiques pourraient être pris en compte en premier dans l'élaboration de sa politique.

Cet acte magnifique et unique a naturellement suscité un grand enthousiasme dans les cercles musicaux de New York, et M. Flagler a été universellement acclamé comme son principal citoyen musical.

J'ai une de ses lettres caractéristiques, datée du 31 août 1914, dans laquelle il dit :

En effet, je ne suis pas exagérément modeste quant à mon don à la Symphony Society. Ce n'est pas cela, mais ce que je fais est si peu en comparaison de ce que les *véritables* créateurs de musique, créateurs et interprètes comme vous font pour le bien du monde à travers leur art, que cela ne mérite pas qu'on y pense. Je *suis* fier et heureux à l'idée que je peux être le moyen de vous aider à présenter au monde vos idées concernant les interprétations des maîtres et à apporter l'art musical donné par Dieu à beaucoup de personnes qui autrement n'auraient pas son puissance édifiante et consolante, et c'est ce que nous faisons ensemble. Vous serez libre comme jamais auparavant de développer vos propres idées, sans être gêné par les nécessités financières. . .
.

Depuis lors, la société a poursuivi sa voie avec équité et, libérée de tout souci financier, a beaucoup contribué à la cause de la musique. L'orchestre donne plus d'une centaine de concerts symphoniques durant l'hiver, à New York et ailleurs. Il s'agit notamment d'une série de concerts le dimanche après-midi à l'Æolian Hall, de concerts le jeudi après-midi et le vendredi soir au Carnegie Hall, ainsi qu'une série de concerts pour les jeunes et d'une autre de concerts pour les enfants. Il y a également des concerts sur abonnement à Brooklyn, Philadelphie, Baltimore, Washington et Rochester, ainsi que plusieurs tournées chaque hiver au Canada et dans le Middle West. Pendant la guerre, M. Flagler a souvent offert les services de l'orchestre à des œuvres caritatives liées à la guerre et a fait don à plusieurs reprises des recettes brutes de nos concerts réguliers à des organisations telles que les American Friends of Musicians in France, au sein desquelles lui et sa femme sont devenus très intéressé. Mais peut-être que le point culminant de l'histoire de l'orchestre fut atteint lors de sa grande tournée européenne au printemps 1920. J'y consacrerai un chapitre séparé, faisant suite à celui sur mes expériences en France pendant la Grande Guerre.

XV

LA GRANDE GUERRE

Lorsque l'Amérique est finalement entrée dans la Grande Guerre, j'étais, comme la plupart de mes concitoyens, désireux de faire quelque chose pour aider, et partageais donc l'inquiétude et le mécontentement que ressentaient la plupart des hommes plus mûrs parce qu'ils n'étaient pas « trop fiers », mais trop vieux pour le faire. lutte.

Un certain nombre de mélomanes avaient créé une organisation, les « Amis américains des musiciens de France », dont le but était de récolter de l'argent pour aider les familles de musiciens de France qui souffraient ou étaient démunis à cause de la guerre. Par l'intermédiaire de mes collègues français, nous avions entendu parler de nombreux cas de ce genre : certains des musiciens les plus célèbres étaient au front, dans les tranchées et dans les hôpitaux, faisant leur part comme le faisaient les hommes de toutes les autres professions et métiers. Plusieurs organisations s'étaient constituées en France pour aider à subvenir aux besoins de leurs familles, mais il restait beaucoup à faire, et grâce à notre société, qui suscita une réponse immédiate en Amérique, nous récoltions des sommes considérables et comptions poursuivre ce travail jusqu'à la fin de la guerre. .

J'avais été élu président, et tandis que nous discutions avec notre comité des meilleurs moyens d'aider les musiciens français âgés, il s'est avéré que beaucoup d'entre eux étaient trop fiers pour accepter l'aumône. Ce qu'ils voulaient vraiment, c'était avoir la possibilité d'exercer leur profession, car les raids aériens et les bombardements constants sur Paris avaient presque entièrement stoppé les cours et les concerts. Au cours de notre discussion, Henri Casadesus, un musicien français qui effectuait alors une tournée de concerts en Amérique avec sa Société des Instruments Anciens et qui nous avait donné de nombreuses informations précieuses sur les conditions de vie en France, suggéra de former un orchestre composé de musiciens tels que encore à Paris, qui pourrait servir à parcourir le pays jusqu'aux divers camps dans lesquels notre immense armée se formait et s'entraînait, et à donner à nos soldats de la bonne musique populaire pendant leurs heures de repos et de récréation.

On proposa d'engager un chef d'orchestre français pour diriger cet orchestre, mais Casadesus demanda s'il ne me serait pas possible d'y aller et d'en prendre personnellement la direction. Il pensait que le gouvernement français accueillerait cette idée très favorablement et qu'il nous apporterait, par l'intermédiaire du ministère des Beaux-Arts, toute l'assistance possible pour la formation de l'orchestre et son transport à travers le pays. Inutile de dire que mon cœur a bondi de joie à cette suggestion. Une étape en entraînait une autre, et M. Harry Harkness Flagler fit immédiatement don, avec la générosité qui le caractérise, d'un chèque suffisamment important pour payer la totalité des dépenses et des salaires d'un orchestre français de cinquante hommes pendant six semaines.

Le projet fut présenté au Conseil national des travaux de guerre de la Young Men's Christian Association, qui l'accepta avec enthousiasme, ainsi qu'à la Haute-commission française à Washington, dont M. Tardieu était alors le chef. Il envoya un de ses collaborateurs , le marquis de Polignac, à New York pour discuter et arranger les détails, et télégraphia aussitôt à Paris pour m'obtenir l'autorisation nécessaire pour entrer en France et mettre à exécution le projet. Le directeur par intérim du ministère des Beaux-Arts était alors M. Alfred Cortot, pianiste distingué, et dans la semaine il nous télégraphia qu'il pourrait mettre à ma disposition l'Orchestre Pasdeloup composé d'une cinquantaine d'hommes qui seraient prêts à mon arrivée à voyager dans nos centres de loisirs, camps et hôpitaux.

Comme aucun civil non employé par le gouvernement ne pouvait naviguer pour la France sauf sous les auspices d'une des organisations sociales, je devais naviguer comme ouvrier de guerre pour le YMCA, dont la division divertissement était sous la direction de M. Thomas McLane, un citoyen sérieux et patriotique de New York qui a consacré tout son temps avec enthousiasme à ce travail ardu. Cependant, quelques semaines avant le départ, la situation de guerre devint si grave que la possibilité de réaliser notre projet parut très douteuse, mais M. McLane et son chef, M. William Sloane, étaient convaincus que je devais aller de toute façon, examiner le terrain, et me rendre utile d'une manière ou d'une autre.

Les règlements du YMCA exigeaient que chacun de leurs employés soumette une approbation de trois citoyens américains bien connus, et comme j'ai eu l'honneur de connaître Theodore Roosevelt pendant de nombreuses années, j'ai donné son nom comme quelqu'un qui serait disposé à témoigner de mon américanisme. La lettre qu'il a écrite est si caractéristique que j'ai la vanité de la reproduire ici.

Sagamore Hill, le 4 mai 1918.

Cher M. McLane :

M. Walter Damrosch est l'un des meilleurs Américains et citoyens de tout ce pays. En termes de caractère, de capacité, de loyauté et d'américanisme fervent, lui et les siens sont sans égal dans le pays. Je le connais depuis trente ans ; Je me porte garant de lui comme s'il était mon frère.

Fidèlement

(*Signé*) THÉODORE ROOSEVELT .

L'assurance d'un sauf-conduit du ministère des Etrangères était un élément assez important car j'étais né en Allemagne, même si seules les neuf premières années de ma vie y avaient été passées. Mon père a émigré en Amérique en 1871, et comme j'avais fait mes études ici, que j'avais vécu en Amérique depuis et que j'avais épousé une Américaine, je ne m'étais jamais senti qu'un Américain et de la variété la plus enthousiaste. Lorsque les Allemands ont envahi la Belgique, lorsqu'ils ont coulé le *Lusitania* et qu'ils semblaient avoir enfreint toutes les lois des relations internationales, je me suis exprimé, tant personnellement que dans des interviews dans les journaux, avec une telle force que bien avant notre entrée en guerre, plusieurs journaux berlinois ont violemment pris position. m'a reproché et m'a honoré en me traitant de renégat et de traître envers mon pays natal.

Il existait un accord entre notre pays et la France selon lequel aucun civil américain d'origine allemande ne serait autorisé à entrer en France sauf autorisation spéciale de M. Clemenceau ou de M. Pichon, alors ministre des Affaires étrangères. Le haut-commissaire français télégraphia à ce dernier et recommanda dans les termes les plus cordiaux que je sois autorisé à entrer en France, à la fois en raison de ma charge de président de la Société des Amis Américains des Musiciens en France et en raison de l'admiration de toujours pour les musiciens français. musique, dont j'avais fait preuve pendant trente-trois ans en produisant dans notre pays presque toutes les œuvres symphoniques importantes que les compositeurs français avaient écrites avant et pendant cette période.

M. Pichon a rapidement télégraphié le visé nécessaire et avec toutes les informations d'identification appropriées, j'ai appareillé le 15 juin 1918 sur le navire à vapeur français *La Lorraine* .

Les passagers du navire étaient presque entièrement des soldats et des ouvriers de guerre. Il y avait deux cent cinquante soldats belges avec leurs officiers revenant en France après trois ans passés en Russie, et qui, lorsque la révolution éclata, avaient atteint, après d'incroyables épreuves, Vladivostok, naviguant de là vers la Californie. Il y avait des soldats polonais en route pour rejoindre la Légion étrangère de l'armée française et des dizaines de travailleurs de la Croix-Rouge, du YMCA, des K. of C. et des SA. Il n'y avait pas plus d'une douzaine de civils, parmi lesquels mon ami Melville Stone, directeur de l'Associated Press, et M. Sulzer, ministre suisse alors accrédité auprès de notre pays. C'était étrange de se trouver sur un bateau à vapeur transatlantique sans aucun riche, touriste ou voyageur de commerce oisif ; et les gros canons montés d'avant en arrière, sous la surveillance d'un équipage prêt jour et nuit, donnaient un sombre avant-goût de la guerre qui faisait rage de l'autre côté.

Le premier jour de sortie, Stone m'a dit que M. Sulzer aimerait me rencontrer. J'ai exprimé mon plaisir et j'ai dit en riant: «Je promets de ne lui poser aucune question concernant la nationalité suisse du docteur Karl Muck.» Stone a dû le répéter à Sulzer, car immédiatement après notre introduction, il a déclaré : « Je tiens à vous dire que le docteur Muck n'avait pas plus que vous de droit à la citoyenneté suisse. Les faits sont les suivants : après la guerre franco-prussienne, le père de Muck, un Bavarois vivant à Munich, craignait que la Bavière ne se prussise complètement et, comme il n'aimait pas ce pays, il préféra émigrer en Suisse, où il acquiert la citoyenneté, ce qui à l'époque était très facile, car la Suisse était heureuse de recevoir l'intelligentsia d'autres pays. Son fils Karl a quitté la Suisse lorsqu'il était enfant pour faire ses études en Allemagne et n'est jamais revenu. Il fréquente une université allemande , étudie la musique, devient chef d'orchestre et, à ce titre, officie dans divers opéras allemands, jusqu'à devenir chef d'orchestre et Generalmusikdirektor à l'Opéra Royal de Berlin. Il y resta de nombreuses années et lorsque la guerre éclata, il offrit ses services au ministère allemand de la Guerre à titre de commis. Le Gouvernement suisse ne le reconnaît pas comme citoyen et lui refuse la protection que lui apporterait une telle citoyenneté.»

Notre voyage s'est déroulé sans incident. Nous n'avons vu aucun sous-marin et, ce qui était encore plus important, aucun sous-marin ne nous a vu. Lorsque nous atteignîmes la « zone dangereuse » à quelques centaines de milles des côtes françaises, je fus solennellement nommé un comité chargé d'informer M. Sulzer que, comme il était ministre suisse et, à ce titre, représentant des intérêts allemands aux États-Unis pendant Pendant la guerre, nous avions l'intention de l'attacher au mât de misaine et de braquer un projecteur sur lui et sur un grand drapeau suisse suspendu au-dessus de sa tête, pendant les deux ou trois nuits précédant notre mouillage dans la Gironde. Il s'est dit en souriant si disposé à agir en cette qualité d'ange gardien que nous nous sommes abstenus et avons fait confiance à la chance, qui en effet ne nous a jamais fait défaut.

Nous jetâmes l'ancre à l'embouchure de la Gironde pour affronter les fonctionnaires habituels, parmi lesquels les hommes des services secrets qui devaient surveiller les passagers pendant que nous attendions le retournement de la marée avant de remonter le courant vers Bordeaux.

C'était une belle soirée ensoleillée, et alors que j'étais près du bastingage et que j'observais la marée qui se dirigeait vers la mer comme un courant de moulin, tout à coup il y eut un clapotis et nous vîmes un des soldats belges allongé sur l'eau, le visage vers le bas et ses bras et ses jambes tendus et immobiles. Il était emporté vers la mer à une vitesse incroyable par la marée, et il était évident qu'il essayait de se suicider, car il ne faisait aucun effort pour lutter. Les matelots étaient tous occupés ailleurs à sortir les sacs postaux et les malles, et pendant quelques minutes rien ne parut être fait. Soudain, il y eut une autre éclaboussure lorsque, depuis le pont supérieur, un homme plongea après le Belge. C'était le lieutenant Shirk, un aviateur de nos marines, qui n'avait même pas pris le temps d'enlever son manteau ou ses putties de cuir. Une ceinture de sauvetage avait été lancée juste auparavant et flottait avec la marée à plusieurs mètres devant le soldat belge, mais toutes deux étaient emportées si rapidement qu'il fallut un certain temps avant que le lieutenant Shirk puisse l'atteindre. Alors qu'il s'approchait, le Belge lui a immédiatement donné des coups de pied, et il a fallu plusieurs instants avant qu'il ne soit maîtrisé et traîné vers la ceinture de sauvetage. Entre-temps, on avait mis à l'eau un bateau, mais la marée était si rapide dans ces eaux que lorsque le bateau atteignit les deux hommes, ils ressemblaient à deux petits points noirs au loin. On peut facilement imaginer l'excitation et l'enthousiasme qui ont résulté de leur retour à bord du navire .

Le lieutenant Shirk s'est avéré être un jeune homme d'affaires aisé d'Indianapolis qui, lorsque la guerre a éclaté, s'est immédiatement enrôlé, laissant une femme, des enfants et de grands intérêts commerciaux importants pour se consacrer de tout cœur au service de son pays.

Si vous « racontez cette histoire aux marines », ils refuseront de reconnaître qu'il s'agit de quelque chose d'extraordinaire, et ils vous diront également que c'est simplement une façon dont ils disposent pour faire face à toute urgence sur terre ou en mer.

Le plus triste de ce sauvetage héroïque, c'est que quelques jours après, rencontrant à Paris un des officiers belges, il me raconta que le soldat, peu après son débarquement, avait réussi son effort d'autodestruction et s'était tiré une balle dans une balle. accès de découragement. Il était absent de Belgique depuis quatre ans et, pendant tout ce temps, n'avait eu aucune nouvelle de sa femme ni de ses enfants ; sa petite ferme était aux mains des Allemands, et il ne lui restait plus ni espoir ni désir de vivre.

Nous avons tous dû nous rassembler dans le salon du navire pour présenter nos passeports, et quand mon tour est venu, on m'a poliment dit de me rendre dans ma cabine avec deux hommes des services secrets, afin qu'ils puissent m'interroger davantage sur ma mission. L'un de ces hommes était silencieux, mais l'autre était un Français très volubile et poli. Mais même les propos visés par le ministre des Affaires étrangères et le Haut-commissariat français ne semblent pas tout à fait le satisfaire. Le fait que je sois né en Allemagne l'impressionnait évidemment négativement. Il m'a finalement demandé : "Avez-vous l'intention de sortir de l'argent de France ?" « Au contraire, répondis-je, voici une lettre de crédit dont chaque centime sera utilisé pour les musiciens d'orchestre français. » En confirmation, je lui ai montré le câble du Ministère des Beaux Arts m'offrant l'usage de l'Orchestre Pasdeloup, dont le chef d'orchestre était M. Rhène Baton. Le visage de mon agent des services secrets s'est soudainement enveloppé de sourires. "Ah!" il a dit : « M. Bâton! Eh bien, avant la guerre, je jouais du troisième cor dans son orchestre à Bordeaux. Tout va bien." Avec un salut, il me rendit mon passeport, et à ce moment-là, son compagnon silencieux me fit soudain un clin d'œil des plus cordiaux, dont on ne pouvait se méprendre sur la nationalité. J'ai dit : « Vous êtes américain. » "Bien sûr!" » répondit-il, et c'est ainsi que je pus enfin atterrir en France avec brio.

Le lendemain matin, je me vis à Paris au petit hôtel « France et Choiseul », où je m'étais toujours rendu lors de mes visites à Paris au cours des vingt-cinq années précédentes. Je trouvai le même directeur courtois et souriant, M. Mantel, pour me recevoir. Même le vieux canari, pendu dans la cour, vivait encore, mais l'embonpoint ou la vieillesse avaient arrêté ses démonstrations musicales.

Il faudrait un homme beaucoup plus éloquent que je ne peux le prétendre pour donner un tableau adéquat de Paris à cette époque. Il me parut plus beau et plus noble que je ne l'avais jamais vu lors de mes nombreuses visites en temps de paix. Les rues étaient presque vides, il n'y avait ni touristes, ni amateurs de plaisir, ni oisifs, et donc cette partie de la vie parisienne qui d'habitude ressort si en évidence et qui, hélas, est généralement la seule que voit le visiteur moyen, était entièrement absent. On ne voyait que les Français vaquant à leurs tâches quotidiennes et les soldats de la France et de ses alliés. Les Champs-Élysées, les Tuileries et surtout le Jardin du Luxembourg semblaient plus charmants que jamais, mais le drame était que les adorables enfants qui autrefois remplissaient ces jardins avaient tous disparu. Les raids aériens constants et les bombardements fréquents de la « Grande Bertha » les avaient chassés. On disait qu'un million et demi de personnes avaient quitté Paris et que, en raison de la proximité des armées allemandes, l'évacuation totale de la population civile était imminente. Des rumeurs couraient d'ailleurs que toutes les banques avaient envoyé leurs titres à Orléans et que les ambassades et divers organismes de secours étaient prêts à quitter Paris à quelques heures d'avance. Il n'y avait pas le moindre signe de panique, mais une tristesse indescriptible planait sur la ville.

Pendant le long crépuscule, qui est le plus beau moment pour voir Paris, quand le ciel et les nuages semblent planer avec le plus d'intimité et de caresse sur ses perspectives merveilleuses, je faisais de longues promenades sur les quais de la Seine. Même l'obscurité totale la nuit, l'absence de toutes lumières ou panneaux électriques, avec seulement quelques lampes bleues à moitié cachées ici et là, rendaient la ville plus pittoresque et plus merveilleuse. C'était presque comme si des siècles de civilisation et d'inventions modernes avaient été balayés et que nous étions de retour à l'époque du *Grand Monarque* , lorsque Paris n'était que faiblement éclairée par de faibles lampes à huile vacillantes.

Bien sûr, je fis bientôt connaissance des raids aériens nocturnes, et lorsque les sirènes placées sur les différents immeubles élevés de la ville sonnèrent leur horrible avertissement de l'approche des Gothas allemands, chaque habitant était censé chercher refuge dans les caves. Je l'ai fait consciencieusement pendant deux ou trois nuits, mais comme cela impliquait de quitter son lit vers 11h30 ou midi et de revenir vers 1h30 ou 2 heures du matin, j'ai progressivement réalisé que ma propre lâcheté était davantage la peur de ne pas dormir suffisamment, car J'étais complètement assommé pendant la journée par manque d'eau. Après avoir soigneusement pesé les alternatives, j'ai décidé de prendre le petit risque de rester dans mon lit et de passer une bonne nuit de sommeil ; et ayant résolu cette question à mon entière satisfaction, je me réveillais à l'avertissement des sirènes, m'étirais confortablement et me rendormais aussitôt.

Les rassemblements dans l' *abri* de notre hôtel étaient cependant assez amusants. Les convives se réunissaient dans la cave à vin, protégée par des murs de plusieurs pieds d'épaisseur, et dans laquelle on pouvait encore se fortifier en dégustant une ou deux bouteilles des excellents bordeaux et bourgognes qu'elle contenait. Si l'un des nôtres était un officier de l'armée, nous lui demandions de nous raconter ses expériences au front et de l'écouter avec admiration et intérêt jusqu'à ce que les clairons des pompiers à l'extérieur sonnent le signal « tout est clair ». Alors le vieux portier, que nous appelions « Papa Joffre », descendait et, avec le plus doux sourire sur son cher vieux visage, nous assurait que tout était en sécurité et que nous pouvions regagner nos lits en rampant.

Entre-temps, j'ai commencé à étudier les conditions dans lesquelles nous pourrions réaliser notre projet de donner des concerts d'orchestre à nos soldats dans leurs camps de repos et dans les hôpitaux, et j'ai vite découvert que les récents développements sur le front rendraient la tâche extrêmement difficile, sinon impossible. Paris était dans une grande dépression. L'ennemi menaçait la ville, nos camps de repos étaient vides et nos soldats étaient entraînés avec fureur pour les mettre le plus tôt possible soit en ligne, soit derrière la ligne, en réserve. Chaque pouce d'espace disponible sur les voies ferrées devait être utilisé à des fins militaires, pour le transport d'hommes et de matériel, et s'introduire dans un orchestre de cinquante hommes avec des bagages encombrants, des instruments de musique, etc., aurait été une nuisance au lieu de un service.

Le Gouvernement français, à travers ses différents services avec lesquels j'ai été en contact, notamment le Ministère des Beaux-Arts et le Haut-Commissariat de France, m'a reçu avec la plus grande courtoisie et gentillesse. M. Cortot, aux Beaux-Arts, avait fait des démarches pour me procurer un orchestre et je bénéficiais déjà pleinement de l'amitié pour tout ce qui était américain, qui, après la première entrée de nos troupes dans la ligne de combat à Seicheprey, Belleau Wood et Château-Thierry développèrent un enthousiasme dont on ne peut imaginer un tel enthousiasme. J'ai vu le changement du plus profond découragement au plus grand optimisme envahir la ville comme une vague, et surtout après la position héroïque de nos hommes à Château-Thierry, il n'y avait rien qu'un Américain puisse vouloir qu'un Français ne soit disposé à lui donner. avec vos deux mains.

Dans la matinée du 4 juillet, une manifestation franco-américaine avait été organisée qui devait se terminer par un défilé des troupes françaises et américaines depuis l'Arc de Triomphe jusqu'aux Champs-Élysées jusqu'à la Place de la Concorde. Je me trouvais naturellement parmi la foule de spectateurs enthousiastes qui bordaient l'avenue pour saluer nos troupes, parmi lesquelles se trouvait une compagnie de nos marines qui avaient combattu au front quelques jours auparavant. C'était littéralement la première fois que je voyais une foule de gens à Paris, et cela marquait de manière significative le changement par rapport à la tristesse qui planait sur la ville à mon arrivée.

Paris avait été décoré comme seuls les Français savent le faire, et les nobles vues de la ville étaient à leur meilleur sous un magnifique ciel bleu légèrement tacheté de nuages blancs. Dans la foule qui attendait, il n'y avait pas de jeunes hommes, pas même d'âge moyen, car tous étaient au front depuis quatre ans, mais il y avait des vieillards, des garçons et des femmes de tous âges, jusqu'à une charmante petite fille de douze ans. , évidemment de la classe la plus pauvre, qui se tenait à mes côtés sur la pointe des pieds avec enthousiasme. Elle savait parler quelques mots d'anglais et de temps en temps, avec le regard le plus doux et le plus timide sur moi, elle démontrait sa connaissance de notre langue, puis la complétait par un français plus volubile, en me montrant les diverses merveilles. du jour.

Au-dessus de nos têtes, certains des aviateurs français les plus experts volaient d'avant en arrière, bouclant la boucle, creusant le creux et exécutant de merveilleuses manœuvres en piqué, effleurant parfois presque les arbres de chaque côté de la magnifique avenue, le tout au grand spectacle. ravissement des foules attendant l'arrivée de nos soldats. À mesure que la gendarmerie de Paris, un corps d'hommes splendide, descendait l'avenue, l'excitation devint intense, et lorsque nos garçons vêtus de kaki apparurent, l'enthousiasme dépassa toutes les limites. Des jeunes filles, les bras littéralement couverts de fleurs, couraient à travers les espaces vides dégagés par la police et commençaient à les distribuer à nos soldats qui, regardant droit devant eux, saisissaient maladroitement les fleurs, les enfonçaient dans les tuniques ou les tenaient dans leurs bras. la main non occupée du fusil, gardant tout le temps leur alignement avec la discipline la plus rigide, comme s'ils ignoraient le plus doux tribut qu'une nation puisse offrir à une autre. La scène entière était si incroyablement touchante que tout le monde dans la foule, y compris moi-même, restait là, les larmes coulant sur ses joues.

De mon autre côté se tenait un chef d'orchestre américain qui m'a reconnu et, pendant que nous attendions le défilé, il m'a imploré de faire quelque chose pour les musiciens de l'armée américaine en France. Il m'a dit qu'il avait entraîné sa petite troupe de vingt-huit hommes pendant six mois avant d'être envoyé outre-mer, qu'ils avaient continué à travailler fidèlement pendant leur séjour en France et qu'ils avaient atteint un bon niveau d'efficacité. Mais, selon la vieille coutume de l'armée américaine, ils avaient été envoyés sur la ligne de tir à Seicheprey comme brancardiers, et en conséquence tant de personnes avaient été tuées, blessées ou choquées que sa bande était devenue complètement désorganisée. Son régiment était donc sans musique, et il avait été détaché et envoyé à Paris comme acheteur général d'instruments de musique. Il a déclaré : « Il faut au moins six mois pour former un bon musicien, alors qu'un brancardier peut être formé en autant d'heures. Nous servons un véritable objectif, pendant que les hommes sont au camp, en leur détournant l'esprit de la corvée et de la monotonie de la vie militaire. Notre musique les réjouit ; un camp silencieux est presque insupportable. Ne pouvez-vous pas persuader le général Pershing de changer cette coutume, tout comme les Britanniques et d'autres nations l'ont fait ? Je lui ai dit que je sympathisais avec ses opinions, qu'il me semblait erroné d'utiliser le groupe à d'autres fins que la musique, sauf en cas de nécessité militaire absolue, mais que j'étais sans lien officiel avec l'armée et que je ne le faisais donc pas. je pense que je pourrais lui être d'une grande utilité.

Une fois le défilé terminé et la foule dispersée, la petite Française à ma droite m'a dit « Au revoir » en anglais, très gentiment, puis, très timidement, elle m'a serré dans la main, en signe d'adieu, un tout petit drapeau américain qui elle-même avait peint sur un bout de coton les étoiles et les rayures d'un côté et le drapeau tricolore de l'autre. Inutile de dire que je possède toujours ce charmant symbole comme *porte-bonheur* .

J'avais prévu de diriger deux concerts à Paris, l'un le 13 juillet au Théâtre des Champs-Élysées, exclusivement pour nos militaires et infirmières de la Croix-Rouge stationnés à Paris et dans les environs, et l'autre le lendemain après-midi, dimanche 14 juillet (le Fête Nationale des Français), dont l'intégralité des bénéfices devait être reversée à la Croix Rouge Française. Pour ce dernier concert, le gouvernement français a immédiatement offert sa *salle* historique du Conservatoire , une courtoisie qui n'avait jamais été accordée à un chef d'orchestre étranger auparavant. Il s'agissait d'un concert symphonique, entièrement consacré en l'honneur de cette journée aux œuvres des grands compositeurs français, mais dès la première répétition, il semblait que le concert allait devoir être annulé car il semblait impossible de réunir un orchestre de premier ordre. de quatre-vingts hommes. Les quatre années de guerre avaient appelé au service militaire presque tous les citoyens masculins de France, et la récente évacuation de Paris avait entraîné avec elle de nombreux musiciens qui étaient jusque-là restés dans la ville. Lors de ma première répétition, quarante-trois hommes seulement apparurent, et ceux-ci étaient répartis de la façon la plus anormale. Il y avait cinq premiers violons, dix seconds, deux altos, un violoncelle et trois contrebasses. Il n'y avait ni hautbois ni cor anglais ; seulement deux cors d'harmonie, une trompette, etc. Sur les quarante-trois hommes rassemblés, sept étaient membres de la *Garde Républicaine*, la célèbre fanfare militaire de Paris, mais qui, malheureusement pour moi, dut assister à une célébration officielle de la Fête Nationale au Trocadéro le le dimanche après-midi. Le président de la république devait être présent avec divers autres dignitaires et un chœur de trois mille écoliers.

J'étais désespéré et j'ai finalement lancé un appel à l'orchestre dans un français très volubile mais peu grammatical, dont l'essentiel était que l'Amérique avait volontiers envoyé un million de soldats en France et s'apprêtait à en envoyer deux millions supplémentaires ; tout ce que je demandais en échange, c'était un orchestre de quatre-vingts hommes ! Ne pourraient-ils pas m'aider à compléter leurs rares rangs par un nombre suffisant de musiciens qualifiés pour compléter l'orchestre ? Mon petit discours fut reçu avec un enthousiasme agité. Ils ont immédiatement commencé à se rassembler en groupes excités et m'ont juré que l'orchestre pourrait et serait obtenu. L'un m'a assuré d'un beau hautbois, un autre d'un trompettiste, un autre d'un premier violon, etc. M. Cortot s'est aussi occupé. Il fit venir le capitaine Ballay, chef de la *Garde Républicaine*, et lui représenta dans ce qui me parut un discours éloquent et digne de la *Chambre des Députés*, qu'après Seicheprey et Château-Thierry, la France ne pouvait et ne voulait rien refuser à un Américain. demandé. Le capitaine Ballay accepta avec enthousiasme et promit d'envoyer immédiatement les sept membres de sa fanfare dont j'avais besoin pour mon concert, dans les taxis les plus rapides qu'il pourrait se procurer, du Trocadéro, où la célébration gouvernementale devait commencer à trois heures. après avoir joué son ouverture d'ouverture, à la *salle du Conservatoire* où mon concert était prévu à quatre. Il pensait que le président de la république n'était pas assez musical pour constater l'absence de ces sept hommes, et qu'il parviendrait à se passer d'eux pour la suite de son programme.

Au même moment, de célèbres solistes français, qui d'habitude ne jouaient pas dans des orchestres, proposaient leurs services : le capitaine Pollain, célèbre violoncelliste nancéen et M. Hewitt (dont l'arrière-grand-père était américain mais dont la famille vivait en France depuis trois générations).), violoniste soliste des Instruments Anciens. Et à la deuxième répétition, qui devrais-je voir, sinon ce cher vieux Longy, hautbois célèbre depuis trente ans de l'Orchestre symphonique de Boston, qui m'a dit d'une manière très touchante : « Je vois que vous n'avez pas de deuxième hautbois. Je n'ai pas d'instrument en France puisque j'ai laissé le mien à Boston, mais je t'en emprunterai un et je jouerai pour toi si tu as besoin de moi.

A ma deuxième répétition, un excellent orchestre de soixante-dix-sept hommes était réuni, et à la troisième l'orchestre était au complet, comprenant de nombreux soldats français en uniforme, quatre ou cinq virtuoses distingués qui jouaient en orchestre uniquement pour cette occasion, et même un des miens. premier violoniste de l'Orchestre Symphonique de New York, Reber Johnson, qui, ayant été rejeté dans l'armée comme physiquement inapte, s'était immédiatement porté volontaire pour la Croix-Rouge américaine et s'était présenté à la répétition en uniforme de la manière la plus naturelle, comme si cela avait été l'une des répétitions quotidiennes régulières de l'Orchestre symphonique de New York.

Mon premier trompettiste était un jeune soldat français qui jouait de la clarinette avant la guerre. Son bras avait été arraché seulement un an auparavant, et dès qu'il quitta l'hôpital, il étudia la trompette et, de son seul bras, non seulement la tenait mais la touchait avec une facilité remarquable.

Je ne pense pas avoir jamais dirigé, au cours de ma longue carrière, des concerts ou des répétitions au cours desquels le chef d'orchestre et les musiciens étaient plongés dans une telle atmosphère d'excitation émotionnelle. Nos jeunes et beaux garçons en kaki semblaient des demi-dieux aux yeux de ces gens fatigués et usés qui s'étaient battus avec une ténacité incroyable pendant quatre terribles années. Les membres de l'orchestre recevaient toutes les critiques que je leur faisais pendant les répétitions par un rapide signe de tête ou un sourire engageant, et de temps en temps, certaines de mes remarques concernant la bonne interprétation étaient suivies d'un murmure d'approbation qui se répandait dans toute la salle. orchestre et parfois même s'exprimer en applaudissements. J'espère que mes critiques ainsi que mes interprétations leur ont plu, mais je sais que même s'ils ne l'avaient pas fait, cela n'aurait fait aucune différence. J'étais américain et c'était suffisant.

Lors du concert du samedi soir, plus populaire, j'ai donné à notre public de soldats américains l'astucieux medley de Victor Herbert sur des airs américains, et ces Français ont joué comme s'ils les connaissaient toute leur vie. L'immense public en kaki bouillonnait d'enthousiasme patriotique, qui a bien sûr atteint son apogée lorsque nous nous sommes transformés en « Dixie ». Tous se levèrent d'un bond et applaudirent et applaudirent, de sorte que pendant dix mesures environ, rien de la musique ne put être entendu, et ce n'est qu'en agitant mon bâton et en bougeant les musiciens qu'on put dire que la musique continuait.

L'après-midi suivant, le programme était d'une véritable dimension symphonique et comprenait la grande « Symphonie n° 3 » pour orchestre, orgue et piano de Saint-Saëns, « L'Après-midi d'un Faune » de Debussy et les « Variations symphoniques ». » pour piano avec orchestre, de César Franck.

La partie d'orgue de la symphonie était jouée par Mlle. Nadia Boulanger, sans doute la plus grande musicienne que j'ai jamais connue, et les « Variations » de Franck ont été superbement interprétées par Alfred Cortot. M. Casadesus a joué un concerto exquis pour la viole d'amour de Laurenziti.

La petite *salle du Conservatoire* , à l'architecture surannée de Louis XVI, avec ses loges et ses balcons minuscules, était bondée jusqu'aux portes : le concierge m'a dit que c'était le public le plus nombreux qu'il ait jamais vu là. Chaque espace disponible était rempli deux fois et les murs étaient littéralement bombés vers l'extérieur. Le public était très intéressant. Le gouvernement français, avec sa politesse habituelle, avait envoyé des représentants officiels du *ministère des Etrangères* , du *ministère des Beaux-Arts* et du Haut-commissariat français, dont beaucoup étaient en uniforme. Il y avait aussi de nombreux musiciens français de distinction, parmi lesquels le cher Maître Charles Widor, le *Secrétaire Perpétuel de l'Institut de France* et, bien sûr, de nombreux militaires français, britanniques et américains. Un commissaire aux incendies de New York aurait été stupéfait par la façon dont toutes les précautions ont été ignorées, et l'excitation du public, quand à la fin du concert nous avons joué la « Marseillaise » et la « Star-Spangled Banner », peut être imaginée. .

Pour ajouter à mon plaisir, ma fille Alice, qui faisait des travaux de guerre à Brest, avait reçu l'autorisation de venir à Paris pour la grande occasion. Mon vieil ami, Paul Cravath, vice-président de la New York Symphony Society, qui était alors à la tête de notre Commission des Finances à Londres, était survolé à bord d'un avion anglais et me souriait depuis une loge centrale dans tout le monde. sa splendeur de six pieds quatre alors que je me retournais pour saluer le public enthousiaste.

Je pense que nous leur avons donné un très bon concert. L'orchestre était délicieux dans son vif désir de réaliser mes intentions ; mais je pense que si nous avions moins bien joué, l'enthousiasme aurait été tout aussi grand, car pendant que nous jouions, les noms de Seicheprey et de Château-Thierry vibraient dans le cœur de tous les auditeurs, et leur enthousiasme se déversait sur moi comme si, à moi seul, je démontais la valeur de nos troupes américaines.

A la fin du concert, le président de l'Union Musicale des Orchestres de Paris m'a remis un grand bouquet de roses liées aux couleurs américaines, et dans un discours très éloquent m'a exprimé la gratitude des musiciens français pour l'aide qui m'avait été apportée. eux par notre Société des Amis

Américains des Musiciens de France. J'ai pu compléter mes paroles de remerciement par un autre chèque substantiel, qui avait été envoyé par M. Flagler et qui devait être consacré aux familles des musiciens d'orchestre servant au front.

La semaine avait été entièrement occupée par les préparatifs de ces deux concerts, mais malgré les excitations et les exaltations qui en résultaient, j'ai eu des périodes de grand découragement. La possibilité de poursuivre ma mission en France semblait de moins en moins réalisable, en partie à cause de la situation militaire tendue et en partie parce que je ne semblais pas bénéficier de l'assistance adéquate de la part du YMCA M. McLane et M. Sloane, à la tête de affaires à New York, m'avaient apporté leur soutien enthousiaste et j'avais navigué à leur demande urgente. Ils avaient télégraphié et écrit des instructions complètes au « Y » en France, et à mon arrivée M. Ernest Carter, le chef des ouvriers, que j'aimais énormément, m'avait promis la plus entière coopération. Mais il était manifestement harcelé et surchargé de travail et n'a pas reçu l'aide efficace qu'il aurait dû recevoir pour diriger une si grande organisation en temps de guerre. De nombreux chefs de département étaient d'anciens ecclésiastiques ou des employés d'églises et d'écoles du dimanche qui étaient manifestement inexpérimentés dans la gestion des affaires pratiques. On me dit que plus tard cette situation s'est beaucoup améliorée et que les hommes qui furent ensuite envoyés d'Amérique furent choisis plutôt pour leur capacité à faire des affaires, mais à l'époque dont je parle, la confusion au quartier général de la rue d'Agesseau était souvent grande. excellente et la coopération entre les différents départements semble insuffisante. Pour pouvoir parcourir la France sans encombre, je devais avoir une *carte rouge* , et cette carte me paraissait impossible à obtenir, malgré toutes mes qualifications appropriées et complètes en tant qu'Américain, en tant que musicien bien connu dans tout notre pays. et surtout à titre *personnel* auprès du gouvernement français.

Quelques jours avant mon premier concert, on m'informa qu'il était impossible de me procurer cette carte, et que par conséquent je ne pouvais pas être autorisé à quitter Paris. Lorsque j'ai demandé une explication, elle a été refusée par une personne plutôt moralisatrice qui m'a pris dans ses bras, m'a appelé frère, mais a exprimé ses regrets du fait malheureux que je sois né en Allemagne. Je ravalais ma colère du mieux que je pouvais, mais mon chagrin était d'autant plus grand qu'entre-temps M. Casadesus et quatre autres artistes français distingués m'avaient proposé leurs services pour voyager avec moi en automobile et donner des concerts dans nos camps. et les hôpitaux. J'ai finalement obtenu l'information d'un jeune homme très sympathique qui était en charge de la division divertissement du « Y » qu'il avait compris que les objections venaient du département de renseignement de l'AEF. J'ai immédiatement fait appel au major Cabot Ward, le chef du

Intelligence Division à Paris que je connaissais à New York depuis vingt-cinq ans. Je lui ai montré mes différentes références et il m'a assuré : « En ce qui concerne l'armée américaine, vous êtes libre comme l'air. » Je revins avec cette information rue d'Agesseau et me heurtai au même mur impénétrable d'ignorance ou de mauvaise volonté ; et, comme mes amis du Haut-Commissariat français m'avaient déjà assuré que pour eux, toute la France m'était ouverte, je semblais ne plus savoir comment résoudre cette énigme.

J'ai finalement fait appel à mon ami Robert Bliss, conseiller de notre ambassade à Paris. Je ne pourrai jamais oublier sa gentillesse et sa serviabilité pendant cette période. Lui et sa charmante épouse avaient fait de leur appartement le centre même de la vie américaine en ces temps difficiles. Mme Bliss avait résolument refusé de quitter Paris et dispensait une généreuse hospitalité dans leur appartement de la rue Henri Moissan. Quand je lui ai parlé de mes ennuis et que moi qui avais vécu quarante-sept ans en Amérique, je devrais maintenant être traité ainsi, il a souri et a dit : « Nous ne pouvons rien faire pour vous à l'heure actuelle, car vous faites toujours partie du monde. organisation du YMCA, mais dès que vous enlèverez cet uniforme, vous trouverez toutes les voies qui s'offrent à vous.

Ce misérable uniforme ! Cela m'avait ennuyé dès le premier instant où je l'avais enfilé parce que le tailleur chez qui le « Y » m'avait envoyé en avait fait un misérable travail. Il était trop étroit entre les épaules, ce qui est fatal pour un chef d'orchestre, et le pantalon était une tragédie. Mais je n'avais pas le temps, avant le départ, de commander un uniforme mieux ajusté, et comme on m'avait dit que je ne pouvais pas bouger d'un pouce en France sans, je n'avais littéralement emporté aucun vêtement civil avec moi ! J'avais commandé des vêtements neufs à Paris, mais il y avait une grève des tailleurs et je fus donc, par décence, obligé de conserver cet uniforme, autant que j'avais envie de me dépouiller du symbole du triangle sacré. Cependant, je commençais à voir le jour, et comme j'espérais recevoir d'ici le lundi ou le mardi suivant mes nouveaux vêtements civils, je décidai de diriger les deux concerts du samedi et du dimanche et de remettre ensuite magnifiquement ma démission. Mais une dernière goutte d'amertume ne m'a pas été épargnée, car samedi matin, j'ai reçu la visite d'un *officier de liaison* du YMCA très stupide et exaspérant, qui m'a informé que comme j'étais « né en Allemagne» et donc N'ayant pas pu obtenir ma *carte rouge* , le comité du « Y » a pensé que je ne devais pas diriger les deux concerts dans leur uniforme. Encore ce maudit uniforme ! J'étais tellement en colère que j'ai dit que je dirigerais soit avec ou en sous-vêtements, que ma démission avait déjà été rédigée et serait présentée lundi, et que j'ai insisté pour un entretien avec M. Carter et son comité exécutif, car je Je souhaitais qu'ils sachent comment j'avais été traité. Je savais que M. Carter, le pauvre, n'était pas au courant de toute cette affaire, puisqu'il zigzaguait tout ce temps à travers la France jusqu'aux différents postes et centres d'approvisionnement du « Y », essayant de mettre un peu d'ordre dans le pays. chaos. Il m'a immédiatement accordé un rendez-vous et, lorsque je lui ai raconté mon histoire, il m'a présenté des excuses si amples et si généreuses que je ne lui ai laissé que les sentiments les plus aimables et j'ai vraiment regretté que lui, un homme aux idéaux élevés et au pouvoir spirituel, ait pu, à travers le les exigences de la guerre ont été tellement surchargées d'affaires pratiques. Pour quelques-uns de ses collaborateurs, je n'ai qu'un mépris absolu, mais il y en avait beaucoup parmi les ouvriers et certainement la majorité des femmes qui rendaient de merveilleux services et souffraient volontiers toutes sortes de désagréments et de privations pour aider les soldats, qui étaient pas tous les anges, en aucun cas.

Mais mon véritable triomphe devait survenir le dimanche matin même de mon concert lorsque le général Charles Dawes, de l'armée américaine, vint me rendre visite à mon hôtel et, à mon grand étonnement, me demanda si je pouvais venir au quartier général de l'AEF. à Chaumont, et conférer avec le général Pershing concernant l'amélioration possible de nos musiques militaires. Je n'en croyais pas mes oreilles qu'après mes amères expériences avec le « Y », le commandant en chef de l'armée américaine en France m'ait personnellement fait appeler.

Le général Dawes était alors à la tête du ravitaillement de l'armée, dont le quartier général était à Paris. Grand amateur de musique, il avait largement contribué à sa culture dans sa propre ville de Chicago. C'était un vieil et précieux ami du général Pershing et je pense que c'est lui qui lui avait suggéré mon nom. Je ne pourrai jamais assez remercier le général Dawes de m'avoir donné, à moi, musicien et âgé de plus de cinquante ans, cette merveilleuse opportunité de toucher même l'ourlet extérieur des robes de la déesse de la guerre.

Inutile de dire que mon humeur déprimée s'est immédiatement transformée en une humeur d'exaltation. J'acceptai l'invitation avec empressement et m'arrangeai avec le général Dawes pour me rendre à Chaumont le mercredi 17 juillet suivant.

Entre-temps, l'air était plein de rumeurs concernant la « Grande Bertha », commodément silencieuse depuis mon arrivée à Paris. On disait avec insistance que le lundi matin, dix-sept de ces dames du même nom recommenceraient un bombardement sur Paris, et j'avoue que cela m'a causé un choc, quand, le lundi matin après mon concert, alors que j'étais encore me prélassant dans mon lit, pensant avec plaisir aux triomphes de la veille et avec impatience mon prochain voyage à Chaumont, j'entendis soudain une curieuse réverbération, différente des explosions des Gothas ou des canons à air qui répondaient. C'était le premier salut de Madame Berthe, et ce salut se répétait ponctuellement tous les quarts d'heure tout au long de la journée, les obus frappant dans Paris dans différents quartiers.

C'était intéressant d'observer les Français. Après chaque tir, des foules couraient dans les rues, parlant, gesticulant et spéculant sur l'endroit où cet obus était tombé. Cela durait treize ou quatorze minutes, puis tous retournaient dans leurs magasins et leurs maisons, sachant que le prochain obus était sur le point d'arriver.

Ce soir-là, j'avais été invité à dîner chez Mme Edith Wharton, dans son charmant appartement de la rue de Varennes. Au moment où j'arrivais devant sa porte, un Français s'est arrêté et m'a dit qu'il avait été au concert de la veille. Il ajouta ensuite : « Je vois que vous faites la connaissance de « La Grosse Berthe ». » Pensant qu'il faisait référence au retour du bombardement, j'ai souri d'assentiment, puis je me suis rendu à l'appartement de Mme Wharton. J'ai retrouvé notre grand romancier avec deux autres dames, un officier américain et un compositeur américain, mon cher ami Blair Fairchild, qui vivait à Paris depuis plusieurs années et agissait très habilement comme agent distributeur de l'argent que notre « Société des Amis américains des musiciens de France » envoyait. Le dîner s'est déroulé comme si nous vivions une époque de paix la plus profonde. Il était servi avec une efficacité minutieuse, les fleurs étaient charmantes et la conversation délicieuse, et ce n'est qu'à la moitié du dîner que j'ai découvert, tout à fait par hasard, que ce que mon gentleman français à la porte avait mentionné était que seulement deux Quelques minutes avant mon arrivée, le dernier obus du Big Bertha était tombé sur le toit de la maison d'en face, la démolissant ainsi qu'une partie de l'étage supérieur.

Le mercredi suivant, 17 juillet, je prenais le train du matin pour Chaumont, à nouveau confortablement vêtu en civil. J'ai été accueilli à la gare par un jeune officier, le lieutenant Wendell, neveu de mon vieil ami Evart Wendell, qui m'a emmené au quartier général et m'a présenté au lieutenant-colonel Collins, secrétaire de l'état-major, qui m'a expliqué en détail divers points sur lesquels le général Pershing souhaitait des informations et de l'aide. Je fus alors très confortablement hébergé dans la maison d'hôtes, autrefois une grande résidence privée de la ville, qui avait été reprise par le général Pershing pour accueillir ses visiteurs. Je devais dîner dans son château ce soir-là et j'ai passé une grande partie de l'après-midi à me promener dans cette vieille ville pittoresque située sur une haute falaise surplombant la vallée de la Marne. C'est au cours de cette promenade que j'ai vu le seul soldat américain ivre pendant mon séjour de trois mois en France. Je suivais une route pittoresque menant de la ville à la campagne, lorsqu'un garçon de couleur en kaki s'est avancé vers moi et m'a dit : « « Excusez-moi, sah. Êtes-vous français? " J'ai dit " Non " et il a répondu : " Alors pour l'amour de Dieu, peux-tu s'il te plaît me dire où on peut prendre un verre ? " J'ai répondu: " Non. Vous en avez déjà assez. Il a essayé de me suivre et moi, voyant deux soldats blancs approcher, nous nous sommes tournés vers eux et leur avons dit : « Je pense que vous feriez mieux de prendre soin de ce garçon. Il a trop bu. Ils répondirent vivement : « Certainement, monsieur. » Mais alors qu'ils s'approchaient de lui, il n'arrêtait pas de me regarder et me disait : « Je veux parler à ce gentleman. C'est M. Damrosch ! J'ai éclaté de rire, car j'étais là, à plus de trois mille milles de chez moi, et ce garçon, qui avait peut-être des penchants musicaux et m'avait entendu diriger dans quelque concert, me reconnaissait même à travers les vapeurs alcooliques qui l'entouraient si épaisses qu'on pouvait je les ai coupés avec un couteau.

L'un des autres visiteurs de l'hôtellerie était le général Omar Bundy, qui commandait la première division et était venu à Chaumont recevoir les félicitations du commandant en chef pour le magnifique travail de sa division. Il se révéla être un charmant gentleman, et nous causâmes ensemble très amicalement pendant qu'une automobile nous conduisait ce soir-là à environ huit kilomètres au-delà de Chaumont, à travers un pays des plus charmants, jusqu'au château entouré de jardins et de bois exquis que le général Pershing avait pris pour résidence personnelle. On ne pouvait imaginer une scène de plus grande paix et tranquillité, et littéralement le seul signe et symbole de guerre était la sentinelle solitaire qui faisait les cent pas devant l'entrée, la baïonnette au poing.

Comme c'était le premier jour de la grande attaque du général Foch au cours de laquelle il repoussait les Allemands de six milles, le général Pershing, qui avait été au front toute la journée, n'était pas encore revenu, et le général Bundy et moi avons parcouru le terrain en le beau crépuscule du soir pendant peut-être une demi-heure, quand une automobile arriva et notre grand commandant en chef, accompagné de son aide de camp, vint immédiatement vers nous et nous accueillit chaleureusement et simplement. Il m'a rappelé que nous nous étions rencontrés au Presidio de San Francisco lors de la grande exposition de 1915, et en effet je m'en souvenais bien, car peu de temps après, il avait été envoyé à la frontière mexicaine pour commander les troupes, et alors qu'il y avait été débordé par la terrible tragédie de la mort de sa femme et de ses enfants, étouffés la nuit dans un incendie qui a détruit leur maison au Presidio.

Tant de choses ont été écrites sur la merveilleuse impression que le général Pershing a produite en Europe sur tous ceux qui sont entrés en contact avec lui qu'il n'est nécessaire pour moi que de faire écho au chœur général d'éloges - militaire, digne, courtois et simple dans son discours. porter, porter un uniforme comme seul peut le faire un homme qui a été soldat toute sa vie.

Nous sommes entrés dans la maison et peu de temps après nous nous sommes assis pour dîner. Le groupe se composait du commandant en chef, le général Bundy, et d'un état-major des plus charmants de huit officiers, j'étais le seul civil. C'est pourquoi je m'attendais et j'espérais à moitié que la conversation porterait uniquement sur le merveilleux succès de la première journée de poussée de Foch, dont j'avais déjà entendu des rumeurs enthousiastes dans la ville, ou sur de grands secrets militaires, des affaires de stratégie, des canons monstres. , des milliers d'avions et de nouvelles et mystérieuses machines de destruction. Mais, à ma grande surprise, la conversation pendant presque tout le dîner a porté sur la musique, sur son influence pour remonter le moral du soldat, lui donner le bon type de récréation et le soulagement nécessaire de la monotonie du travail au camp ou des horreurs de la vie. bataille. Le général Pershing m'a dit qu'après avoir entendu quelques-uns des meilleurs orchestres militaires de France et d'Angleterre, il avait été tellement submergé par la conscience de notre infériorité qu'il était impatient de savoir si quelque chose ne pouvait pas être fait pour améliorer le niveau général de nos orchestres militaires. et, plus particulièrement, s'il ne serait pas possible au moins de sélectionner les meilleurs musiciens parmi les orchestres alors en France et de former un orchestre de quartier général d'excellence supérieure, dirigé par le meilleur chef d'orchestre d'entre eux, et de former ainsi un modèle que les autres pourraient s'efforcer de copier. Cette suggestion me parut excellente, et je demandai combien il y avait actuellement de chefs d'orchestre en France, car je voudrais les examiner sur leur aptitude. Le général Pershing a déclaré, avec un sourire, qu'il y en avait plus de deux cents, mais cela ne m'a pas découragé et j'ai accepté de tous les examiner, à condition que des dispositions appropriées puissent être prises pour un test approprié de leurs qualifications. Divers plans pour un tel examen furent discutés et le général Pershing décida finalement de les envoyer tous à Paris par lots de cinquante chaque semaine, ainsi qu'une fanfare militaire qui devrait y être stationnée pendant les quatre ou cinq semaines suivantes, me donnant ainsi amplement l'occasion de tester leur efficacité en direction d'orchestre ainsi qu'en harmonie et orchestration. Il me semblait à l'époque remarquable qu'au milieu de la guerre et avec toutes les nécessités immédiates qui pesaient sur lui, le général Pershing ait eu la perspicacité de percevoir la valeur de la musique en temps de guerre et de s'intéresser à son amélioration.

Alors que j'étais assis là, le souvenir du chef d'orchestre aux joues creuses Tyler qui s'était tenu à côté de moi lors du défilé du 4 juillet à Paris est soudainement revenu. Je me suis dit que j'étais là, le seul civil à table, et que je pouvais donc dire tout ce que je voulais sans être plaqué contre un mur au lever du soleil et fusillé, car au pire ils ne pouvaient que me considérer comme très ignorant. coutumes de l'armée. J'ai donc guetté l'occasion et me suis soudainement plongé pour parler de ma conversation avec le chef d'orchestre Tyler alors que nous attendions que nos marines défilent sur les Champs-Élysées. J'ai dit qu'à mon humble avis, c'était une grave erreur d'utiliser des musiciens comme brancardiers au combat, non pas que leur vie de soldat ait plus de valeur que celle de n'importe quel autre membre de l'armée, mais qu'un brancardier pouvait être formé. en très peu de temps alors qu'il fallait plusieurs mois pour former un musicien ; que les régiments canadiens avaient suivi la même coutume pendant les premiers mois de la guerre, mais que les résultats avaient été si désastreux en détruisant les musiques et leur utilité, que les soldats eux-mêmes avaient imploré leurs commandants de ne pas laisser leurs musiciens être sacrifiés dans cette guerre. car il n'y avait rien de plus terrible que de revenir après une bataille dans un camp silencieux et donc désolé. Après avoir terminé ma péroraison plutôt passionnée, le général Bundy et d'autres furent tout à fait d'accord avec moi, mais le général Pershing ne dit rien du tout et je sentais que j'avais peut-être trop parlé et *mal à propos*. Mais le lendemain matin, alors que j'étais assis avec le colonel Collins au quartier général pour régler les détails de mes examens, il me remit en souriant un ordre du commandant en chef qui venait d'arriver et qui devait être envoyé aux commandants de division : à l'effet que « désormais, les musiciens ne pourront plus être utilisés comme brancardiers, sauf en cas d'extrême urgence militaire ».

Une des remarques du général Pershing lors du dîner est si caractéristique que je la répète ici. Il a déclaré : « Lorsque la paix sera déclarée et que nos orchestres défileront sur la Cinquième Avenue, j'aimerais qu'ils jouent si bien que ce sera une autre preuve des avantages de l'entraînement militaire. » Les développements ultérieurs et les rencontres avec cet homme intéressant ont encore approfondi l'impression qu'il m'a fait.

Je revins à Paris et entrepris de prendre toutes les dispositions nécessaires pour les examens des deux cents chefs d'orchestre. Notre armée avait loué un grand hôtel près de la Bastille, sur les bords de la Seine, et une grande chambre au rez-de-chaussée servait admirablement à mes besoins. La musique du 329e d'infanterie arriva bientôt et fut cantonnée dans cet hôtel, et chaque matin à 9 heures 30 les examens commençaient et se poursuivaient du lundi au jeudi à raison d'une cinquantaine de chefs de musique par semaine, qui arrivaient de tous les coins de France — du port maritime. des villes, des camps d'entraînement et certains même de la première ligne des tranchées. Le vendredi, je retournais généralement au siège pour faire rapport sur mes conclusions et formuler des recommandations, qui prenaient progressivement des proportions de plus en plus grandes à mesure que l'ampleur du travail se développait.

Pour m'assister dans ce prodigieux ouvrage, je m'engageai dans les services de M. Francis Casadesus, frère d'Henri et excellent musicien. Il a examiné les hommes quant à leurs qualifications en instrumentation et à leur connaissance générale des différents instruments, tandis que je les ai examinés dans le processus réel de direction et de formation d'un orchestre.

Je les laissais d'abord mordre les dents dans une ouverture comme «Obéron» de Weber ou un mouvement d'une symphonie classique, puis je les laisserais diriger une composition de leur choix. Je découvris très vite que, même si la plupart de ces jeunes chefs d'orchestre étaient talentueux et ambitieux musicalement, ils n'avaient eu que peu ou pas d'occasions d' acquérir ce que nous pourrions appeler la technique de la baguette. Ils n'avaient pas reçu de formation disciplinaire intensive comme celle que nos jeunes officiers issus de la vie civile avaient reçue à Plattsburg et dans des camps similaires. Beaucoup d'entre eux ne savaient pas comment battre correctement la mesure, et encore moins former un groupe au phrasé ou à la précision rythmique ; et j'ai vite compris que, à moins qu'on ne leur donne l'occasion d'apprendre au moins les rudiments de leur métier, les efforts visant à améliorer nos bandes seraient inutiles. Il me semblait donc que la création rapide d'une école de chefs de musique était la seule solution au problème, et comme notre armée avait bénéficié du concours d'officiers militaires et de l'aviation français comme instructeurs, prêtés par le *ministère de la Guerre* , je J'ai pensé qu'un arrangement similaire pourrait être pris, en vertu duquel nous pourrions également obtenir les instructeurs musicaux nécessaires de l'armée française, puisque presque tous les musiciens de France étaient à cette époque en uniforme.

J'ai également découvert que certains des instruments de musique les plus importants qui donnent de la douceur et de la noblesse au son d'un groupe faisaient presque totalement défaut. Nous n'avions pratiquement pas de hautbois, de bassons, de cors d'harmonie ou de bugles. Je savais que quelques-uns des plus grands maîtres de ces instruments, premiers prix du Conservatoire de Paris, servaient dans l'armée française, et j'obtins aussitôt, par l'intermédiaire du *ministère des Beaux Arts* , leurs noms et les régiments auxquels ils appartenaient. Lors de la visite suivante à Chaumont, je proposai au général Pershing de créer une école de musique dans laquelle cinquante chefs d'orchestre pourraient recevoir la formation et la discipline musicales les plus intensives pendant huit semaines, à laquelle succéderait une nouvelle promotion de cinquante personnes, etc., et à en même temps, quarante élèves chacun en hautbois, basson, cor d'harmonie et flügelhorn pouvaient suivre une formation similaire de douze semaines sur leurs instruments respectifs.

Le général Pershing et son état-major furent enchantés du projet et je proposai de recruter les instructeurs nécessaires auprès de l'armée française, promettant au général Pershing que l'école serait en parfait état de marche d'ici le 1er octobre, à condition qu'un bâtiment approprié puisse être obtenu. Le général m'a demandé où je souhaitais installer l'école et m'a proposé Longres, où plusieurs écoles sur la stratégie de guerre étaient déjà en cours, mais j'ai affirmé que l'environnement de mon école de musique devait être d'un environnement plus « paisible et même académique ». caractère », et a suggéré Chaumont. Le général Pershing sourit, mais insista sur le fait qu'il était déjà surpeuplé et que je ne serais pas en mesure de trouver un bâtiment assez grand pour abriter un si grand nombre d'instructeurs et d'élèves. Il me donna cependant tous pouvoirs pour voir ce qu'on pouvait faire, et je partis immédiatement avec un officier de liaison français, membre de la Commission militaire française à Chaumont et au G-5, quartier général, sous quel département la musique proposée -l'école viendrait, qui s'est avéré un assistant des plus remarquables et précieux dans mon travail. Il s'agissait du lieutenant Michel Weill, neveu du propriétaire de la célèbre Maison Blanche à San Francisco, et amateur de musique enthousiaste qui, grâce à sa longue résidence en Amérique, avait acquis une connaissance de l'anglais et une sympathie pour l'Amérique sans égal. cela pour sa propre terre natale. Il appartenait à un charmant mess d'officiers français à Chaumont, et ils me firent immédiatement une sorte de membre honoraire et m'invitèrent de la manière la plus hospitalière à leurs repas luculliens. Comme ils étaient tous de fervents amateurs de musique, je m'efforçai de les récompenser en martelant à leur guise Wagner, leur favori suprême, sur un vieux piano droit placé dans un petit salon à côté de leur *salle à manger*.

Le lieutenant Weill et moi rendîmes d'abord une *visite de cérémonie* au *maire* de Chaumont et lui exposâmes notre désir. L'idée de ce qu'il appelle « *un petit conservatoire de musique pour les Américains* » à Chaumont lui plaît énormément. Il prend immédiatement son téléphone et appelle un vieil ami, concitoyen et propriétaire d'un moulin. Il lui expliqua le grand honneur qui allait revenir à leur ville si un bâtiment convenable pouvait être trouvé, et l'exhorta à se montrer comme un citoyen vraiment patriote de la France et ami des Américains en donnant le moulin qu'il possédait juste à l'extérieur du pays. ville et à seulement quelques minutes à pied de notre siège social dans ce noble but. Nous nous sommes rendus en voiture jusqu'à cet immeuble et y avons rencontré un Français âgé, digne et courtois, qui nous a dit que tout ce qu'il possédait était à la disposition des « Américains ». Nous avons trouvé un immense moulin avec des murs de deux pieds d'épaisseur, des machines désaffectées et de grands espaces vides que nos ingénieurs militaires pourraient facilement transformer en dortoirs, salles de répétition et autres besoins d'une école de musique. Dans une grande aile, nous trouvâmes quelques femmes et de nombreux enfants qui jouaient. J'ai dit : « Bien sûr, nous aurons aussi besoin de cette aile. » "Alors je regrette," répondit le propriétaire, "mais cette aile vous ne pouvez pas l'avoir, parce que je l'ai donnée à quarante-huit réfugiés de Verdun avec la promesse qu'ils l'occuperont jusqu'à la fin de la guerre." Naturellement, le lieutenant Weill et moi avons reconsidéré notre réflexion et avons conclu qu'une grande tente pouvait être dressée dans la prairie comme lieu de restauration et que nous pouvions nous passer de l'aile supplémentaire. J'ai alors demandé au propriétaire quelle location il exigerait. « Oh », a-t-il répondu, « tout ce que l'armée américaine souhaite payer ». Mais lorsque le lieutenant Weill l'informa qu'il devait fixer un juste prix, il demanda timidement : « L'armée américaine considérerait-elle cinq cents francs par mois comme raisonnables ? Je dis cela pour contrebalancer les histoires de ceux qui ne cessent de ressasser l'avidité commerciale des Français pour tout ce qui concerne les besoins du soldat américain.

Nous rentrâmes en liesse au quartier général et, après un entretien satisfaisant avec l'officier chargé des opérations du bâtiment, il fut décidé de placer l'école à Chaumont, et je retournai à Paris pour achever mes projets.

Mon frère Frank avait reconnu le manque de bonne formation de nos fanfares et de nos chefs d'orchestre de l'armée bien des années avant la guerre et avait, avec beaucoup de patriotisme, mis l'ensemble de l'appareil de son Institut d'art musical à la disposition du secrétaire à la guerre. Un arrangement avait donc été conclu selon lequel une école de chefs d'orchestre à Governor's Island, New York, était placée sous le contrôle de mon frère, et pendant plusieurs années avant la guerre, un petit nombre de chefs d'orchestre en sortaient diplômés et se classaient bien sur un pied d'égalité avec ceux de autres pays. Mais lorsque nous sommes entrés en guerre et que notre armée s'est organisée à l'échelle de millions, ce n'était qu'une goutte d'eau dans l'océan, et des mesures héroïques étaient nécessaires pour apporter un semblant d'ordre dans ce chaos musical de centaines de chefs d'orchestre sans instruction et de milliers d'autres encore moins. musiciens instruits.

Durant ces cinq semaines à Paris et à Chaumont, j'ai travaillé très dur et, bien que ma vie ait été remplie d'affaires de toutes sortes liées à ma profession, je ne me souviens d'aucune époque où le travail était si constant jour et nuit ni où j'étais plus joyeux heureux de le faire. Pendant la matinée, Casadesus et moi examinions les chefs d'orchestre, découvrions ce qu'ils pouvaient et ne pouvaient pas faire, leur donnions, pour ainsi dire, « les premiers secours aux blessés » en leur signalant leurs pires défauts ou leurs plus grandes faiblesses. L'après-midi, le lieutenant Weill et moi courions dans les différents ministères français sur la trace de tel ou tel musicien que nous souhaitions recruter comme professeur pour notre école. Le soir, je m'asseyais dans mon lit et élaborais le plan complet des frais de scolarité de l'école, jusque dans les moindres détails.

Mes recommandations générales au quartier général, qui furent toutes exécutées par la suite, comprenaient des cours pour l'instruction des chefs d'orchestre sur la technique de direction d'orchestre, d'harmonie et d'orchestration. Ces classes furent confiées à M. Francis Casadesus et M. André Caplet. Ce dernier fut plus tard remplacé par le lieutenant Albert Stoessel, un chef d'orchestre très talentueux de notre armée, qui est revenu à la vie civile et est maintenant devenu mon successeur à la tête de la New York Oratorio Society.

Le capitaine Ellacott, de l'AEF, devint le chef militaire de l'école à laquelle il apporta son aide la plus sympathique.

Il y avait deux professeurs chacun pour le hautbois, le basson, le cor d'harmonie et le flügelhorn, tous diplômés et premiers prix du célèbre Conservatoire de Paris. J'ai également recommandé que nous adoptions les beaux clairons en si bémol de l'armée française et qu'un tambour-major français, maîtrisant cet instrument, soit nommé comme instructeur pour former des classes successives de cinquante pendant un mois chacune, les diplômés devenant premiers clairons de nos régiments, afin qu'ils puissent, à leur tour, instruire d'autres clairons de leurs corps de tambours et de clairons respectifs.

Aux examens, je posais également aux chefs d'orchestre certaines questions concernant leur position dans leurs régiments respectifs, l'attitude de leur colonel à l'égard de la musique, leur traitement général et les heures qui leur étaient accordées pour la pratique musicale, et là je tombais sur toutes sortes de conditions. Certains des commandants n'avaient aucune sympathie pour la musique ou pour les musiciens et, au lieu de les faire pratiquer leurs six heures par jour, ils étaient affectés à la police de cuisine et à d'autres tâches de corvée. J'ai donc insisté pour que les officiers commandants soient impressionnés par le fait que le but premier de la fanfare n'est pas de se battre, mais d'encourager les combattants, et que plus leur musique est bonne, plus ses effets bénéfiques sur l'esprit des soldats sont grands, et plus leur musique est bonne, plus ses effets bénéfiques sur l'esprit des soldats sont grands. que par conséquent tous les musiciens devraient être obligés de consacrer au moins cinq ou six heures chaque jour à la pratique de leurs instruments et aux répétitions, et que d'autres tâches devraient être subsidiaires à leur travail musical et ne devraient pas être de nature à les rendre impropres à leur travail. une bonne performance sur leurs instruments respectifs.

J'ai également découvert qu'il y avait un gaspillage terrible en matière d'instruments de musique et que dans plusieurs cas, avant d'entrer en action, les instruments avaient été jetés ou simplement laissés sur place, pour ne plus jamais être récupérés, et qu'il pourrait donc être judicieux de nommer un inspecteur itinérant des instruments de musique dont les fonctions devraient être de veiller au remplacement rapide des pièces manquantes, à la réparation des instruments et à la fourniture de nouvelle musique.

Une musique d'état-major vraiment excellente fut formée à Chaumont, qui devint une source de grande satisfaction pour le commandant en chef et son état-major, l'accompagnant dans nombre de ses visites et fonctions cérémonielles.

L'une de mes recommandations les plus importantes pour l'école était que chaque semaine, au moins un concert soit donné par les professeurs et les musiciens qui étaient des musiciens vraiment compétents. Les programmes devraient être composés uniquement des grands maîtres compositeurs, afin que les étudiants, dont beaucoup sont venus de communautés isolées de notre pays et n'ont eu que peu d'occasions d'entendre de la bonne musique, soient sensibles à la musique la plus fine et la plus spirituelle. qualités de la musique en tant qu'art. Cela a été réalisé de la manière la plus remarquable tout au long de l'existence de l'école, et les programmes et leur exécution étaient dignes d'une place dans toute communauté musicale hautement cultivée.

De retour à Chaumont en visite d'inspection l'année suivante, j'entendis un de ces concerts, qui comprenait un quintette de Mozart pour hautbois et cordes et une sonate pour violon et piano de César Franck. Je me suis assis avec un étonnement ravi en voyant les visages heureux de plus d'une centaine d'étudiants en kaki qui écoutaient cette musique divine dans un silence ravi. Quel dommage qu'une telle école ne puisse pas être fondée dans tous les États d'Amérique, maintenant que la guerre est terminée et que nos soldats sont rentrés chez eux ! Cela aboutirait rapidement à la création d'un excellent orchestre pour chaque ville et poserait une véritable base pour le développement musical de la population dans son ensemble.

Durant ces semaines à Paris, j'ai également vu beaucoup de mes collègues musiciens français, qui avaient tous refusé de quitter Paris malgré les Gothas et les Berthas.

Lorsque j'ai rendu visite pour la première fois à Charles Marie Widor, le célèbre ancien organiste de Saint-Sulpice, je l'ai trouvé installé, en vertu de sa charge de *Secrétaire Perpétuel* de l' *Institut de France* , dans un charmant appartement Louis XVI de cet immeuble. Il m'a montré un trou dans la fenêtre de son atelier et m'a raconté que quelques jours auparavant, il venait de se baisser pour ramasser une partition par terre lorsqu'un obus du Big Bertha a éclaté devant son appartement et qu'un morceau de il s'est précipité à travers sa fenêtre, le manquant uniquement parce qu'il était en position penchée.

Son esprit gaulois et sa polyvalence en font un charmant compagnon, et je suis reconnaissant de l'opportunité que la guerre m'a donnée de nouer une connaissance plus intime et une amitié avec lui. En effet, cela s'applique à tous les amis noués au cours de cet été mouvementé. La guerre nous a rapprochés plus rapidement et plus étroitement qu'il n'aurait été possible autrement, et comme j'étais américain, j'ai bénéficié pleinement de toute l'intense gratitude que les Français éprouvaient pour nous, dont une partie était à peine méritée, car notre gouvernement certainement Nous avions hésité et avons attendu qu'il soit presque trop tard avant de jeter notre grand poids d'hommes et de trésors dans la balance.

J'ai déjà parlé de Mlle. Nadia Boulanger, qui m'a joué de l'orgue lors de la représentation de la Troisième Symphonie de Saint-Saëns le 14 juillet. Parmi les femmes, je n'ai jamais rencontré son égale en musicalité, et en effet il y a très peu d'hommes qui puissent se comparer à elle. C'est une des meilleures organistes de France, une excellente pianiste et la meilleure lectrice de partitions d'orchestre que j'aie jamais connue. À maintes reprises, je l'ai vue prendre une partition d'orchestre manuscrite, s'asseoir avec elle au piano et la lire brillamment à vue, la transcrivant pour le piano pendant qu'elle jouait. Lorsque nous nous sommes rencontrés pour la première fois, elle et sa chère mère étaient dans le plus grand chagrin. Une sœur cadette, Lili, était décédée un mois auparavant, à l'âge de vingt-quatre ans. Belle, exquise et merveilleusement talentueuse, elle avait remporté le très convoité *Prix de Rome* trois ans auparavant, première femme à l'avoir remporté. Une maladie mortelle avait lentement sapé ses forces, et comme elle avait été l'idole de sa mère et de sa sœur, sa perte était pour elles une tragédie presque insupportable. Nadia, en plus d'exercer ses fonctions professionnelles — elle était organiste suppléante à la Madeleine pendant la guerre — se lança dans les travaux de guerre et plus particulièrement dans le soin des élèves du Conservatoire qui étaient au front. Elle connaissait tous leurs noms et les numéros de leurs organisations et fonda une sorte de gazette musicale dont des exemplaires polycopiés étaient envoyés chaque mois aux étudiants. On y publiait toutes sortes de nouvelles musicales et de questions musicales, afin que ces garçons, au milieu de leurs devoirs militaires ou en convalescence de leurs blessures dans les hôpitaux, puissent avoir quelque chose à penser plus directement lié à leur propre profession. Il est intéressant de noter qu'en réponse à la question « Faut-il jouer des compositeurs allemands comme Brahms et Wagner lors de nos concerts pendant la guerre ? » sur cinquante-huit, quarante-sept ont répondu sans équivoque « Oui » pour Wagner et Brahms, trois « Oui » pour Beethoven et les classiques, deux étaient indécis et six ont répondu « Non ». Ces réponses étaient accompagnées dans de nombreux cas d'essais très intéressants sur l'art et la nationalité de l'art et, dans l'ensemble, les jugements ainsi exprimés reflétaient le haut niveau intellectuel de ces jeunes artistes français du front.

J'ai vu de nombreux exemples de la façon dont les Français séparent leurs convictions artistiques de leurs convictions politiques. Un soir, mes amis de la Commission militaire française de Chaumont étaient venus à Paris et l'un d'eux, le capitaine Guegnier, m'invita à dîner chez lui. Son épouse et celle d'un de ses collègues étaient venues de campagne à Paris spécialement pour l'occasion. Nous nous sommes assis, un groupe très joyeux de six personnes, pour un dîner des plus délicieux, comme seuls les Français peuvent concevoir et exécuter correctement. Comme toute la fête était musicale, nous avons naturellement eu beaucoup de musique après le dîner. Les dames chantaient avec charme et je devais jouer des extraits de leur bien-aimé Wagner : « Tristan », « Meistersinger », « Parsifal » et la « Trilogie ». Mon hôtesse chantait des chansons de Fauré, Chausson et Debussy, et à ce moment-là les sirènes hurlaient leur désagréable message que les Gothas profitaient de la nuit de lune pour faire un de leurs raids sur Paris. Au même instant, le chauffeur du taxi, venu me reconduire à mon hôtel, m'annonça qu'il était arrivé. Voudrait-il monter à l'étage ? Oh, non, il s'asseyait simplement dans le taxi et attendait que je sois prêt. "Alors faisons encore un peu de musique", dit mon hôtesse, et elle tira simplement le rideau des fenêtres. Et, pendant que les Gothas dispersaient leurs coquilles sur Paris, elle se tourna vers moi et me dit : « Maintenant, laisse-moi te chanter cette belle chanson de Schubert. » Il y avait mon hôtesse française qui chantait des chansons allemandes, et ce n'est que vers une heure du matin que le lieutenant Weill et moi sommes rentrés chez nous.

La grande différence d'attitude entre les Français et certains de mes compatriotes quant à la position à adopter en temps de guerre à l'égard de l'art d'une nation ennemie était très frappante. J'avais moi-même décidé que l'Orchestre symphonique de New York ne devait pas jouer d'œuvres de compositeurs allemands vivants et que la langue allemande ne devait pas être chantée lors de nos concerts pendant la guerre. Il me semblait que de bonnes et valables raisons justifiaient une telle démarche. Mais Beethoven, Mozart et Wagner me paraissaient des classiques, appartenant autant à nous qu'à l'Allemagne, et leur message divin n'avait rien à voir avec les dirigeants politiques et militaires allemands qui avaient plongé le monde dans cet horrible bain de sang. Il y avait cependant à New York un petit groupe bruyant dirigé par quelques femmes qui cherchaient à démontrer leur « patriotisme » par des crises hystériques et des protestations dans les journaux contre l' exécution de toute musique composée par des Allemands, même s'il y a des années. Certaines de ces femmes, par la curieuse psychose de la guerre, pensaient réellement qu'elles servaient leur pays par leurs protestations. À l'hiver 1918, l'orchestre du Conservatoire de Paris effectue une tournée à travers l'Amérique sous la direction d'André Messager. Lorsque je lui rendis visite le lendemain de son arrivée, il me montra une lettre qu'il venait de recevoir d'une de ces femmes protestant contre le fait qu'il ait interprété une Symphonie de Beethoven pendant son séjour en Amérique. Il était blanc de colère, et quand je lui ai demandé comment il allait répondre, il a répondu : « Je vais y répondre comme doit le faire un artiste français. » J'ai répondu : "La meilleure façon de répondre serait de mettre la Symphonie "Héroïque" de Beethoven à votre premier programme." «Je le ferai», dit-il; Et il l'a fait.

L'opposition à Wagner reposait sur des prémisses très amusantes. Parce que certains de ses héros avaient l'habitude d'apparaître sur scène avec des perruques et des barbes très blondes, ces détectives semblaient percevoir un lien maléfique et subtil entre *Siegfried* dans la « Trilogie des Nibelungen » et la « bête blonde » de Nietzsche, qui, selon selon sa prophétie, devait finalement contrôler la terre. Leurs études sur Wagner étaient trop superficielles pour leur permettre de réaliser que toute la philosophie de la vie telle qu'exprimée par Wagner dans la « Trilogie des Nibelungen » contrastait directement avec le désir de l'Allemand militariste moderne de gouverner et de contrôler le monde par la force. Wagner dépeint un monde préhistorique dans lequel règnent les dieux de l'avidité, de la luxure et du pouvoir, mais portant en eux le germe de leur propre destruction en raison de la qualité matérialiste de leurs désirs. Alors que leur pouvoir diminue et que les anciens dieux périssent, une nouvelle religion naît, la religion du sacrifice de soi par l'amour, symbolisée par *Brunhilde* dans son auto-immolation sur le bûcher funéraire de *Siegfried*.

Mais tout cela appartient déjà à l'histoire ancienne et, pour ma part, je crois avec confiance que l'esprit racial qui a créé l'Allemagne de Bach, Beethoven, Goethe, Kant et Wagner reviendra bientôt pour égayer et ennoblir le monde.

En cinq semaines, toutes les dispositions nécessaires pour l'école furent prises et des convocations furent adressées par l'État-Major aux chefs de musique de toute l'AEF qui n'avaient pas atteint les qualifications requises lors de l'examen que je leur avais fait passer, de se présenter à l'école de Chaumont. par tranches de cinquante toutes les huit semaines, à compter du 1er octobre, et de commencer leurs études. Des étudiants en hautbois, basson, cor d'harmonie et flügelhorn ont également été sélectionnés parmi des centaines de candidats. Au début, nous avons eu beaucoup de difficulté à trouver les instruments nécessaires pour eux. La France est célèbre pour ses instruments à vent en bois, mais les différentes usines avaient depuis longtemps cessé leur activité, car tous les ouvriers étaient dans l'armée. Le lieutenant Weill, toujours prêt et ingénieux, réussit cependant à rassembler suffisamment de hautbois et de bassons pour commencer les cours, et je ne saurais en dire assez sur l'aide volontaire qui m'a été accordée par chaque officier de l'armée américaine avec lequel j'ai été en contact. Depuis le commandant en chef jusqu'au lieutenant Kelley, qui était assis dans l'antichambre du bureau du général Dawes sur les Champs-Élysées, et dont la tâche principale semblait être de conjurer les visiteurs désagréables ou ennuyeux qui voulaient voler au général Dawes ses précieux À cette époque, tout cela m'a donné l'impression que l'amélioration des musiques militaires était la seule chose nécessaire pour gagner la guerre. Il était grand temps pour moi de quitter la France et de « revenir sur terre », car je ne marchais plus que sur l'air et la tête bien au-dessus des nuages.

Lors de ma dernière visite à Chaumont, je me suis rendu en voiture à Domrémy, la ville natale de Jeanne d'Arc, et j'ai trouvé le petit village à peu près dans le même état qu'il devait être lorsqu'elle est née dans la petite maison à côté de l'église, tous deux de qui ont été soigneusement préservés pour les fidèles d'aujourd'hui. L'espace ouvert devant sa maison, les arbres qui l'entouraient et le monument au centre me semblaient former une scène naturelle sur laquelle un spectacle de paix pourrait très bien se dérouler, et tandis que j'étais assis là et que la cloche commençait à sonner de Dans la petite église dans laquelle Jeanne avait murmuré ses prières, je me suis mis à rêver d'une éventuelle célébration de la paix où une compagnie de soldats américains, une compagnie de soldats français, une fanfare militaire américaine et française, des chanteurs de l'Opéra Comique et un le chœur d'enfants devrait y participer ; le point culminant sera le joyeux rassemblement des forces militaires autour du monument et le réveil de Jeanne de son sommeil des siècles, ouvrant la porte de sa petite maison et restant là regardant avec étonnement le spectacle insolite de soldats américains en kaki comme frères de ses compatriotes bien-aimés.

A mon retour à Chaumont, j'exposai cette idée à plusieurs officiers de l'état-major et de la commission française, qui l'accueillirent avec enthousiasme et promirent toute leur aide, mais, hélas, elle n'aboutit jamais. Lorsque je revins en France au printemps suivant, l'armistice était conclu et la Conférence de Versailles traînait ses délibérations lasses et mornes vers une conclusion insatisfaisante. Il ne semblait pas y avoir assez d'illusion ni d'enthousiasme pour célébrer quoi que ce soit d'international lié à la guerre.

Lors de ma dernière visite à Chaumont, j'ai donné un petit dîner au colonel Collins, secrétaire d'état-major, dont l'intérêt constant avait été inestimable et dont l'esprit semblait capable, à tout moment, de passer de l'examen de quelque problème militaire complexe au grand problème militaire. avantages à tirer de l'introduction du clairon si bémol français dans notre armée. Autour d'un très bon magnum de champagne, je me levai et lui fis jurer solennellement, ainsi qu'au colonel Boyd et au lieutenant Weill, que pour le reste de la guerre et aussi longtemps que nécessaire, l'école de chef d'orchestre de Chaumont serait pour eux comme la prunelle de leurs yeux. et ce serment, ils le tinrent fidèlement. L'école a prospéré d'octobre 1918 à juin 1919, date à laquelle elle a été fermée en raison du retour de notre armée en Amérique. Les relations entre les professeurs de français et nos garçons, vivant tous ensemble comme une famille heureuse, devinrent si sympathiques et si intimes que les résultats peuvent vraiment être considérés comme remarquables. Les soldats comprirent qu'ils recevaient une éducation musicale égale à celle des plus grandes écoles de France ou d'Amérique, et les professeurs français entrèrent dans leurs fonctions avec un enthousiasme touchant. Casadesus m'a dit que beaucoup de ses élèves travaillaient douze heures par jour sur leurs problèmes musicaux et je l'ai exhorté, d'une manière ou d'une autre, à poursuivre ces agréables et importantes relations musicales internationales en fondant une école d'été quelque part en France, de préférence près de Paris, où des Américains et des Américains, déjà suffisamment avancés dans leur étude de la musique, pouvaient se rendre chaque été pendant trois mois pour se familiariser avec l'art français et les méthodes d'enseignement françaises. Jusqu'au début de la guerre, des centaines d'étudiants américains partaient chaque année en Allemagne et il semblait dommage qu'en raison du manque de propagande des Français sur ce que leur pays pouvait offrir à nos étudiants, une partie de ce flux ne puisse pas être détournée vers la France. . Nos entretiens aboutirent finalement à la création du *Conservatoire Américain* de Fontainebleau, dont les détails sont racontés dans un autre chapitre.

Grâce à la courtoisie du général Pershing, j'ai reçu la permission de rentrer chez moi à bord du transport militaire *America* . Ce navire partait de Brest, et j'avais hâte de m'y rendre pour revoir ma fille, Alice Pennington. Elle et son amie, Miss Letty McKim, étaient là depuis un an et avaient fondé le YMCA naval, à la grande satisfaction de l'amiral Wilson et de notre marine stationnée là-bas. L'enthousiasme et la vitalité de ma fille, ainsi que ceux de son amie tout aussi compétente, avaient créé une atmosphère que nos marins appréciaient beaucoup et j'avais hâte de voir certaines de ses œuvres.

Mon train devait quitter Paris dans la soirée, et mon fidèle ami et compagnon des cinq dernières semaines, le lieutenant Weill, vint à la gare me dire au revoir. Il n'y avait pas de wagons-lits réguliers dans ce train, mais seulement ce que les Français appellent des « couchettes » : quatre couchettes dans chaque compartiment, deux de chaque côté. Les noms des occupants étaient soigneusement écrits sur un bout de papier et collés à l'extérieur de chaque porte, et le lieutenant Weill m'informa qu'un général français occupait la couchette inférieure en face de la mienne. Effectivement, un beau général d'apparence jeune apparut bientôt et, touchant poliment sa casquette, entra dans notre compartiment et s'assit sur sa couchette. Weill, à la française, m'a embrassé sur les deux joues, et comme j'avais encore dix minutes à perdre, je me suis tenu dehors et j'ai vu un commandant naval américain venir vers moi d'un pas plutôt instable. Il me dit qu'il avait eu trente-six heures de congé et que lui et ses deux collaborateurs avaient décidé de les utiliser pour se rendre à Paris. Comme le train mettait douze heures dans chaque sens, cela ne leur donnait que douze heures dans la ville des délices et il avait visiblement profité pleinement de chaque minute. Il m'a dit que ses deux aides n'étaient pas encore arrivés, qu'ils avaient tous les billets et tout son argent ; il m'a aussi confié que l'un d'eux était si riche qu'il aurait pu acheter tout le train. J'ai finalement trouvé son nom sur la liste de notre coupé, sa couchette étant directement au-dessus de celle du général français, et comme il se faisait tard, je lui ai conseillé d'entrer. A ce moment précis, deux beaux jeunes lieutenants de marine accoururent, et il les reçut avec enthousiasme, car ils avaient ses billets de chemin de fer. Je l'ai aidé à entrer dans notre compartiment, où il s'est assis juste à côté du général, qui l'a enveloppé dans son manteau et s'est blotti dans son propre coin. J'ai dit à mon compatriote : « Je crois que tu es dans la couchette du général français. Le vôtre est celui ci-dessus. Sur quoi il dit : « Le général français peut aller au diable ! » J'étais effrayé, car je m'attendais à une rencontre internationale immédiate qui pourrait avoir les conséquences les plus graves. Heureusement, le général ne comprenait pas l'anglais et j'ai finalement convaincu mon nouvel ami naval de monter dans sa propre couchette, mais j'ai fait le vœu solennel de ne plus jamais essayer d'intervenir dans les affaires de l'armée et de la marine de deux pays différents.

Je me suis installé dans ma propre couchette et j'ai bien dormi jusqu'au lendemain matin, lorsque j'ai trouvé le commandant également éveillé et souffrant d'une soif sans limites. Il n'y avait bien sûr pas d'eau potable dans le train, mais je l'ai précipité au restaurant de la gare suivante où nous nous sommes arrêtés, et il s'est emparé d'une carafe d'eau et l'a portée à ses lèvres avec une telle avidité qu'on entendait presque l'eau grésilla en passant dans sa gorge. Il s'est avéré être un homme charmant. Il commandait un destroyer et avait passé des semaines mornes et terribles dans son petit vaisseau à surveiller les sous-marins. On ne peut imaginer la monotonie et l'inconfort d'une telle vie, car ces navires sont si petits que leur mouvement est incessant et qu'ils doivent sortir par le temps le plus sale. Il n'y a pratiquement jamais de possibilité de préparer des repas, et les personnes à bord doivent manger ce qu'elles peuvent et comment elles le peuvent. Pendant des semaines et des semaines, rien ne se passe, mais mon commandant avait eu la chance lors de son dernier voyage de se procurer un sous-marin et avait en conséquence obtenu ses trente-six heures de congé. Il n'est pas étonnant que lui et ses collègues aient cherché un peu de soulagement en l'honneur de ce grand événement !

A la gare suivante, mon général français et moi avons pris une tasse de café. Le sucre était à cette époque tabou, et comme, grâce à mes amis militaires, j'avais les poches pleines de cette précieuse substance, je lui en proposai à la place de l'affreuse saccharine, ce qu'il accepta avec reconnaissance et me dit alors qu'il continuait. ses premières vacances depuis deux ans à passer en famille dans une petite station balnéaire de ce côté de Brest. Effectivement, à la gare suivante, alors qu'il descendait, un charmant garçon et une charmante fille, brunis par le soleil, se précipitèrent vers lui et l'étouffèrent de baisers. Cela ressemblait aux yeux du monde entier à une scène dans une gare de Long Island en août, lorsque les différents pères new-yorkais font la navette un vendredi après-midi pour passer le samedi et le dimanche avec leurs familles au bord de la mer.

J'ai trouvé ma fille Alice qui m'attendait à la gare de Brest, et en route vers le petit appartement qu'elle et Miss McKim occupaient ensemble, elle m'a dit que l'amiral Wilson voulait me rencontrer avant mon départ en transport le soir même. Elle m'a supplié de la soutenir s'il dénonçait la musique jazz, contre laquelle il avait une haine particulière, car elle lui avait toujours insisté sur le fait que les marins l'adoraient et qu'en temps de guerre, ils devaient certainement avoir tout ce qu'ils voulaient.

Dans l'après-midi, la fanfare de l'amiral a donné un concert sur la place publique et, bien sûr, j'y ai assisté et j'ai rencontré le chef d'orchestre et ses musiciens, qui ont fait un très bon travail, plusieurs d'entre eux ayant été membres de l'Orchestre Symphonique de Boston. Ils m'ont supplié de les diriger dans l'un des numéros, j'ai pris le bâton et j'ai solennellement joué l'Ouverture de Guillaume Tell avec eux. À la fin, j'ai vu l'amiral Wilson sur le balcon de son appartement applaudir bruyamment, et il a rapidement traversé la place en courant, tête nue, pour me saluer. Presque la première chose qu'il a dite a été : « Docteur, ne trouvez-vous pas que la musique jazz est horrible ? Cela détruit tout goût pour la vraie musique. "En effet, je suis tout à fait d'accord avec vous," répondis-je. Sur quoi ma fille Alice s'est retournée contre moi et m'a dit : « Lâche ! sous-entendant que l'amiral étant l'autocrate de Brest, je ne voulais pas braver sa colère, même pour plaire à ma fille. Mais en effet, j'étais tout à fait d'accord avec lui ; et je souhaiterais soit qu'un substitut populaire puisse être trouvé à l'interminable jazz qui ravage non seulement notre pays mais toute l'Europe, soit qu'un génie vienne qui verserait dans cette forme d'art très basse une émotion réelle qui, venant de le cœur même de l'homme, pourrait donner vie à ce qui n'est actuellement qu'une excitation nerveuse.

Ce soir-là, je suis monté à bord du transport *America* et je suis rentré chez moi. J'ai trouvé le voyage extrêmement intéressant. Le navire était un paquebot hambourgeois, l'*Amerika*, repris après son internement par notre marine ; le « k » ayant été soigneusement supprimé et remplacé par un « c » américain. Diverses inscriptions allemandes avaient été rayées, mais le linge de table et de lit, ainsi que les couteaux et les fourchettes, portaient toujours les initiales mystiques *HAPAG – Hamburg Amerika Paketfahrt Actien Gesellschaft*.

J'étais le fier occupant d'une cabine et d'une salle de bain de la suite dite « Roosevelt », que l'ex-président avait occupée lors de son voyage autour du monde, et les robinets au-dessus de la baignoire portaient encore les inscriptions « Kalt », « Warm ». » et « Gemischt ». Les divers meubles luxueux du navire montraient l'usure liée à l'utilisation des transports militaires. Le marbre était fissuré et les cloches électriques ne sonnaient pas.

Les cabines de première classe étaient occupées par plusieurs centaines d'officiers, un curieux mélange d'hommes, certains revenant en permission ou pour devenir instructeurs dans les camps d'officiers, ou étant mis hors service, soit pour cause de mauvaise santé, d'ivresse ou d'incompétence. Pendant des jours, j'ai été poursuivi, jusque dans ma cabane, par un homme d'une ville occidentale qui s'était engagé comme dentiste. Il était manifestement fou et devait être retiré du service à son retour chez lui. Il avait conçu l'idée mystérieuse que je pouvais influencer les pouvoirs en place pour le faire réintégrer, et j'ai finalement trouvé l'éclat dans ses yeux si inquiétant que je l'ai signalé au colonel commandant et il l'a rapidement mis sous observation médicale. Deux jours plus tard, ses compagnons d'hôpital, qu'il avait déjà agacés et effrayés en leur saisissant brusquement les jambes la nuit, l'ont trouvé dans la salle de bain, la gorge en partie tranchée par son rasoir ; et j'avoue que j'ai été heureux quand j'ai appris qu'il avait été mis seul dans une cabane, avec un soldat qui gardait la porte.

Nous étions bien sûr soumis aux règlements de l'armée et, à bien des égards, la vie était beaucoup plus stricte que sur les paquebots. Nous avons été obligés de porter des gilets de sauvetage pendant presque tout le voyage et aucune lumière n'était autorisée après le coucher du soleil. On ne nous dit pas dans quel port américain nous allions débarquer, et je fus bien étonné de trouver un matin notre navire ancré dans le port de Boston aux côtés de la vieille frégate *Constitution de 1812*, dont les canons à flancs semblaient délicieusement pittoresques et inefficaces comparés aux monstres modernes que je connaissais. avait vu en France.

Au cours de l'hiver suivant, ma femme et moi recevions souvent la visite d'officiers de marine et de matelots porteurs des salutations de notre fille Alice à Brest, et je me souviens d'un jeune aux joues rouges qui fit une si agréable impression sur ma femme qu'elle l'invita à revenir le suivant. jour, qui était dimanche, pour le déjeuner. Ce matin-là, le téléphone sonna. C'est notre vieil ami, l'amiral William Rodgers, qui a demandé s'il pouvait venir déjeuner. Ma femme a dit que nous serions ravis, mais ma plus jeune fille Anita, qui connaissait bien l'étiquette de la marine, a crié : « Oh, nous ne pouvons pas inviter l'amiral à déjeuner avec nous aujourd'hui. Un amiral ne peut pas s'asseoir à la même table avec un gob ! Ma femme l'a répété à l'amiral, qui a insisté sur le fait que cela ne faisait aucune différence et qu'en temps de guerre, tout était possible ; qu'il voulait certainement venir et qu'il serait très heureux de rencontrer le « gob » qui lui avait apporté les salutations d'Alice, qu'il aimait beaucoup. Le garçon marin est arrivé le premier, et quand nous lui avons dit que notre autre invité devait être un amiral, il est devenu pâle comme un mort, mais quand Rodgers est arrivé, il a été si gentil avec le garçon que le déjeuner s'est plutôt bien passé, sauf que le garçon est devenu rigide. au garde-à-vous chaque fois que l'amiral lui parlait. Pendant le déjeuner, l'amiral Rodgers lui dit : « Vous venez de voir Mme Pennington à Brest ? "Oui Monsieur." "Et que faisait-elle quand tu l'as vue?" « Elle vendait des timbres-poste, monsieur », fut la réponse. Et je n'ai aucun doute que cela était vrai, car Alice, en sa qualité d'employée de la marine "Y", non seulement emmenait les marins à des pique-niques avec des concours de natation, organisait des spectacles de vaudeville et des concerts, mais leur vendait entre-temps du chocolat, des cigarettes, des frais de port. des timbres, des cartes postales illustrées, des pastilles de citron et du soda au gingembre.

Après le déjeuner, mes filles emmenèrent discrètement le jeune marin dans le salon de devant afin d'apaiser un peu la tension, et Rodgers m'interrogea sur une orchestration de la « Bannière étoilée » que j'avais réalisée au début de la guerre et qui avait suscité une certaine attention. J'avais toujours pensé que ce bon vieux air anglais sonnait bien, à condition qu'il soit joué dans le bon tempo, et je lui avais donné une orchestration qui se développait jusqu'à un point culminant sur les deux derniers vers de chaque couplet. Je me suis assis au piano et je lui ai joué, lui expliquant la différence entre cette version et l'ancienne qui était généralement utilisée avant la guerre. Il était très intéressé et souhaitait l'introduire dans la marine.

Le matelot a finalement pris son départ, et mes filles sont entrées en souriant dans la salle de musique et nous ont raconté que pendant qu'elles discutaient avec le matelot, il a soudainement bondi de sa chaise et s'est tenu au garde-à-vous. Il avait entendu les sons de l'hymne national venant de notre chambre et, se souvenant de l'amiral, connaissait son devoir ! Qui pourra, après cela, nier le pouvoir de la musique en paix ou en guerre ?

LIEUTENANT WALKER BLAINE BEALE
Tué dans l'allée de Saint-Mihiel, le 18 septembre 1918

XVI

LA TOURNÉE EUROPÉENNE

Au printemps 1919, je reçus une lettre de M. Lafere, alors *Ministre des Beaux Arts* en France, qui intéressa extrêmement les directeurs de la New York Symphony Society et moi-même. Dans cette lettre, il évoquait les services de l'Orchestre Symphonique de New York et de moi-même à l'art français en Amérique et nous invitait à effectuer une visite professionnelle en France l'année suivante. Il a promis toute l'aide du gouvernement français et nous a assuré d'un accueil chaleureux.

M. Flagler a immédiatement décidé que cette invitation devait être acceptée dans la mesure où c'était la première fois qu'un gouvernement étranger faisait preuve d'une telle courtoisie envers une organisation musicale américaine. Il pensait également que notre visite, venant si peu de temps après la guerre et incluant éventuellement les pays des autres alliés de la guerre, comme la Belgique, l'Italie et l'Angleterre, non seulement ferait bonne impression mais contribuerait à établir des relations musicales avec l'Europe. sur une base plus égalitaire. Jusque-là, le courant était inverse. Les chanteurs et instrumentistes européens arrivaient régulièrement en Amérique depuis de nombreuses années, mais entre-temps, l'Amérique avait développé plusieurs orchestres qui pouvaient se comparer favorablement à ceux de l'Europe ; et il était très fier que l'organisation dont il était président et partisan ait été distinguée pour un si grand honneur et une si grande opportunité.

Je m'embarquai pour l'Europe au printemps 1919 pour conférer avec les Beaux-Arts sur les modalités de notre visite à Paris et dans d'autres villes de France, et en même temps je reçus également des invitations des gouvernements de Belgique et d'Italie à visiter leurs pays avec le orchestre. A Londres, Augustus Littleton, l'éditeur, directeur de l'ancienne maison Novello & Co., me reçut également très cordialement et insista sur le fait que notre visite en Europe ne serait pas complète si nous n'incluions pas Londres. Comme l'Angleterre, comme notre pays, n'a pas de ministère des Beaux-Arts et ne peut donc pas s'occuper officiellement des affaires musicales, il se mit immédiatement et énergiquement au travail pour former un comité d'invitation, dirigé par le roi George et composé de tous les plus grands compositeurs et compositeurs. chefs d'orchestre de Grande-Bretagne.

Les affaires commencèrent à prendre une tournure très favorable et notre directeur, M. George Engles, commença à planifier une tournée de sept semaines, au cours de laquelle nous devions visiter cinq pays et donner en tout vingt-sept concerts. Mais entre-temps, les devises baissaient de plus en plus et les informations sur les conditions de transport en Europe étaient si sombres que je commençai à douter sérieusement de la possibilité de la tournée proposée au printemps 1920. Je décidai finalement en janvier d'envoyer notre directeur à l'Europe personnellement pour examiner le terrain, et en même temps j'ai exprimé mes craintes à M. Flagler.

Je lui ai dit que nous devions payer des sommes énormes pour les frais de voyage, le seul poste de passage en bateau à vapeur s'élevant à cinquante mille dollars, et que tandis que nous devions payer les salaires de notre orchestre en dollars américains, nos recettes en Europe seraient en francs. , lires, etc. Le dollar se vendait alors dix-sept francs en France et vingt-trois lires en Italie. Je lui ai suggéré de reporter la tournée jusqu'à un moment où l'Europe déchirée par la guerre serait dans une meilleure situation économique et où son système de transport serait à nouveau plus proche de celui d'avant-guerre.

M. Flagler m'a écouté et a déclaré : « Je ne vois pas comment nous pourrions reporter à une période ultérieure l'acceptation de ces invitations officielles de quatre pays. C'est maintenant le moment psychologique de le faire. À votre avis, combien coûtera la tournée ? »

J'avais fait une sorte de calcul général et mentionné le montant, qui me paraissait important.

"N'est-ce pas curieux?" il a répondu. « C'est exactement ce que je pensais que cela coûterait. Continuez vos préparatifs.

J'étais naturellement ravi de sa décision. Je savais que les orchestres américains avaient atteint une perfection d'ensemble que peu d'orchestres européens, voire aucun, pouvaient égaler. J'étais fier de notre organisation et désireux de la démontrer comme un standard de la culture musicale américaine.

Les membres de l'orchestre étaient fous d'enthousiasme à la merveilleuse nouvelle. Beaucoup d'entre eux étaient nés en Amérique et n'avaient jamais vu l'Europe. C'était le pays des merveilles de leur imagination. D'autres avaient été là-bas comme soldats pendant la guerre, et d'autres encore avaient quitté l'Europe des années auparavant pour fonder fortune et famille dans le Nouveau Monde et n'y étaient pas revenus depuis. Ils ont immédiatement nommé un comité pour convenir d'un barème de salaire minimum qui, tout en leur donnant une juste récompense pour leur temps, ferait en sorte que cette partie du travail ne soit pas trop difficile pour nous. Cependant, à cette somme, M. Flagler a ajouté plus tard dix dollars de plus par semaine pour chaque joueur, car il pensait que leurs frais d'hôtel pourraient être plus élevés que ce que nous avions calculé.

Le travail de gestion pour la construction de la tournée a été semé d'embûches, car la guerre avait désorganisé de nombreuses organisations de concerts régulières en Europe sous les auspices desquelles nous aurions joué dans des conditions normales. Les chemins de fer, eux aussi, avançaient beaucoup plus lentement qu'autrefois. Mais peu à peu la tournée prend forme et le premier concert est prévu le 6 mai au Grand Opéra de Paris, que nous avait offert le *Ministère des Beaux Arts* , et le dernier concert au Royal Albert Hall de Londres le 20 juin. Afin que cette tournée soit représentative en tous points du meilleur de la musique américaine, M. Flagler a suggéré que nous emmenions deux jeunes solistes de distinction d'origine américaine : Albert Spalding, violoniste, et John Powell, compositeur-pianiste. . Je me suis immédiatement mis au travail pour préparer une série de programmes appropriés qui devraient avoir le double objectif de démontrer les belles qualités de notre orchestre et de nos solistes, et aussi de rendre un juste hommage aux grands compositeurs des pays que nous nous proposions de visiter.

Nous devions commencer par trois concerts à Paris, et comme je connaissais tous les détails concernant Paris notamment, j'ai précédé l'orchestre et j'y suis arrivé le 22 avril. A mon hôtel, le « France et Choiseul », j'ai trouvé une lettre de mon vieil ami Robert Underwood Johnson, qui venait de quitter Paris pour se rendre à Rome comme ambassadeur américain en Italie. Il a dit:

CHER WALTER :

Il est agréable de penser que d'ici quelques jours vous occuperez la « suite d'ambassadeur » dans laquelle j'écris ces lignes (Davis de Londres l'avait aussi). Nous partons après-demain et serons très heureux de vous voir tous lorsque vous viendrez à Rome. Nous attendons avec fierté et agréable anticipation l'invasion de l'Italie par la Symphonie, son directeur et les artistes assistants. Nous n'avons pas d'ambassade, hélas ! étant « tout habillé (ou presque) sans nulle part où aller » et nous allons donc l'enfermer au Grand Hôtel jusqu'à ce que l'argent semble s'épuiser.

Ne laissez aucun membre de votre groupe périr en trébuchant sur la moquette déchirée à l'entrée de cet appartement. J'ai essayé de le réparer, mais mon échec montre que je ne suis pas encore un diplomate.

Au revoir. Bientôt à Rome.

Mon premier acte fut de faire réparer ce tapis et j'envoyai immédiatement un télégramme à l'ambassade américaine à Rome pour annoncer cette importante nouvelle. Et puis les affaires de la tournée ont commencé à m'engloutir à tel point que jusqu'à ce que M. Engles arrive et me soulage avec ses mains compétentes d'une grande partie de ce fardeau, je pensais que j'étais de retour au bon vieux temps de l'Opéra de Damrosch. Company, lorsque j'étais à la fois propriétaire, metteur en scène, chef d'orchestre, régisseur et pacificatrice prima donna.

Pour ajouter à mes inquiétudes, une grève des cheminots était annoncée pour le 1er mai, jour où l'orchestre devait arriver au Havre, et non contents de cela, les dockers du Havre entendaient aussi déposer leurs « outils », quels qu'ils soient, et cesser de travailler à cette date. Quand je pensais aux instruments de musique et aux malles de mon orchestre dans la cale du paquebot *Rochambeau* , qui devait arriver vers le 1er mai, mon cœur s'arrêtait de battre. Cependant, j'avais été trop souvent effondré lors de mes grandes tournées orchestrales occidentales pour être complètement consterné, car même si le chemin de fer arrêtait de fonctionner, il y aurait toujours des camions et des avions. Nous avions pris des dispositions avec Thomas Cook and Sons pour nous occuper de toutes les questions de transport depuis le jour de l'arrivée de l'orchestre en France jusqu'à son retour d'Angleterre, et ils m'ont assuré que, si nécessaire, ils disposeraient de camions, tels que utilisé pendant la guerre pour transporter tout mon orchestre, avec ses bagages et ses instruments de musique, du Havre à Paris.

Heureusement, le navire a accosté plusieurs heures avant le début de la grève des dockers, et des contrebasses, des timbales et d'innombrables boîtes à musique ont été débarquées en toute sécurité de la cale du navire. J'avais prévu d'aller au Havre rencontrer l'orchestre, mais les conditions de grève étaient trop incertaines et j'ai jugé préférable de rester à Paris et de diriger les opérations de là.

Le gouvernement faisait circuler plusieurs trains, et le télégramme que l'orchestre avait lancé pour Paris me réconforta considérablement. J'étais à la gare à 15h30 cet après-midi-là, pour apprendre que le train était en retard et qu'il arriverait à six heures. A six heures, il n'y en avait aucun signe et, comme c'est l'usage dans les gares françaises, absolument personne ne savait quand il arriverait. Je suis resté là jusqu'à huit heures, pas de train. Finalement, il y eut un coup de sifflet. Tout le monde s'est précipité. C'était un train de marchandises, mais, comme la colombe de l'arche de Noé, j'ai vu « l'homme de Cook », un petit homme, vêtu alors et pendant tout le voyage d'un très petit chapeau derby et d'une extrêmement longue robe à double boutonnage. manteau, assis sur l'une des voitures. Il était fatigué, sale, mais triomphant, car tous nos instruments de musique et nos boîtes à musique étaient dans ces voitures. Il avait croisé l'orchestre à mi-chemin à Rouen, où ils étaient retenus par une boîte chaude. Cela me semblait être chez moi, car j'avais trop souvent entendu ces mots magiques lorsque notre train, passant par l'Idaho ou l'Arizona en route vers ou depuis la Californie, était retenu pendant des heures et que nous nous demandions si nous pourrions « réussir » le concert ce soir-là.

L'orchestre avait tellement répété notre répertoire avec moi avant notre départ qu'il n'en fallait pas plus. Je leur ai pourtant donné trois répétitions avant notre premier concert, les deux premières à la *Salle du Conservatoire* , pour les secouer à nouveau après leur long voyage, et la dernière l'après-midi du concert, le 6 mai, à l'Opéra de Paris. afin de les habituer à son acoustique. L'orchestre a si bien joué lors des deux premières répétitions que j'en étais jubilatoire et fier. L'ensemble était parfait et chacun jouait comme si le succès du concert dépendait de lui – ce qui fut certainement le cas. Mais lorsque nous avons commencé à répéter à l'Opéra, le ton de l'orchestre m'a soudainement paru si faible et sans vie que j'étais presque hors de moi d'anxiété. L'orchestre a été placé sur la scène, mais la direction locale n'a pas jugé bon de nous fournir un cadre scénique ou un toit approprié, de sorte que le son de notre grand et noble orchestre se soit complètement dissipé dans les mouches. Lors de mes remontrances, on me répondit qu'ils avaient un toit pour la scène mais que celui-ci se trouvait dans le magasin, situé au-delà des fortifications de Paris, et que c'était la première fois depuis de nombreuses années que l'Opéra était utilisé pour un concert. Ils ont finalement accepté de disposer d'au moins la moitié d'un toit pour notre concert et de créer une scène plus petite, qui contiendrait le son et le projetterait dans la salle d'audience de manière plus compacte. Après une vingtaine de minutes de répétition, j'ai jeté mon bâton et j'ai dit aux hommes de mettre fin à la journée. Je rentrai à mon hôtel très déprimé, car tout dépendait de la première impression que notre orchestre ferait ce soir-là.

Le programme était le suivant :

1. Ouverture, « Benvenuto Cellini »   Berlioz

2. Symphonie n°3, « Héroïque »   Beethoven

3. « Istar », Variations symphoniques   d'Indy

4. « Daphnis et Chloé » (Fragments symphoniques) Effilochage

Le lecteur remarquera que nous y avons placé deux œuvres de compositeurs français vivants, qui devaient tous deux être présents au concert. La maison était complètement remplie et m'a accueilli de manière très amicale lorsque je suis monté sur scène.

Dès les premiers accords de la Symphonie « Eroica », j'ai remarqué que les légères améliorations de notre environnement scénique, et surtout le fait que la maison était remplie de monde, avaient agi comme par magie sur l'acoustique. Le ton de l'orchestre était devenu plein, clair et incisif. Mon moral s'est élevé et j'ai tout oublié sauf l'orchestre devant moi et la partition de Beethoven. Après chaque mouvement, les applaudissements étaient assourdissants et, à la fin de la symphonie, des cris joyeux montaient des tribunes. Nous semblions avoir touché leur cœur, et après la première partie, un flot constant de musiciens français est venu dans ma loge pour me féliciter pour notre merveilleux orchestre et son ensemble, et pour exprimer leur joie que nous soyons venus. dans une mission si amicale. Parmi eux : Vincent d'Indy, Gabriel Fauré, André Messager, Gabriel Pierné, Théodore Dubois, Paul Vidal, Nadia Boulanger et bien d'autres.

Au fur et à mesure que nous abordions la partie française de notre programme, l'enthousiasme est devenu encore plus grand et, à la fin de « Istar », certains de mes premiers violons ont découvert le compositeur d'Indy dans le public et, le montrant du doigt, se sont levés pour applaudir. . En une minute, non seulement tout l'orchestre mais aussi le public étaient debout et aux grands cris de « Auteur ! » « d'Indy ! » la maison était en émoi jusqu'à ce que d'Indy, le visage rouge comme une betterave, soit obligé de se lever et de reconnaître cet hommage.

Le programme s'est terminé par le merveilleux « Daphnis et Chloé » de Ravel, dans lequel le ton succulent de l'orchestre et sa virtuosité se sont démontrés avec tant de succès que non seulement le concert a atteint un point culminant tumultueux, mais plusieurs journaux français ont annoncé ensuite que cette œuvre n'avait jamais eu auparavant un rendu aussi vif et aussi parfait.

Mon interprétation de la Symphonie « Eroica » de Beethoven a intrigué certains critiques de journaux, car elle n'était pas conforme à leurs traditions françaises. Celles-ci ne permettent pas de légères modifications occasionnelles du tempo que les chefs d'orchestre modernes, élevés dans la tradition allemande de Beethoven, croient essentielles à une bonne interprétation de ce maître. Mais j'ai été très heureux et honoré de recevoir une approbation complète de mon interprétation, non seulement verbalement de plusieurs de mes collègues français, mais aussi de M. d'Indy dans un article qu'il a écrit sur notre concert et dans lequel il a dit :

Laissant de côté tout ce que Walter Damrosch a fait pour notre pays et les musiciens français, actes généreux pour lesquels notre gratitude a souvent été exprimée, je veux surtout rendre hommage à l'interprétation extrêmement expressive des concerts qu'il a donnés dernièrement à l'Opéra. Qu'il s'agisse de musique classique, romantique ou moderne, Damrosch s'attache avant tout à mettre en valeur et à illustrer ce que l'on appelle le « melos », l'élément d'expression, la voix qui doit s'élever au-dessus de toutes les autres voix de l'orchestre. Il sait répartir l'action agogique, la puissance dynamique, et il ne craint pas, même dans les œuvres de Beethoven et malgré la surprise que cela provoquait à notre public, d'accélérer ou de ralentir le mouvement lorsque les nécessités de l'expression l'exigent.

Les Français sont un peuple courtois et à la fin du concert il y avait une foule encore plus nombreuse de musiciens et d'amis dans les coulisses pour exprimer leur joie de notre succès.

Les programmes des deux autres concerts étaient les suivants :

8 MAI

1.	Ouverture, « Le Roi d'Ys »	Lalo
2.	Symphonie « Du Nouveau Monde »	Dvořák
3.	Concerto pour violon et orchestre en si mineur	Saint Saëns

M. SPALDING

4.	*un.* "Pélléas et Mélisande" (Fileuse)	Faure
	b. Ma Mère L'Oye (Les Pagodes)	Effilochage
5.	Prélude à « Die Meistersinger »	Wagner

9 MAI

1.	Symphonie en do (Jupiter)	Mozart
2.	Poèmes (d'après Verlaine)	Löffler
3.	Symphonie en ré mineur	Franck
4.	Rhapsodie noire pour piano et orchestre	Powell

JOHN POWELL

Les deux jeunes artistes américains, Albert Spalding et John Powell, ont fait une superbe impression et parmi les œuvres orchestrales, le Prélude des « Meistersingers » de Wagner et les Symphonies de Mozart et Franck ont été particulièrement appréciés.

C'était délicieux d'entendre les « Ah » et les « Bravo ! » à moitié étouffés. si caractéristique du public français après l'Andante de la Symphonie de Mozart. J'avoue que l'approbation plus spontanée que le public européen donne au théâtre, à l'opéra ou au concert est extrêmement gratifiante et stimule l'artiste à donner le meilleur de lui-même. Tout artiste digne de ce nom abordera toujours son public avec le sentiment qu'il est comme un étranger qu'il doit gagner en ami à travers son art. Ce sentiment existe, qu'il fasse sa première révérence en tant que débutant ou qu'il apparaisse pour la trois millième fois après vingt ans de travail public. C'est pour lui un moment merveilleux où, après avoir fait de son mieux et donné tout ce qu'il avait en lui, son public montre par l'intensité de son approbation que la « chanson qu'il a soufflée dans l'air » a trouvé sa maison « dans le cœur ». d'un ami.

Le dimanche matin 9 mai, à onze heures, l'orchestre du Conservatoire a donné une grande fête en notre honneur, en guise de remerciement à celle que nous avions offerte à l'Orchestre français à son arrivée en Amérique en 1918. Nous nous sommes tous retrouvés à la *Salle du Conservatoire* où M. Léon, représentant le ministère des Beaux-Arts, m'attendait pour me recevoir. Avec l'Orchestre du Conservatoire se trouvaient divers maîtres français, dont le vénérable Gabriel Fauré, et Messager, le chef d'orchestre.

Après différents discours de bienvenue, j'ai reçu une belle gravure de Beethoven et j'ai été nommé membre honoraire de l' Orchestre du Conservatoire. Nous avons ensuite marché jusqu'à la *Taverne du Nègre* , où le déjeuner a été servi. Il y avait tellement de verres à vin différents devant chaque assiette que j'ai demandé la permission de faire un bref discours en anglais à mon orchestre. Il se composait des éléments suivants :

"Messieurs, rappelez-vous que nous avons un concert cet après-midi, alors s'il vous plaît, mélangez votre vin avec beaucoup d'eau."

Inutile de dire que dans tous les discours le thème de la guerre était constamment repris par les orateurs français : combien la France devait à notre intervention et à la bravoure de nos soldats.

Il aurait été bien agréable de rester à Paris, où notre orchestre commençait à se sentir bien chez lui et à se reposer sur nos jeunes lauriers, mais notre tournée ne faisait que commencer et il fallait continuer !

Entre-temps, M. Engles et notre trésorier, Roger Townsend, durent résoudre toutes sortes de nouvelles difficultés et complications, parmi lesquelles le problème du passeport était le plus important. Les conditions de guerre régnaient toujours et les passeports devaient être soigneusement vérifiés par les ambassadeurs de chaque pays visité. Tous nos orchestres étaient pratiquement américains, mais techniquement ils appartenaient à l'Amérique, à la France, à la Belgique, à l'Italie, à l'Angleterre, à la Russie, à l'Allemagne, à l'Autriche et à la Tchéco-Slovaquie. Beaucoup d'entre eux n'avaient que leurs premiers papiers américains lorsque la guerre éclata et, selon les règlements de guerre, ne pouvaient pas encore obtenir leurs papiers de citoyens américains. Ils étaient donc obligés de voyager avec des passeports étrangers et certains de leurs visés étaient extrêmement difficiles à obtenir, car de nouveaux pays comme la Tchéco-Slovaquie, par exemple, ne disposaient pas encore d'un service diplomatique correctement organisé. D'autres, comme la Russie, n'étaient pas du tout reconnus et nos Russes devaient voyager avec des passeports Kerensky délivrés pour eux par l'ambassadeur Kerensky qui « tenait toujours le fort » à Washington. Grâce à l'aimable aide de M. Grew, conseiller à notre ambassade à Paris, et d'autres amis haut placés, nous obtenons enfin nos cent visés et quittons Paris pour Bordeaux le 11 mai et, malgré la grève des cheminots, avec le passage de notre train assuré jusqu'à Bordeaux.

Le seul problème a été une petite révolution avant de quitter la gare. Certains membres de l'orchestre avaient emmené avec eux leurs femmes et même quelques jeunes enfants en Europe. Ils ont tout naturellement souhaité faire passer du bon temps à leurs familles et les avoir avec eux et dans les voitures de l'orchestre tout au long du voyage. Comme l'espace ferroviaire était extrêmement limité et que les membres de l'orchestre, célibataires et veufs de paille, s'opposaient vigoureusement à cet ajout, j'ai dû opposer mon veto au projet et j'ai peint les difficultés de voyage, d'hôtels, de passeports, etc., d'une manière si effrayante que j'ai réussi à empêcher leur départ de Paris avec nous. Les maris ont promis de laisser leurs familles à Paris jusqu'à notre retour, environ trois semaines plus tard, mais comme toutes les femmes et les enfants venaient à la gare pour accompagner leurs maris et pères respectifs, j'étais nerveux jusqu'à ce que les dernières portes de la voiture soient fermées. claqué et le sifflet de la locomotive française, qui sonne toujours comme le cri aigu des damnés, annonça que nous étions vraiment partis.

L'orchestre était d'humeur très gaie et insistait pour descendre à chaque fois que le train s'arrêtait ne serait-ce qu'une seconde, puis devait être retiré lorsque le train repartait sans aucun avertissement. Une photo d'identité d'un malheureux petit second violoniste a été envoyée dans toutes les voitures, collée sur un morceau de papier avec l'inscription : « Recherché pour bigamie. Membre de l'Orchestre Symphonique de New York. Récompense de trois francs s'il est rendu mort ou vif à George Engles, directeur. Cela avait été perpétré par Willem Willeke, qui était non seulement un maître violoncelliste mais aussi le maître d'esprit derrière presque toutes les plaisanteries pratiques faites pendant la tournée.

Nous sommes arrivés à Bordeaux ce soir-là et avons été accueillis à notre hôtel par un petit directeur d'hôtel typique, avec la tête entièrement chauve sur le dessus mais joliment couverte de longs cheveux coiffés vers l'avant depuis l'arrière de la tête. Il avait également une barbe bien fournie et bien séparée au milieu, et bien sûr une longue redingote à double boutonnage. Il s'est frotté les mains avec plaisir de nous accueillir et nous a assuré que toutes nos chambres étaient bien réservées. En fait, il nous fallut trois quarts d'heure pour ranger nos bagages et nous-mêmes dans les locaux appropriés. Notre groupe était composé d'Albert et de Mme Spalding, de John Powell, de Mary Flagler, de ma fille Gretchen et de moi-même, et le directeur très efficace avait d'abord envoyé chacun de nous dans la mauvaise chambre tandis que nos sacs s'étaient encore égarés. Mais un bon bain et un délicieux dîner au célèbre *Chapon Fin* nous ont tous mis de bonne humeur.

Le théâtre où nous devions jouer le lendemain soir se trouvait juste en face de notre hôtel et sa façade frontale est sans doute la plus belle que j'aie jamais vue. De tels exemples de l'architecture la plus raffinée du XVIIIe siècle contrastent remarquablement avec leur environnement plus moderne et il est difficile de comprendre comment les architectes français, avec de si nobles exemples à suivre et avec une école à Paris qui est encore considérée comme la meilleure du monde, monde, auraient dû laisser leur art dégénérer à un tel point au cours des trente dernières années. Il n'y a qu'à comparer la noble façade de la Place de la Concorde avec des monstruosités modernes comme, par exemple, l'Hôtel Mercedes ou le Palais de Justice de Tours, pour se rendre compte que, dans leur effort de rompre complètement avec leurs propres traditions les plus nobles, ils ont délibérément courtisé l'anarchie, car leur architecture ne repose sur aucune loi de beauté ou de symétrie. Beaucoup de nos meilleurs architectes américains sont diplômés de l'École des Beaux Arts de Paris, mais ils ne sont pas devenus des révolutionnaires et ont su adapter leur appréciation des meilleures traditions françaises aux besoins américains. Les résultats démontrent un art dont chaque Américain peut être fier.

Notre concert, donné sous les auspices de la société symphonique locale, a été accueilli avec beaucoup de faveur. L'intérieur du théâtre est délicieusement intimiste et le public donne l'impression d'appartenir à une ancienne civilisation musicale. On nous a présenté d'immenses bouquets de fleurs noués aux couleurs américaines. La performance d'Albert Spalding a fait une superbe impression et l'ouverture des « Meistersinger » a suscité un enthousiasme particulier.

Mais quel ne fut pas mon étonnement en apercevant tout à coup trois des « femmes d'orchestre », censées être restées à Paris, assises dans une des loges. Je ne sais pas encore s'ils roulaient sur les pare-chocs ou dans l'un des fourgons à bagages. Cependant c'étaient de charmantes dames ; et, en tant qu'homme marié, je ne pouvais pas être trop en colère contre eux ou contre leurs maris indulgents. Nous avons fait un compromis en leur permettant de continuer avec nous pour le reste de la tournée, à condition qu'elles et leurs maris occupent un espace autre que celui réservé à l'orchestre et qu'elles fassent attention à leur propre passeport à chaque fois que nous approchons de la frontière.

Alors que nous rentrions à notre hôtel après le concert, le directeur souriant de l'hôtel s'est tenu dans le hall pour nous recevoir et nous exprimer ses félicitations pour le succès d'un *concert merveilleux* . Alors que nous entrions dans l'ascenseur électrique pour nous rendre dans nos chambres respectives, il ferma lui-même la grille et appuya sur le bouton pour nous envoyer

lentement vers le haut. (Tous les ascenseurs français avancent lentement.)
Son calme presque céleste m'a irrésistiblement rappelé le Final du « Faust »
de Gounod, lorsque *Marguerite* monte au ciel. Je me mis à chanter la mélodie
des « *Anges radieux* », et au moment où nous montions au premier étage, nous
entendîmes soudain la voix du directeur de l'hôtel, un ténor vibrant, qui
poursuivait avec enthousiasme le trio d'en bas. J'ai regardé vers le bas et il
était là, le visage levé vers nous avec extase et la main appuyée sur sa redingote
à double boutonnage – peut-être un pauvre directeur d'hôtel mais
certainement un passionné de musique.

Les journaux bordelais ne tarissent pas d'éloges sur notre concert, mais l'un
d'eux dit : « L'orchestre jouait avec cette sécheresse caractéristique de tous
les Nord-Américains. » Hélas et hélas ! Le dix-huitième amendement, entré
en vigueur en janvier dernier, avait-il déjà fait sentir sa terrible influence ?

Lyon devait être la prochaine ville de notre itinéraire, mais malheureusement
la grève des cheminots l'avait complètement isolée et il n'y avait aucun moyen
d'y accéder depuis Bordeaux. C'est donc à contrecœur que nous avons été
contraints d'annuler le concert. Chaque place avait été vendue depuis
longtemps, et comme Lyon se classait après Paris en termes d'importance
musicale, l'annulation a été pour nous une grande déception.

Le lendemain matin, Engles m'apporta un télégramme qu'il venait de recevoir
de notre directeur général à Paris, selon lequel à Marseille la salle dans laquelle
nous devions jouer avait été condamnée par les pompiers comme
dangereuse, et que par conséquent le concert aurait lieu. doivent être donnés
dans un autre théâtre et sous une direction différente. Engles n'aimait pas la
situation et me pria, comme il ne parlait pas français, de l'accompagner à
Marseille et de parcourir le terrain avec lui. Nous devions jouer à Marseille
sous les auspices et la direction de l'organisation symphonique locale, qui s'est
toutefois révélée n'être qu'un groupe restreint et peu influent de musiciens,
pour la plupart amateurs. Leur secrétaire, qui devait s'occuper des détails de
la gestion, était un journaliste et un contrebassiste amateur, instrument dont
il était très fier. À notre arrivée, deux jours seulement avant le concert, nous
avons constaté qu'absolument rien n'avait été fait pour en faire la publicité.
Il n'y avait ni affiches, ni publicité, et le directeur du théâtre dans lequel nous
avions été transférés ne savait même pas avant notre arrivée si nous étions
un groupe de jazz composé de gens de couleur venus d'Amérique ou peut-
être une troupe de ménestrels errants.

Nous devions donner deux concerts et, au début, il nous a semblé que, dans
des circonstances aussi décourageantes, il valait mieux les annuler et nous
rendre à Monte-Carlo et en Italie, où nous attendaient des salles déjà pleines.
Le journaliste, qui était le véritable délinquant, était introuvable. Il était parti
à la campagne « *pour se reposer* » et n'était attendu que le lendemain.

Heureusement, le directeur du théâtre s'est avéré être du bon type. Lorsqu'il a vu ce que notre organisation représentait réellement, il n'a pas entendu parler d'annulation et s'est immédiatement rendu dans tous les bureaux du journal avec Engles. L'affiche, principal moyen de publicité en Europe, apparaît comme par magie aux coins des rues ; et alors qu'il était trop tard pour attirer un large public pour le premier concert, il nous assura que si ce concert avait le succès qu'il espérait, le théâtre, qui pouvait accueillir environ deux mille quatre cents personnes, afficherait complet pour le second. concert le dimanche après-midi. Sa prophétie s'est avérée exacte. Il n'y avait pas plus de huit cents personnes au premier concert, mais comme c'étaient de vrais fils du *Midi* et qu'ils n'avaient jamais entendu de leur vie une formation symphonique d'une telle envergure et d'une telle importance, ils devinrent fous. Ils ont applaudi avec leurs mains, avec leurs deux pieds, avec leurs cannes et leurs parapluies. Ils criaient en harmonies à huit voix et les poutres du théâtre tremblaient de sympathie. Après le concert, ils se sont alignés au box-office devant une foule nombreuse tandis que le directeur du théâtre, souriant jusqu'aux oreilles, leur disait : « Je ne vous l'ai pas dit ?

Entre-temps, le secrétaire-gérant local délinquant est arrivé et j'étais tout à fait prêt à l'anéantir pour son manque de publicité préalable appropriée pour notre concert, mais comme il m'a immédiatement appelé « Cher maître » et a exprimé sa joie dans un français si éloquent au concert, venant d'une organisation aussi remarquable que la nôtre, il a complètement renforcé mes armes et je me suis retrouvé incapable de dire un mot, encore moins de lui dire ce que je pensais vraiment de lui.

J'ai déjà dit qu'il était contrebassiste amateur dans l'orchestre local, et c'était évidemment la passion dominante de sa vie, même si je n'ai jamais pu comprendre pourquoi un amateur devrait choisir cet instrument particulier pour sa délectation. Après le deuxième concert et alors que la salle résonnait encore des cris des fougueux Marseillais, il entra dans ma loge alors que je pensais ajouter son hommage d'éloge, mais, hélas, il ne dit que : « Cher maître , j'entendais à peine vos contrebassistes pendant tout le concert. Je suppose que lors des concerts de son orchestre, il était tellement absorbé par son propre rôle de contrebasse que, pendant qu'il jouait, il n'entendait rien des autres instruments qui l'entouraient et autour de lui. Il s'enivra, pour ainsi dire, de la résonance de son propre instrument. Lors de notre concert, assis dans le public, il découvrit soudain, le pauvre homme, que la contrebasse n'était pas le seul caillou sur la plage orchestrale, et que parfois les violons, les bois ou les cuivres avaient aussi quelque chose d'important à jouer. énoncer. Cela a dû être une triste révélation pour lui, et je ne m'étonne pas qu'il ait refusé de l'accepter.

Pendant ce temps, la fièvre des grèves se répandait dans toutes les directions, et il n'y avait pas un tramway qui traversait la ville de Marseille, ni un bateau qui quittait le port. L'effet était très curieux, car les rues étaient remplies de grandes foules qui se déplaçaient sans cesse de haut en bas, et apparemment sans travail ni affaires d'aucune sorte pour les occuper. Dans plusieurs rues, de petits groupes jouaient en cercles entourés de cordes tandis qu'une trentaine de couples dansaient follement, tandis que des centaines d'autres personnes, à l'extérieur des cordes, les regardaient. Le public nombreux qui est venu pour notre concert du dimanche après-midi a dû venir à pied, car aucune roue ne tournait nulle part.

Après notre retour à l'hôtel, les grandes portes en fer furent brusquement fermées et verrouillées, et une véritable émeute éclata devant l'hôtel. La compagnie de tramway essayait de faire circuler une voiture à travers la ville, conduite par de jeunes mécaniciens de l'École de technologie, et de temps en temps, une foule de grévistes se précipitait sur eux, brisait les vitres de la voiture et éloignait les jeunes. briseurs de grève. Mais tout cela s'est déroulé de manière plutôt aimable, tandis qu'une foule d'hommes portant des chapeaux de paille légers applaudissaient de leurs mains et criaient « Bravo », tout cela comme s'il s'agissait d'un spectacle monté pour leur plaisir. Puis deux aimables gendarmes arrivaient et, de la même manière placide, replaçaient les jeunes hommes dans la voiture, qui continuait ensuite pendant quelques mètres environ. Mais soudain, cette apparente comédie prit une tournure tragique. La foule fit un bond vicieux ; ils ont été arrêtés par la police qui a immédiatement agi avec beaucoup d'énergie, et bientôt plusieurs hommes ont été grièvement blessés. Entre-temps, les briseurs de grève avaient de nouveau branché leur voiture au fil électrique et, bien que la voiture avec ses vitres brisées paraisse une véritable épave, elle avançait triomphalement sur les voies et la grève fut brisée. Le lendemain matin, toutes les voitures roulaient à nouveau.

Plus tard dans l'après-midi, j'ai reçu la visite de Morris Tivin, le premier contrebassiste de notre orchestre. Il amena avec lui un garçon de quinze ans, un petit juif russe, qui avait une histoire des plus remarquables. Il s'était évadé d'une prison en Russie et s'était rendu à Constantinople. Comme il était un violoniste aux capacités exceptionnelles, il y gagnait maigrement sa vie en jouant dans les cafés. Ayant lu dans un vieux journal parisien que nous devions donner un concert à Marseille, il s'était vite décidé à s'y rendre et peut-être grâce à notre aide à atteindre la terre promise de l'Amérique. Il est arrivé à Marseille en passager clandestin après d'incroyables épreuves, et lorsqu'il s'est présenté à certains de ses compatriotes russes de mon orchestre, il était littéralement affamé et sans un centime en poche. En quelques heures, notre orchestre avait souscrit suffisamment d'argent pour l'envoyer à New York avec plusieurs lettres à leurs collègues de l'Union Musicale, et moins d'une semaine après son arrivée, il était engagé comme deuxième maître de concert avec un salaire élevé dans l'un de nos concerts occidentaux. orchestres.

L'esprit généreux manifesté par nos hommes, qui s'est manifesté d'une manière si rapide et pratique, est caractéristique de la base de notre profession. Je n'ai jamais connu de musicien d'orchestre ou de chœur dans le besoin que ses collègues n'étaient pas immédiatement prêts à aider, et comme leurs propres revenus sont relativement faibles, leur générosité est bien plus grande en proportion que celle de bien des hommes riches dont le nom figure en grande partie parmi les abonnés de nos organisations caritatives.

Notre prochain concert devait avoir lieu à Monte-Carlo et j'ai roulé en voiture avec ma femme depuis Marseille le long de la Riviera pour arriver à Monte-Carlo le soir du 17 mai. L'orchestre était déjà arrivé en train et se trouvait partout dans la ville en train de photographier des points. d'intérêt, notamment la belle statue érigée à Hector Berlioz, que nous étions tous heureux d'honorer. Tout musicien d'orchestre adore ce grand maître qui, dans ses partitions, a fait plus que tout autre pour développer de nouvelles combinaisons de sons dans l'orchestre symphonique depuis Beethoven et avant Wagner.

Un grand nombre de nos hommes se rendaient naturellement au Casino pour admirer les tables de jeu de renommée mondiale, mais si jamais j'avais peur qu'ils dilapident leurs gains, ils disparaissaient complètement. Beaucoup ne regardaient que sur le bord extérieur, ou bien pariaient un jeton très timidement. Une vieille harpie, qui avait l'air de jouer à Monte-Carlo depuis Napoléon III, qui tenait un carnet de ses pertes et de ses gains et ne pariait jamais moins de cent francs à la fois, se chargea d'enseigner un de nos jeunes flûtistes talentueux comment jouer avec un jeton blanc. Elle le maintenait dans un état de frisson haletant, pendant qu'elle faisait ses paris pour lui.

Le lendemain matin, j'ai trouvé un mot de Jean de Reszke m'informant que lui, sa femme et Amhurst Webber viendraient de Nice pour le concert et nous demandant, ma femme et moi, de déjeuner avec lui au Grand Hôtel de Paris, où nous restions. C'était une telle joie de le revoir. Nous ne nous étions pas rencontrés depuis 1902, lorsqu'il était au Metropolitan au sommet de sa renommée et que j'avais dirigé de nombreuses et glorieuses représentations de « Tristan » avec lui dans le rôle titre. Amhurst Webber, un musicien anglais de grand talent, l'avait alors accompagné comme pianiste et je l'avais un peu aidé dans ses études de composition et d'instrumentation. Mme. de Reszke que je n'avais jamais eu le plaisir de rencontrer auparavant. Une grande tragédie lui était arrivée puisque leur fils unique avait été tué au cours de la première année de la guerre. C'était navrant de la voir, car son visage racontait l'histoire de sa perte irréparable.

Le concert de l'après-midi a eu lieu dans le charmant petit théâtre du Casino. Il ne peut accueillir qu'environ quatre cents personnes et bien sûr, chaque siège était occupé. Jean de Reszke était au cinquième rang du parquet, et alors que j'arrivais au « Prize Song » de l'ouverture des « Meistersinger », qu'il avait chanté si souvent et avec tant de ravissement à New York, je ne pus m'empêcher de me retourner vers regarde-le. Il m'a immédiatement fait un sourire, mais les larmes coulaient sur son visage.

A la fin du concert, je fus solennellement informé par le très poli petit intendant du théâtre que M. Blanc, le principal propriétaire du Casino, de l'Opéra, des tables de jeu, de l'Hôtel de Paris, enfin de tout ce qui attire les cent -des billets de francs du touriste reconnaissant, avait exprimé le désir de me rencontrer et de me remercier pour le « *concert exquis* ». J'ai donc été piloté vers une autre partie du bâtiment, où, dans une antichambre, cinq ou six personnes attendaient comme dans un cabinet médical extérieur, tandis que des laquais en livrée se promenaient silencieusement ou délivraient des messages chuchotés à tel ou tel homme. L'un d'eux s'est adressé à mon petit intendant avec un message, qui s'est tourné vers moi et, avec un visage rayonnant de fierté, m'a dit : « Pensez-y ! Il nous verra en premier avant tous les autres !

Nous avons suivi le larbin dans une pièce intérieure où j'ai trouvé un petit homme fatigué, à moustache grise, que j'avais remarqué en train de dormir dans l'une des loges pendant environ une demi-heure du concert. Il m'a félicité pour « le concert splendide et le jeu exquis de l'orchestre », et pendant que j'étais assis là, je m'émerveillais de tout cela. Voici un homme que nous, en Amérique, appellerions un gardien de maison de jeu, mais il est certainement un roi parmi eux. Il a doté ses tables de jeu d'un cadre si exquis que les mots ne peuvent le décrire. La nature dans son humeur la plus charmante, la belle architecture, la musique délicieuse, la cuisine exquise, tout cela si habilement combiné qu'il crée une atmosphère agréable pour les milliers de personnes qui viennent chaque année les poches pleines et repartent généralement les poches vides. D'ailleurs, il gagne des millions en cédant ainsi intelligemment aux instincts de jeu qui sont inhérents à presque tous les hommes (et femmes).

Pour moi, l'aspect le plus agréable du concert, à part bien sûr la visite de Jean de Reszke, était un public nombreux de soixante-quinze personnes assises dans les coulisses car il n'y avait pas de place pour elles devant. C'était l'orchestre de l'Opéra de Monte-Carlo, un corps d'hommes excellents qui nous embrassaient à la manière du sud entre les parties et à la fin du concert.

Le lendemain matin, j'ai continué le voyage en moteur jusqu'à Gênes. Comme il n'y avait eu aucune grève d'aucune sorte à Monte-Carlo, je pensais que notre hoodoo s'était levé, mais voilà, à Gênes, nous n'avons trouvé qu'un vieux portier à barbe grise à notre hôtel pour nous accueillir. Tous les serveurs, porteurs, femmes de chambre, cuisiniers, marmitons, enfin tout ce qui pouvait frapper dans le cadre d'un hôtel, étaient en grève et le malaise était considérable. Nous attendions avec impatience notre premier dîner italien. Nous avions rêvé de fritto misto, de spaghettis et de délicieuses glaces italiennes, mais ces rêves ont vite disparu. Il n'y avait même pas une croûte de pain à trouver à l'hôtel. Finalement, nous fûmes furtivement conduits à travers une ruelle jusqu'à l'entrée arrière d'un petit restaurant en passant par la cuisine, et là nous obtenâmes de la nourriture, mais de la variété la plus simple et la plus pauvre. Le lendemain matin, une tasse de mauvais café et un morceau de pain rassis à la gare constituaient notre petit-déjeuner, mais heureusement pour nous, un gentil jeune Américain, M. Allan, nous a appelés et nous a emmenés dans sa voiture jusqu'à sa maison, où un délicieux déjeuner nous a fait oublier nos privations de la veille.

J'ai été une fois de plus étonné de l'habileté avec laquelle les membres de notre orchestre se sont adaptés aux conditions des voyages en Europe. Ils avaient tous trouvé d'excellents restaurants et s'en étaient vraiment mieux sortis que nous.

Nous avons donné notre concert au *Teatro Carlo Felice* , et notre premier public italien s'est montré encore plus bruyant dans ses démonstrations de plaisir que celui du *Midi* . J'ai été très touché de recevoir une grande couronne ornée d'étoiles et de rayures, de la part du consul général américain, qui m'a dit après le concert qu'il considérait une mission culturelle telle que celle dans laquelle nous étions engagés, d'autant d'importance pour les relations cordiales entre notre pays et l'Italie comme toute entreprise commerciale. Il a dit que la musique comptait tellement pour les Italiens qu'il était étonné et ravi de constater que les Américains ne s'intéressaient pas seulement aux affaires mais cultivaient également les arts. Alors que les Italiens avaient été si amèrement déçus à l'égard du président Wilson, après l'accueil phénoménalement enthousiaste qu'ils lui avaient réservé lors de sa visite à Rome un an auparavant, je n'ai pas été surpris d'entendre un vieux monsieur me dire après le concert : « Nous nous n'aimons pas votre président, mais nous aimons les Américains.

Nous sommes partis le lendemain matin en train pour Rome. Le jeune compositeur de grand talent, Signor Vincenzo Tommasini, s'était intéressé à nos concerts là-bas et s'était attiré les sympathies de l'Académie Santa Cecilia, sous les auspices de laquelle nous devions jouer à l'Augusteo. La Santa Cecilia, composée de musiciens et de mélomanes, est peut-être la plus ancienne organisation musicale du monde, puisqu'elle a été fondée par Palestrina. Sous la présidence du Comte San Martino, elle entretient un orchestre symphonique qui donne une série de concerts pendant l'hiver sous la direction de son propre chef, Maestro Molinari, et de divers chefs invités.

Tous ces concerts ont lieu à l'Augusteo, ainsi appelé parce qu'il fut construit par Auguste comme tombeau des Césars. Il s'agit d'une rotonde construite avec les anciennes briques romaines, mais des balcons, une scène et un orgue y ont été ajoutés ces derniers temps pour l'adapter aux besoins modernes des concerts. Il s'agit très probablement d'un excellent tombeau, mais son acoustique n'est guère adaptée à un orchestre. Je ne connais aucune salle de concert construite en forme circulaire qui soit satisfaisante à cet égard. Les vibrations sonores semblent voyager encore et encore et il en résulte une grande confusion des sons, surtout dans une musique où les harmonies changeantes se succèdent rapidement. Lors de notre petite répétition préliminaire, la salle était vide, à l'exception d'une demi-douzaine de membres de la Santa Cecilia, et tandis que nous commencions à jouer quelques mesures de la symphonie, j'ai cru que j'étais soudain devenu sourd, tout comme le son de l'orchestre. ne m'atteint pas là où j'étais. Mais je me souvenais de notre première expérience au Grand Opéra de Paris et faisais confiance à de meilleures conditions lorsque la salle était pleine. Cet espoir était justifié, car le ton de l'orchestre était beaucoup plus clair et mieux équilibré lors du concert.

Après les premier et deuxième mouvements de la Symphonie « Héroïque », il y eut de grands applaudissements et des cris de « Bravo ! des caisses et du parquet, mais immédiatement suivis par des sifflements très déconcertants venant de la galerie supérieure, qui semblaient se transformer en une sorte de duel entre les deux factions. Cela m'a quelque peu déconcerté et j'ai pensé que peut-être quelque chose dans notre jeu n'avait pas plu aux galeries, mais mes amis de l'Académie Santa Cecilia m'ont assuré qu'il ne s'agissait là que d'une petite démonstration caractéristique qui se produisait souvent lors de leurs concerts. Si le parquet et les caissons approuvaient une composition ou une interprétation particulière, les galeries se sentaient obligées de s'y opposer. Je ne sais pas à quel point cette explication est vraie, mais pendant le concert le sifflement a soudainement cessé et après le « Riccardo Wagner. Tristan e Isotta, Preludio e Morte di Isotta (Lipsia 1813—Venezia 1883) », comme le disait le programme italien, les deux factions semblaient avoir complètement enterré leurs haches et étaient en parfaite harmonie en ce qui concerne leurs acclamations enthousiastes à notre égard. .

Pendant les deux jours qui suivirent, les Romains nous comblèrent d'hospitalité. La chaleur était épouvantable, mais tout l'orchestre a répondu à l'invitation de se présenter au maire et de visiter le Musée du Capitole, où il leur a été proposé une visite privée de ses trésors artistiques, suivie d'un déjeuner offert par la municipalité dans les ruines attenantes. du Tabolarium.

Le lendemain matin, Tommasini, Molinari et quelques autres de mes collègues musiciens sont entrés dans mon salon et nous ont proposé d'aller à un concert donné ce matin-là aux jardins Borghèse par la célèbre Banda

Communale di Roma. La chaleur était si accablante que je frémissais à l'idée de me tenir sous le soleil de plomb de midi pour écouter un concert, d'autant plus que je devais diriger notre deuxième concert cet après-midi-là.

«S'il vous plaît, venez», dit Tommasini.

"Non, en effet," dis-je. "Il fait beaucoup trop chaud et je veux faire du bon travail cet après-midi."

"Mais le concert est donné en votre honneur."

"Bonne grace! Pourquoi ne me l'as-tu pas dit immédiatement ? Venez!"

J'ai attrapé mon chapeau et nous nous sommes rendus aux jardins Borghèse, où une foule de plusieurs milliers de personnes était rassemblée autour du kiosque à musique et où Maestro Vecella dirigeait son orchestre dans une magnifique interprétation du Prélude du « Parsifal » de Wagner. C'était une merveilleuse performance. Ses clarinettes ont joué la phrase d'ouverture à l'unisson avec une qualité vibrante et chantante que j'ai rarement entendue égalée, et j'ai été frappé par le silence ravi avec lequel l'immense public italien l'écoutait. Malheureusement, je suis arrivé trop tard pour entendre l'interprétation de la « Cinquième Symphonie » de Beethoven, que Vecella lui-même avait arrangée pour un orchestre militaire et dont mes musiciens m'ont dit par la suite qu'elle avait été magnifiquement interprétée. Le concert s'est terminé avec une sélection d'airs d'un des opéras italiens modernes les plus populaires. À mon grand étonnement et à mon plus grand plaisir, alors que l'orchestre commençait à jouer tel ou tel air, visiblement bien connu du public, des groupes d'hommes autour du kiosque se sont joints pour le chanter avec l'orchestre *mezza voce*, mais avec cette qualité de ton parfaite qui est innée. dans la course italienne. Et puis, à mesure que les sons d'un groupe s'éteignaient, un autre de l'autre côté le reprenait, et cela a continué jusqu'à la fin du numéro. Ce fut une délicieuse démonstration du génie musical inné du peuple italien.

J'ai oublié momentanément que le soleil brillait avec une férocité presque insupportable, mais après avoir remercié Maestro Vecella pour ce concert vraiment merveilleux, j'ai supplié Molinari et Tommasini de me ramener à mon hôtel.

« Restez encore un peu », dit Tommasini.

"Impossible!" J'ai répondu. "Je fond et il ne restera plus rien de moi si je n'arrive pas bientôt dans un endroit ombragé."

"Oh, mais tu le feras", dit-il. "La Banda Communale va maintenant vous remettre la médaille d'or de la société, avec une inscription spéciale."

"Pourquoi, au nom du ciel, ne me l'as-tu pas dit plus tôt?" J'ai dit à mon ami, mais il a simplement souri de son impénétrable sourire italien et a allumé une autre cigarette. Avec la résolution de faire ou de mourir, j'ai marché avec eux jusqu'à une salle privée d'un restaurant attenant aux jardins et là des glaces et du vermuth ont été servis aux membres des deux organisations musicales, et on m'a remis la médaille d'or romaine, qui J'apprécie beaucoup car je fais partie d'un groupe d'acteurs aussi remarquable que la Banda Communale di Roma.

Depuis quelques années, je m'intéresse au nouveau développement musical qui se produit en Italie. Il fut un temps où sa musique religieuse dominait le monde par la variété et la beauté de ses formes. Plus tard, surtout au XVIIIe siècle, elle a produit de nombreux compositeurs de renom dans le domaine de la musique instrumentale, mais dès lors et jusqu'à une époque très récente, l'opéra a presque entièrement monopolisé ses écrivains. Les splendides opéras que l'on trouve dans ses plus petites villes sont un témoignage éloquent de la place importante qu'occupe cette forme d'art dans le cœur du peuple italien. Tous les Italiens savent chanter, et les critiques et les amateurs d'opéra se trouvent aussi bien parmi les classes populaires que parmi l'aristocratie.

Mais tous les témoignages des musiciens plus âgés avec lesquels j'ai parlé et qui ont voyagé à travers l'Italie sont que ses orchestres étaient autrefois de très mauvaise qualité. Leur jeu était négligé et les répétitions peu nombreuses et insuffisantes. De nombreux musiciens d'opéra, même dans les plus grandes villes, exerçaient un autre métier pendant la journée, et de nombreux tailleurs ou cordonniers jouaient du violon le soir à l'opéra.

Cependant, au cours des vingt-cinq dernières années, un changement complet et presque miraculeux s'est produit dans les conditions musicales dans toute l'Italie. Ses conservatoires de Rome, Milan, Bologne et Naples produisent d'excellents musiciens, et plusieurs de ses chefs d'orchestre se classent parmi les meilleurs d'autres pays. Le signor Mancinelli, par exemple, qui fut mon collègue pendant les années où je dirigeais au Metropolitan pour Maurice Grau, était un musicien et un chef d'orchestre de premier ordre, connaissant bien plus que la musique italienne. Il était un grand amateur de Mozart et donna de belles interprétations de la « Flûte enchantée » au Metropolitan. Il m'enviait mon travail de direction des opéras de Wagner et en dirigea plus tard plusieurs en Italie et en Espagne.

Toscanini est l'un des plus grands chefs d'orchestre contemporains. Son répertoire s'étend à la musique de tous les pays, et je l'ai entendu diriger en une semaine « Don Giovanni » de Mozart, « Falstaff » de Verdi et « Meistersinger » de Wagner avec une égale pénétration dans leurs beautés et, incidemment, sans partition orchestrale. devant lui. Il a fait de sa vertu une nécessité, car il est presque aveugle et a donc développé sa mémoire plus que je n'ai jamais vu chez aucun autre musicien, à l'exception même de Hans von Bülow.

Le résultat de l'attitude plus sérieuse de l'Italie à l'égard de la musique instrumentale se manifeste non seulement dans la qualité des orchestres italiens, mais aussi dans un groupe de jeunes compositeurs très talentueux qui consacrent leurs principaux efforts à la musique symphonique et qui créent des œuvres qui se classent parmi les meilleures du monde. d'autres pays en produisent désormais. Il y a quelques années, j'ai produit une suite orchestrale écrite par un garçon de seize ans, Victor di Sabata, qui montrait un talent remarquable et une belle coloration orchestrale. Des hommes tels que Resphighi, Sinigaglia, Tommasini, Casella, Pizzetti et Malipiero ont trouvé des places fréquentes dans nos programmes, et j'attends encore d'autres contributions, toujours plus importantes, de ce nouveau développement du génie musical italien.

J'ai été très touché par l'intérêt que notre ambassadeur, M. Johnson, a constamment manifesté pour notre réussite et notre bien-être. Il avait invité la reine mère et plusieurs jeunes princesses à nos concerts, et lors des nombreuses réceptions officielles et gouvernementales auxquelles je devais assister, il était un compagnon sympathique et un véritable frère artiste. Il répondait toujours avec beaucoup de bonheur lorsque l'occasion l'exigeait, et tous mes amis musiciens italiens l'adoraient.

Lors d'un dîner d'adieu que j'ai donné hier soir, John Powell, dont la Fantaisie nègre avait beaucoup intéressé notre public italien, et le compositeur Malipiero, étaient assis l'un à côté de l'autre, mais comme John parle anglais et Malipiero italien et français, le silence entre pendant une dizaine de minutes, c'était profond et intense. Soudain, ils entamèrent la conversation la plus fluide et les mots éclatèrent à torrents. Ils avaient soudain découvert, pour leur plus grand plaisir mutuel, que la langue allemande était un terrain de rencontre commun.

J'ai quitté Rome à contrecœur. Indépendamment des nombreux amis personnels que je m'y étais fait, sa beauté éternelle m'enveloppa à nouveau et m'invita à rester.

Je ne peux imaginer aucun mouvement ou institution mieux placé pour aider les jeunes artistes américains à développer et à stimuler davantage leurs capacités créatrices que l'Académie américaine de Rome. Elle a tout récemment ajouté trois bourses musicales à celles destinées aux peintres, sculpteurs, architectes et archéologues, et, comme elle m'a fait l'honneur de m'élire parmi les administrateurs et l'honneur encore plus grand de donner mon nom à l'un des bourses de musique, je retournai à Rome au printemps 1922 spécialement pour observer le fonctionnement de notre académie. J'ai été émerveillé et ravi au-delà des mots. L'académie est destinée aux jeunes artistes ayant déjà acquis la technique de leur métier. Ils sont sélectionnés par concours et bénéficient d'une liberté totale de soucis de pain pendant trois ans, dont ils passent les deux premières au siège de l'académie, la Villa Aurelia. Au cours de la troisième année, ils peuvent voyager ou vivre n'importe où en Europe où ils pensent que leurs objectifs artistiques peuvent progresser davantage. Rome et ses environs sont si romantiques et ses trésors artistiques si uniques que la perception de la beauté et sa cristallisation en œuvres d'art ne peuvent manquer d'être stimulées davantage chez ceux de nos garçons américains qui ont la chance de bénéficier d'une bourse.

Il est bien sûr impossible à une institution créée par l'homme de garantir que chaque titulaire deviendra un grand génie, mais il est certain que, comme seuls les meilleurs sont choisis, ils deviendront encore meilleurs au cours de ces trois années heureuses, et si sur deux cents, on ne trouve qu'un véritable génie et ainsi encouragé, l'académie aura justifié son existence.

Deux de nos musiciens étaient déjà arrivés à l'académie, Leo Sowerby, de Chicago, et Howard Hanson, de San Jose, en Californie, et s'étaient immédiatement intégrés, avec une énergie typiquement américaine, à la vie musicale romaine. Les musiciens italiens les avaient accueillis à bras ouverts, et nos garçons se retrouvaient constamment aux concerts et répétitions de la Santa Cecilia ou recevaient certains de leurs amis musiciens italiens à la Villa Aurelia pour de la musique de chambre et une tasse de thé dans le magnifique jardins entourant la villa.

L'Amérique a une grande dette de gratitude envers le major Felix Lamond, grâce à la détermination et à l'énergie duquel le fonds a été collecté, ce qui a rendu possible les trois bourses musicales. Il poursuit maintenant son œuvre en donnant sa vie au département de musique de l'académie et, en tant que directeur, il agit comme guide, conseiller et ami pour les jeunes titulaires. Je dois avouer que lors de ma visite, j'avais constamment envie d'avoir quarante ans de moins et de pouvoir passer trois merveilleuses années à Rome dans des conditions aussi idéales.

La dernière nuit, le major Lamond, sa femme et moi avons dîné sur le toit de la Villa Aurelia avec le directeur Stevens, qui est le responsable suprême de toute l'académie. Selon la coutume romaine, le dîner commençait après neuf heures. Au-dessous de nous et s'étendant vers la Campagna se trouvait la ville entière de Rome avec ses lumières électriques apparaissant comme par magie dans toutes les directions. Au-delà de la Campagna s'élevaient les montagnes, encore visibles dans le faible crépuscule. En face de nous s'élevait la colline des jardins du Pincio, et à gauche, à peine visible au-dessus de la cime des arbres, flambait la croix de Saint-Pierre. Le silence fut profond jusqu'à ce que soudain les cloches de Rome se mettent à vibrer de toutes parts, et finalement, faible mais clair, retentit le son d'un clairon de la caserne militaire, sonnant la retraite. À ce moment-là, j'étais plongé dans une extase silencieuse, mais un autre point culminant m'attendait encore, car alors que les dernières notes du clairon tremblaient dans le silence, un rossignol des buissons juste au-dessous de nous commença à chanter son chant.

Florence est venue ensuite dans notre tournée orchestrale et j'attendais avec impatience après nos journées bondées de réceptions officielles et de concerts une journée absolument libre de toutes sortes de tâches. Nous sommes arrivés le 24 mai et j'espérais dormir profondément et tard, mais à neuf heures du matin suivant, on frappa à ma porte et, sans autre avertissement préalable, entra un jeune homme qui se présenta comme le représentant. du maire de Florence, qui « regrette de ne pouvoir être ici lui-même mais souhaite que je donne le discours de bienvenue à Maestro Damrosch ». Je l'ai prié de m'excuser quelques minutes et je me suis habillé de manière à pouvoir recevoir l'aimable accueil du maire dans un costume et une chambre plus convenables.

Notre concert a eu lieu au splendide Théâtre Politeama, un grand amphithéâtre à l'acoustique raffinée. Albert Spalding était notre soliste, et comme il avait été pratiquement élevé à Florence et que les gens de là-bas suivaient sa carrière avec un vif intérêt, son apparition était un véritable retour aux sources et l'accueil était extrêmement affectueux.

Lors d'une charmante réception donnée chez le père d'Albert après le concert, j'ai rencontré l'historien Ferrero et une charmante connaissance lors de visites précédentes, Mme Janet Ross. Elle est la fille de la belle Lady Duff-Gordon et, lorsqu'elle était enfant, George Meredith occupait un cottage sur le domaine de son père en Angleterre. Il l'avait adorée et on disait qu'elle avait été son inspiration pour *Rose* dans "Evan Harrington". Je l'avais rencontrée à Florence en 1913, alors qu'elle avait déjà plus de soixante-dix ans et qu'elle était une femme d'une puissance intellectuelle et d'une activité physique remarquables. Elle vit dans une charmante vieille villa aux murs de deux pieds d'épaisseur sur une colline en contrebas de Fiesole. Boccace y avait écrit une partie de son « Décaméron » et la maison était remplie d'intéressants meubles italiens anciens. Elle fabriquait sa propre huile d'olive et son vermuth dans sa ferme et en vendait de grandes quantités en Angleterre. Quand j'admirais quelques chaises de salle à manger exquises, elle me dit qu'elle les avait trouvées à Pise et que c'étaient de bons modèles du XVIIIe siècle. Elle dit : « J'ai un petit menuisier italien qui sculpte très bien le bois et si vous le souhaitez, je peux vous les faire copier et cela vous coûtera très peu. » J'ai ces chaises chez moi aujourd'hui et je les apprécie doublement parce qu'elles me sont venues grâce aux bons offices de cette intéressante dame.

Elle avait également constitué une remarquable collection de vieux *stornelli italiens* , qu'elle avait entendus en côtoyant les paysans et les agriculteurs italiens de Toscane et d'ailleurs et qu'elle avait notés. Comme ce recueil compte littéralement des centaines de chansons folkloriques, dont beaucoup datent de plusieurs siècles, il devrait s'avérer précieux pour le connaisseur.

A Parme, le lendemain, j'ai visité le Teatro Farnese. C'est le théâtre le plus ancien d'Italie et, bien qu'il soit dans un état quelque peu délabré et, bien sûr, n'est plus utilisé pour des représentations, il est fascinant comme une relique, et on peut bien imaginer quels splendides spectacles et cantates dramatiques ont dû être joués. là devant les grands nobles de l'époque et leur suite. Le Teatro Regio m'a semblé le plus beau où nous ayons joué. Il pouvait accueillir plus de deux mille personnes et nous étions émerveillés qu'une si petite ville comme Parme puisse être la fière propriétaire d'un tel foyer pour la musique.

La chaleur était à nouveau intense, mais comme le public était d'humeur extrêmement réceptive et tumultueuse, cela ne nous dérangeait pas et l'orchestre jouait superbement. Je regrettais donc d'avoir été obligé de tuer dans l'œuf une petite intrigue que j'avais heureusement découverte ce soir-là. Seize jeunes membres aventureux de l'orchestre avaient décidé en toute discrétion qu'ils prendraient un train de minuit pour Venise, y passeraient une journée heureuse dans ses lagons, avec peut-être même une baignade au Lido, puis prendraient un autre train de nuit pour Milan, arrivant juste à temps pour notre concert là-bas. Milan est un centre musical important et je ne souhaitais pas y jouer avec un orchestre en partie fatigué par deux voyages nocturnes, outre la forte possibilité de retards de trains italiens, qui fonctionnent sur le principe *chi va piano, va sano, ma non lontano* . J'ai donc dû interdire cette petite excursion, même si j'ai beaucoup sympathisé avec nos hommes pour avoir voulu la faire.

Je suis arrivé à Milan deux heures avant l'orchestre et j'ai été accueilli à la gare par un comité composé de Signor Finci, président de la Société Symphonique de Milan, sous les auspices de laquelle nous devions jouer, Campanari, frère de mon vieil ami le baryton, et secrétaire honoraire du Foyer Verdi pour musiciens âgés, préfet de police et plusieurs autres. Tous avaient le visage pâle et anxieux, et étaient venus me dire qu'il n'y avait pas de chambre disponible à Milan, que plusieurs hôtels avaient fermé leurs portes à cause d'une grève des restaurants et des serveurs, et qu'ils voulaient me consulter. qu'est-ce qu'il y a de mieux à faire. Ce diable de grève espiègle devait évidemment être un membre permanent de notre organisation pendant toute la tournée. Je me retirai avec le comité dans la chambre du préfet de la gare et discutai de divers projets, même si au fond de moi il y avait la ferme conviction que mes hommes trouveraient des chambres, des lits et de la nourriture s'ils étaient soudainement abandonnés au milieu. du désert du Sahara. J'ai finalement demandé à Campanari s'il y avait des chambres libres dans la Maison Verdi pour musiciens âgés, et il m'a informé que la maison entière était vide, car ils n'avaient pas pu la faire fonctionner du tout pendant la guerre, faute de fonds. Il y avait beaucoup de lits, de couvertures et de draps, mais aucun domestique d'aucune sorte. C'était au moins quelque chose, et je pensais que mes jeunes gens n'hésiteraient pas du tout à dormir dans des lits destinés aux musiciens âgés et à faire leur propre travail de chambre. Le préfet m'a également proposé plusieurs lits vides dans l'hôpital de la ville, mais cela ne m'a pas semblé très invitant. Cependant, j'ai finalement convenu avec eux d'un rendez-vous à la gare à l'arrivée de l'orchestre et je leur soumettrais l'affaire, puis je les laisserais partir et se débrouiller seuls. Celui qui n'aurait pas trouvé de lit devra retourner à la gare et se présenter au bureau du préfet qui veillera alors à ce qu'un logement soit trouvé. Ce plan fut exécuté et mon directeur me rapporta qu'à la dernière heure, seuls deux membres de notre orchestre se présentèrent à la gare, l'un pour dire qu'il n'avait trouvé aucune place et l'autre qu'il en avait deux. Ces deux hommes sont donc partis bras dessus bras dessous, et ma confiance dans l'orchestre était à nouveau amplement justifiée, même si la grève des hôtels ici était encore pire qu'à Gênes. J'étais logé avec ma famille à l'hôtel Continental et, à l'exception de quelques vieilles sorcières édentées, qui faisaient semblant de s'occuper des chambres, il n'y avait aucun service d'aucune sorte. La principale cause de la grève semble avoir été la prise de conscience par les employés de l'hôtel qu'il était indigne pour eux d'accepter des pourboires, d'autant plus que le système de pourboires produisait des résultats si inégaux, la femme de chambre du premier étage d'un hôtel recevant souvent dix fois plus en pourboires que celui qui officiait au quatrième étage. Ils demandèrent donc qu'une taxe de dix à quinze pour cent soit ajoutée aux factures des voyageurs, cette somme devant ensuite être répartie entre les employés selon un certain barème. Pendant ce temps, nous grésillions de chaleur et souffrions. Pour ajouter à notre inconfort, il y avait une grande pénurie d'eau dans la ville, et si l'on voulait un bain, on ne pouvait l'obtenir qu'à six heures du matin ou après dix heures du soir.

Mais encore une fois, la discipline des hommes et la détermination de se démontrer en tant qu'organisation artistique se sont manifestées d'une manière remarquable, et nos deux concerts ont été superbement joués et accueillis avec enthousiasme. Nous avons considéré Milan comme l'une des villes les plus importantes de notre tournée. Son opéra à la célèbre Scala est de renommée mondiale et ces dernières années, notamment grâce aux efforts du Maestro Toscanini, un public très cultivé pour la musique symphonique s'est développé.

Toscanini, que j'avais connu et souvent admiré en Amérique, répétait et dirigeait à Padoue. À ma grande surprise et ravissement, il prit de là un train de nuit pour assister à notre concert du dimanche après-midi et me saluer fraternellement. Après le concert, il m'a accompagné à la gare où il devait prendre le train de nuit pour Padoue. A notre arrivée, mon orchestre, qui était déjà dans leurs wagons-lits respectifs, le reconnut et, avec un grand rugissement de bienvenue, lui lança trois acclamations américaines.

Nos trois jours à Milan ont été très chargés. Vendredi après-midi, la maison d'édition musicale Ricordi nous a donné une réception, présentant l'orchestre à travers ses énormes imprimeries. Le premier concert a eu lieu ce soir-là. Samedi, le maire et la commune de Milan nous ont donné une réception avec une visite au Musée municipal du Château Sforzesco. Cela fut suivi d'un concert donné pour nous par l'excellente fanfare municipale dans la cour, et d'un « thé » composé de toutes sortes de sandwichs, de glaces, de gâteaux et surtout d'innombrables bouteilles de champagne. Nous étions tous heureux qu'il n'y ait pas de concert ce soir-là.

Après le concert du dimanche, un certain nombre d'autocars ont rapidement emmené l'orchestre et les instruments de musique à la gare, tandis que nos amis italiens restaient là et s'émerveillaient de ce qu'ils appelaient « l'efficacité américaine », et nous quittions Milan et l'Italie pour continuer notre route. Je me rendis à Strasbourg, extrêmement fatigué, mais avec le sentiment que notre visite avait rapproché l'Italie et l'Amérique de beaucoup de pas. Nous avons été tout simplement submergés de démonstrations d'affection dès notre arrivée en Italie, et il y a quelque chose dans la manière presque enfantine avec laquelle les Italiens manifestent leurs sentiments qui nous les a très vite fait aimer. Ils débordent de vitalité et l'intensité même de leurs émotions, qui semble parfois exagérée aux yeux du tempérament nord-américain plus froid, est une force avec laquelle il faut compter pour l'avenir du monde. Bien que leur civilisation soit la plus ancienne d'Europe, ils semblent être les plus jeunes d'aujourd'hui, et dans ma profession et dans les arts apparentés, j'attends de grandes choses du peuple italien dès que les terribles conséquences de la guerre mondiale auront été réglées. loin.

Je me suis beaucoup intéressé à Strasbourg et à Metz au curieux mélange de civilisation allemande et française. A Strasbourg, nous avons été très cordialement reçus par le nouveau directeur du Conservatoire, M. Ropartz, de Nancy, l'un des musiciens les plus distingués de France.

A Metz, le maire a prononcé un discours de bienvenue et avec un groupe de citoyens nous a offert un vin d'honneur après le concert. Les deux villes nous ont offert un public visiblement habitué aux concerts de musique symphonique et connaissant bien ce que nous allions leur offrir.

Sur la place publique de Strasbourg, j'ai remarqué un groupe de citoyens montrant avec enthousiasme un clocher du côté opposé et, voilà, j'ai vu une cigogne, la première à revenir de son séjour d'hiver en Afrique pour passer l'été dans son repaires indigènes. Le lecteur se demandera si je n'ai pas quelque chose de plus excitant à raconter, mais j'avoue que la liberté totale des engagements officiels et sociaux après nos semaines trépidantes en Italie a été comme un baume céleste, sans parler du changement agréable de vivre à nouveau dans un hôtel avec de vrais serveurs, femmes de chambre et cuisiniers pour veiller à votre confort.

J'ai regardé cette cigogne et soudain m'est venu à la tête un vieux doggerel que j'avais chanté avec d'autres enfants plus de cinquante ans auparavant et qui commence :

"Storch, Storch, Steiner, mit de langen Beiner"—

et c'était peut-être là un descendant de l'oiseau même que nous avions salué il y a si longtemps. J'étais enclin à devenir sentimental face à cette possibilité intéressante, mais la cigogne s'est envolée sans montrer aucun intérêt réciproque et mon humeur n'a pas duré longtemps.

Nous retournâmes à Paris le lendemain et, le matin du 4 juin, partîmes dans un train spécial pour Fontainebleau, où tout l'orchestre devait être l'invité du maire et de la municipalité pour la journée.

Les suggestions que j'avais faites à Francis Casadesus à Paris et à Chaumont lors de nos longs entretiens de 1918, alors que lui et moi examinions les deux cents chefs d'orchestre de l'AEF, avaient porté rapidement leurs fruits. Casadesus avait fait part de ma suggestion d'une école d'été pour musiciens américains à son très ami musicien, M. Fragnaud, sous-préfet de Fontainebleau. Il avait à son tour intéressé M. Bonnet, le maire, et en conséquence une décision rapide avait été prise que l'école d'été serait située à Fontainebleau et hébergée dans une aile entière du Palais historique de Fontainebleau, qui serait donnée à cet effet. par le gouvernement français. J'étais enchanté de cet heureux dénouement, et comme les intéressés voulaient évidemment le signaler par quelque fête spéciale, j'acceptai volontiers leur invitation à y donner un concert avec notre orchestre et à en faire, pour ainsi dire, le début de relations qui contribuera, je l'espère, matériellement au rapprochement musical de la France et de l'Amérique pour de nombreuses années à venir.

De nombreux musiciens et dignitaires français étaient à bord du train pour participer à la célébration de cette journée. Il y avait M. Paul Léon, représentant le Ministère des Beaux Arts ; Alfred Cortot, pianiste distingué ; Mangeot, rédacteur en chef du *Monde Musicale* et fondateur de l'École Normale de Musique de Paris ; Francis et Henri Casadesus, Mlle. Boulanger, Albert Bruneau, compositeur de l'opéra « Le Rêve » ; M. Dumesnil, député de Fontainebleau, et bien d'autres.

La ville entière avait été déclarée « en fête ». Tous les magasins étaient fermés et des drapeaux français et américains, gaiement entrelacés, ornaient toutes les rues principales. La rue qui mène à la Mairie était bordée des deux côtés par des troupes françaises, et nous essayions tous d'avoir l'air d'être des délégués à la Conférence de Versailles en marchant vers la réception du maire et en regardant cette tenue martiale.

Le déjeuner qui suivit fut une de ces affaires typiquement françaises où le gai se mêlait avec charme au plus sérieux et au cérémonial. M. Dumesnil s'est révélé être l'un des plus grands orateurs que j'aie jamais entendu et a joué sur toutes les émotions du cœur humain, évoquant les larmes et les rires avec la voix et la diction d'un virtuose.

Il fut remplacé par M. Bruneau qui se leva et s'adressa soudain à moi, et à la fin, épinglant la Légion d'Honneur sur mon habit, après quoi, pour le plus grand plaisir de mon orchestre, il m'embrassa sur les deux joues, à la française. . Il est très agréable d'avoir son orchestre présent pendant que de tels honneurs sont décernés, car leur approbation se manifeste de la manière la plus bruyante, et mes garçons savent que cette décoration particulière est autant la leur que la mienne.

Comme il n'y avait pas à Fontainebleau de théâtre assez grand pour accueillir un public nombreux, le concert fut donné au Ménage d'Artillerie, transformé à la hâte en salle de concert. Cela s'est avéré excellent à cet effet, sauf que dès que nous avons commencé à jouer, des centaines d'oiseaux, qui possédaient tranquillement les chevrons et les privilèges musicaux de ce bâtiment depuis des années, ont été visiblement dérangés et irrités par notre intrusion. Ils s'envolèrent brusquement de leur nid et éclatèrent en chants aigus de protestation, qui se mêlèrent, non sans résultats intéressants, aux harmonies de la « Symphonie du Nouveau Monde », jouée à la demande spéciale du sous-préfet, M. Fragnaud, qui est lui-même un excellent hautbois amateur.

Aux premiers rangs du public se trouvaient des centaines d'écoliers habillés « à l'Américaine », avec d'énormes nœuds et écharpes composés des étoiles et des rayures américaines. Je peux en témoigner qu'il y en avait plusieurs centaines, car j'ai dû serrer la main de chacun d'eux après le concert.

Le lendemain, avant de partir pour la Belgique, je reçus la bonne nouvelle qu'une affaire assez désagréable concernant nos trois concerts à l'Opéra de Paris avait été réglée à l'amiable. L'Opéra, propriété du gouvernement français, nous avait été offert par le ministère des Beaux-Arts « gratuitement », mais nous devions payer les dépenses réelles d'éclairage, de chauffage et de service. Dès mon arrivée à Paris, notre directeur local nous a informés que le directeur de l'Opéra, qui est titulaire d'un bail sur l'immeuble, comptait nous facturer trente mille francs pour ses « dépenses ». Cela me parut excessif, et j'en fis des remontrances à M. Léon, directeur des Beaux-Arts. Le directeur de l'Opéra, qui avait perdu des millions de francs à l'opéra pendant la guerre, était un homme riche pour qui l'opéra était plus ou moins un jouet personnel, mais il souhaitait évidemment récupérer un peu sur nous, car il soutenait que, dans la mesure où il aurait pu donner des représentations d'opéra les jours et heures où nous avions nos concerts, nous devrions être chargés des dépenses au prorata de ses chanteurs, de son orchestre, de son chœur et de son ballet. Cet argument ne nous a cependant pas semblé valable, puisque depuis des temps immémoriaux il n'y avait jamais eu de représentation d'opéra ces jours-là de la semaine. J'ai présenté notre cas à M. Léon et lui ai dit que, comme je n'avais jamais eu de relations ni d'arrangements avec le directeur de l'Opéra mais seulement avec le ministère des Beaux-Arts, j'étais obligé de m'en remettre entièrement à eux. Nous étions leurs invités, et s'ils estimaient que nous devions payer trente mille francs de « dépenses », nous le ferions certainement. Les résultats furent très satisfaisants, mais pas totalement inattendus pour moi, et la somme que nous avons finalement payée était une somme tout à fait équitable.

Nous sommes allés à Bruxelles le 3 juin en automobile, à travers une grande partie des régions dévastées et toute l'horreur et la misère des villages détruits, champ après champ grêlé d'explosions d'obus et de mornes restes de quelques souches d'arbres là où s'étaient accumulés des hectares. et des hectares de forêt.

A notre arrivée, nous avons été accueillis à bras ouverts par notre ambassadeur, Brand Whitlock, et son épouse. Il m'a raconté que deux semaines auparavant, il avait été subitement informé que nous ne pouvions pas jouer au Théâtre Royal de la Monnaie parce qu'une organisation socialiste de Bruxelles en réclamait le droit pour son propre divertissement. Il y avait eu une confusion car le directeur de l'opéra, qui nous avait promis le théâtre, était décédé et le nouveau titulaire prétendait ne pas être au courant de notre venue. Ils avaient l'intention de nous placer dans un théâtre flamand, qui n'avait bien sûr pas la dignité du Royal Opera House, et M. Whitlock leur a immédiatement dit que, comme nous y étions à l'invitation du gouvernement belge et que notre venue avait un retentissement international En conséquence, il ne pouvait permettre que nous soyons privés de notre possession légitime du Théâtre de la Monnaie, et si nous ne pouvions pas l'obtenir, il me télégraphierait pour nous demander d'annuler le concert. Cela a évidemment produit des résultats. L'organisation socialiste fut sollicitée et déclara immédiatement et courtoisement qu'elle ferait tout pour un orchestre américain.

Le même manque de ce que nous appellerions une bonne gestion des concerts semblait exister à Bruxelles comme dans de nombreuses villes de France et d'Italie. Les grandes publicités, comme celles qui remplissent les colonnes de divertissement des journaux américains, ne sont presque jamais utilisées. Deux lignes insérées une ou deux fois seulement sont la règle. Les avis de lecture, donnant le programme ou d'autres informations concernant le concert, ne sont imprimés que s'ils sont payés au tarif d'une ligne. De petites affiches, collées au coin des rues pendant une semaine ou deux, sont presque la seule publicité autorisée.

Les sociétés de transfert – comme dans notre pays rencontrent une organisation musicale ou théâtrale à la gare avec un nombre déterminé de camions pour transporter le bagage musical ou le décor jusqu'au théâtre – ne sont pas connues. Nous avions confié cette partie importante de notre tournée aux mains de Thomas Cook and Sons, et leur représentant, à l'arrivée du train, négociait avec tel ou tel chauffeur flânant dans la gare et cherchant paresseusement du travail. En Italie, les porteurs refusaient toujours tout simplement de transporter nos affaires parce qu'il faisait trop chaud, et ils ne commençaient qu'à six ou sept heures du soir, lorsque trente petites charrettes à bras, poussées par autant d'hommes, transportaient les marchandises. instruments de musique au théâtre. Heureusement, les concerts en Italie commencent à neuf heures ou neuf heures trente, donc nous avons toujours réussi d'une manière ou d'une autre à faire transporter nos instruments. Cependant, à plusieurs reprises, même des soldats et des camions militaires ont été soudoyés pour servir. Cette négligence, qui exaspère un Américain, est si universelle en Europe, surtout depuis la guerre, qu'on s'étonne de voir comment tout peut être accompli ; et pourtant, à l'exception des endroits où les grèves intervenaient, nous nous entendions bien, même si nous étions parfois fous d'anxiété et bêtement furieux contre ce que nous considérions comme leurs caractéristiques nationales.

Pourtant, en Belgique, tout le monde semble lire les affiches, car la demande de places à Bruxelles était telle que nous aurions pu remplir deux fois le petit opéra. Son acoustique est merveilleuse et les cordes vibrent comme un vieux violon de Crémone. Ils avaient spécialement demandé que le concert soit purement symphonique et sans soliste. Je leur ai donc offert la belle Symphonie « Jupiter » de Mozart et le César Franck en ré mineur. Franck était né à Liège et je souhaitais leur démontrer notre amour et notre compréhension pour ce noble musicien. Je ne pense pas avoir jamais joué devant un public plus sensible aux beautés de la musique. En guise de compliment spécial pour Bruxelles, nous avons joué un Adagio pour cordes de Lekeu, un jeune compositeur belge moderne et très talentueux, malheureusement décédé à l'âge de vingt-quatre ans. L'Adagio est une œuvre d'une beauté tendre et mélancolique, et sonnait si exquis dans ce bâtiment que les musiciens et moi en avons été intensément émus pendant la représentation. Cette émotion était évidemment communiquée au public, de sorte qu'à la fin, leurs applaudissements ne pouvaient se taire, et je dus finalement prendre la partition de la composition sur mon bureau et la montrer dans une pantomime silencieuse.

Après le concert, alors que je m'apprêtais à quitter le théâtre, deux dames sont venues vers moi avec un vieillard qui s'est révélé être le père de Guillaume Lekeu. Il a essayé de me remercier pour notre interprétation de la composition de son fils, mais il s'est complètement effondré alors que les larmes coulaient sur son visage.

Le lendemain, à Anvers, je revis, pour mon plus grand plaisir, le célèbre vieux ténor Van Dyk, avec qui j'avais donné de nombreux opéras de Wagner lors de notre engagement au Metropolitan avec la Compagnie d'Opéra Maurice Grau. Sa villa, près d'Anvers, avait été occupée par un général allemand et son état-major pendant les quatre années de guerre. Ils avaient vidé toute sa cave à vin, composée de plusieurs centaines de bouteilles de crus de choix, et avaient également retiré tout le cuivre de ses poignées de porte et de sa cuisine. Autrement, ils avaient laissé sa maison intacte et, avec une bonne humeur et un courage imperturbables, Van Dyk avait repris l'œuvre visant à faire exister sa famille. Deux fois par semaine, il se rendait à Bruxelles, où il suivait un cours intéressant de chant dramatique au Conservatoire Royal et, en outre, il était très occupé en tant que directeur d'une compagnie d'assurance.

A Anvers, comme à Liège et Gand, nous avons retrouvé le même public exigeant et instruit qu'à Bruxelles.

Presque nulle part nous n'avons vu les ravages de la guerre, et le peu qu'il y avait était rapidement réparé par les habitants industrieux.

Nous avons quitté la Belgique le 10 juin pour entrer en Hollande, jouer à La Haye ce soir-là et à Amsterdam le lendemain.

En Hollande, notre représentant diplomatique américain, William Phillips, ministre à La Haye, s'était employé à nous assurer un accueil chaleureux. C'était un vieil ami et il avait invité non seulement la reine mère, qui est le seul membre musical de la maison royale, mais aussi un groupe distingué de près d'une centaine de personnes, dont tous les représentants diplomatiques et les plus hauts fonctionnaires de la cour et des gouvernements, à soyez ses invités au concert.

Après la première partie, il me présenta à la reine mère, qui se montra très charmante et très intéressée par la musique, et qui possédait aussi cette délicieuse qualité royale de vous mettre « à votre aise ». Cela consiste à poser une question et ensuite, non pas à attendre que vous y répondiez, mais à y répondre elle-même dans toutes ses possibilités et ses orientations. La conversation devient ainsi plutôt unilatérale mais agréable, même si toutes les choses brillantes qu'on aurait pu dire restent muettes.

Après le concert, tout le monde distingué s'est réuni à la légation pour un délicieux souper, au cours duquel j'ai rencontré un grand nombre de charmantes dames hollandaises qui, heureusement pour moi, parlaient anglais ou français.

Le lendemain, M. Phillips m'a conduit à Amsterdam. Là, les membres de l'orchestre local ont immédiatement déversé aux oreilles bienveillantes de mes hommes des histoires terribles sur la jalousie locale à l'égard de notre venue, que plusieurs journaux avaient été invités à nous critiquer sévèrement et que tous les adhérents de l'orchestre local avaient ostensiblement décidé de s'absenter de notre concert. Très peu de choses se sont avérées vraies. L'immense salle dans laquelle nous avons joué, le Concertgebow, a une scène si haute que les gens assis sur le parquet doivent littéralement se tendre le cou pour voir les interprètes, et la réverbération du son est excessive. La salle peut accueillir trois mille personnes, et il n'y en avait pas plus de quatorze cents à notre concert. Mais ils ont certainement compensé par l'enthousiasme ce qui leur manquait en nombre. Toutes les idées antérieures sur le flegme du peuple néerlandais ont été complètement dissipées. N'étant pas une prima donna, je n'ai pas compté les nombreuses fois où j'ai été rappelé après la Symphonie "Héroïque", mais, comme je devais descendre et monter à chaque fois une estrade d'une cinquantaine de marches, l'exercice en rapport avec celle-ci était considérable. Les journaux du lendemain matin, malgré toutes les sombres rumeurs, se montrèrent enthousiastes dans nos éloges et généreux dans leur comparaison de notre orchestre avec leur propre splendide organisation.

Londres marquait le dernier tour de notre course musicale à travers l'Europe. Nous sommes restés une semaine et avons donné cinq concerts, quatre au Queens' Hall les 14, 15, 16 et 19 juin et un le 20 juin dans l'immense Royal Albert Hall. La bonne étoile qui nous avait accompagnés tout au long du voyage a brillé pour nous d'une lumière constante au cours de cette dernière semaine. L'orchestre n'a jamais mieux joué et les journaux se sont fait l'écho de l'accueil que nous avons reçu du public.

Je n'avais pas dirigé à Londres depuis un concert mentionné ailleurs dans ces souvenirs, donné au Princes' Hall par Ovide Musin en 1888, alors que j'avais vingt-six ans. Depuis lors, de grands changements sont survenus dans la vie musicale anglaise. A cette époque, la musique était en grande partie aux mains des étrangers, et il suffit de voir les vieux tableaux de Du Maurier dans *Punch* pour se rendre compte que le musicien des salons anglais était généralement un Allemand ou un Italien aux cheveux longs. Hans Richter était le grand chef d'orchestre populaire à Londres et il y avait de nombreux étrangers dans les orchestres britanniques.

Depuis lors, l'anglicisation de la musique s'est accélérée, principalement grâce à de grandes écoles de musique telles que le Royal College of Music, sous Sir Charles Villiers Stanford et Sir Hugh Allen, et la Royal Academy of Music, sous Sir Alexander MacKenzie. Ces écoles forment un grand nombre de musiciens d'orchestre, et aujourd'hui le personnel des orchestres britanniques est presque entièrement composé de personnes nées dans le pays. Beaucoup d'entre nous considèrent Sir Edward Elgar comme le plus grand compositeur symphonique depuis Brahms, et sa formation est entièrement britannique. Un groupe de chefs d'orchestre anglais, dont Sir Henry Wood est le doyen et Albert Coates et Eugene Goosens parmi les plus doués, se sont fait une réputation internationale. L'Angleterre dispose désormais des éléments nécessaires à une vie musicale nationale forte. Avec les chefs d'orchestre qu'elle possède et son splendide matériel orchestral, ses orchestres rivaliseraient bientôt avec ceux d'Amérique si ses citoyens leur apportaient le même soutien généreux que nos organisations reçoivent, mais à cet égard, la situation de Londres est tout à fait ce qu'elle était dans New York précédant et pendant la première moitié de ma carrière.

Ses orchestres sont dans une large mesure coopératifs. Les concerts sont projetés et donnés par les membres de l'orchestre et ceux-ci se partagent les bénéfices. Ces bénéfices sont extrêmement minimes et ne les rémunèrent pas réellement pour le temps consacré aux répétitions et aux concerts. L'Orchestre symphonique de Londres, par exemple, ne donne que huit concerts en hiver et compte rarement plus de trois répétitions par concert. En conséquence, bien que les musiciens aient développé une grande facilité à lire à vue et à tirer le meilleur parti du temps limité de répétition, les résultats ne peuvent pas être élaborés aussi finement qu'il est possible dans les orchestres généreusement dotés d'Amérique, qui rassemblent leurs musiciens. chaque matin en répétition et donne plus d'une centaine de concerts symphoniques durant un hiver.

Nous insistons beaucoup sur l'unanimité des coups d'archet, car un phrasé correct ne peut être obtenu que si les seize premiers violons, par exemple, qui doivent jouer une phrase à l'unisson, jouent ensemble. Pour l'oreille instruite, il y a une grande différence dans l'effet si une ou deux notes ou plus sont jouées sur le même archet ou si une phrase commence par un archet haut ou bas. D'une manière générale, cette unanimité dans notre jeu a impressionné et ravi notre public et nos critiques londoniens, mais l'un de ces derniers en a visiblement agacé en commençant son analyse de notre concert par ce titre : « L'orchestre est trop parfait pour être bon ». Son œil était évidemment habitué aux coups d'archet plus « libres et faciles » lors de certains de leurs propres concerts, et il pensait qu'un effet plus inspiré émotionnellement était produit si chaque membre de l'orchestre n'était pas limité par trop de discipline. Il faut cependant reconnaître qu'un bon chef d'orchestre doit se garder de la tentation de faire un dieu d'une technique qui, après tout, ne devrait être qu'un moyen pour parvenir à une fin.

En raison de notre supériorité incontestable en matière d'orchestres et d'opéra, nous ne pouvons cependant pas prétendre être un peuple plus musical que les Britanniques. Leur amour et leur culture de la musique chorale sont bien plus grands que les nôtres et ils ont un petit groupe de compositeurs dont le travail est plus important et plus intéressant que l'ensemble que nous pouvons encore produire.

Augustus Littleton et ses amis ont organisé de nombreuses affaires pour notre plaisir, parmi lesquelles un déjeuner de cérémonie au Mansion House par le lord-maire de Londres. Ce déjeuner a également réuni l'ambassadeur américain, M. Davis, le vicomte Bryce et plusieurs des plus éminents musiciens anglais. Mon orchestre a été extrêmement ravi et impressionné par les cérémonies médiévales pittoresques, les magnifiques uniformes et livrées, et l'hospitalité prodigue affichée par notre aimable hôte. En signe d'amitié particulière envers l'Orchestre Symphonique de New York et sa première visite en Grande-Bretagne, j'ai été nommé membre de la « Worshipfull Company of Musicians », fondée par Jacques Ier en 1604, et j'ai reçu la médaille d'argent de cet ancien organisation.

Notre ambassadeur s'est montré tout aussi capable de parler avec éloquence sur l'importance de la musique que sur tout autre thème susceptible de tendre à renforcer les liens culturels entre les deux nations. Lui et sa femme s'étaient manifestement attirés l'affection du peuple anglais, et leurs regrets furent nombreux lorsque, à la suite du changement de parti à Washington, il présenta sa démission.

Tout au long du déjeuner, Lord Bryce a rayonné son approbation des débats, car il avait consacré presque toutes ses énergies au cours des dernières années de sa vie à une meilleure compréhension entre les deux pays anglophones.

L'orchestre a navigué pour l'Amérique à bord de l' *Olympic* le mardi suivant notre dernier concert, et je leur ai dit au revoir le cœur dans la bouche ; ils avaient fait tant d'honneur à notre président, M. Flagler, à notre pays et à leur chef d'orchestre. Pendant toute la durée du voyage de sept semaines, il n'y avait pas eu un seul écart par rapport à une discipline parfaite, une discipline en grande partie auto-imposée. Chacun s'est senti responsable et a agi en conséquence. Leur jeu avait continuellement été au plus haut et ils avaient supporté les inévitables fatigues et les désagréments des voyages constants avec une bonne humeur sans faille. En revanche, leurs délices avaient été nombreux. Ils avaient vu les grands trésors artistiques et la beauté des paysages de cinq pays, et avec cette perception rapide qui est l'une des caractéristiques de la vie américaine, ils avaient pleinement profité de leurs opportunités. S'ils ont donné le meilleur d'eux-mêmes, l'Europe est certainement revenue avec une égale prodigalité, et il n'y a pas un de mes hommes qui ne sauterait sur l'occasion de répéter nos expériences à la première occasion, en étendant naturellement encore la tournée à l'Allemagne. , Autriche, Pologne et Tchéco-Slovaquie. Nous sommes cependant encore un peu à l'écart de la Russie, car les rapports que mes musiciens russes reçoivent de leur ancien pays sont trop sombres et peu engageants.

XVIIIe

LES FEMMES DANS LES AFFAIRES MUSICALES

En Europe, la musique est née de terre et ce sont les chants et les danses folkloriques des paysans qui ont progressivement - affinés et développés entre les mains des grands compositeurs - ont progressé et sont devenus la possession et le plaisir des classes cultivées. .

Dans ce pays, nous n'avons pas de paysannerie, et les rares vestiges de chants et de danses folkloriques que nous possédons, en dehors de la musique des nègres, n'ont été que récemment déterrés des forteresses isolées des montagnes du Kentucky et du Tennessee. Ceux-ci sont généralement d'origine britannique et ne peuvent être considérés comme faisant partie intégrante de notre vie nationale. Face au riche sous-sol des chansons folkloriques d'Allemagne, de Bohême, de Russie, de France et d'Écosse, nous ne pouvons montrer que la plus mince couche artificielle de musique, et celle-ci a été créée et soigneusement entretenue par une petite classe instruite.

La vie sociale morne des premiers colons puritains et leur attitude méprisante envers les joies de la vie ont encore retardé la croissance des arts parmi nous.

Je ne pense pas qu'il ait jamais existé un pays dont le développement musical ait été aussi presque exclusivement soutenu par les femmes que l'Amérique.

L'éducation musicale a commencé parmi les classes aisées qui pouvaient se permettre d'engager les musiciens européens immigrés en Amérique pour enseigner à leurs filles – mais pas, hélas, à leurs fils. Il existait un fort sentiment que la musique était essentiellement un art efféminé et que sa culture par un homme enlevait beaucoup à sa virilité et, par-dessus tout, le rendait inapte au culte dans le sanctuaire le plus sacré des affaires. Je parle maintenant d'il y a cinquante ans. Les conditions se sont améliorées depuis lors, mais pas encore suffisamment pour produire des conditions normales et saines concernant la civilisation de notre peuple.

Des clubs musicaux de femmes commencèrent à se former dans de nombreux villages, villes et cités, et ces clubs devinrent le noyau actif et efficace de toute la vie musicale de la communauté, mais, hélas, encore une fois, principalement de la communauté féminine. C'est vers ces clubs de femmes que les dirigeants se tournent pour obtenir de grosses garanties pour les apparitions de leurs artistes, et c'est devant un public composé à soixante-quinze pour cent de femmes que ces artistes s'affichent.

Il en résulte que la vie culturelle des femmes américaines est souvent complètement indépendante de leurs relations avec leurs hommes. Il est désormais admis que, bien entendu, les hommes ne partagent pas et ne doivent pas nécessairement partager l'intérêt des femmes pour les arts ; et même si les affaires ne monopolisent peut-être pas l'Américain d'une manière aussi malsaine que par le passé, le principal changement qui s'est produit est l'introduction du golf, du moins une activité à laquelle les hommes et les femmes peuvent partager. Quel dommage que le bal insaisissable ne soit pas composé d'un peu de Beethoven et de Brahms au lieu du mystérieux mélange de béton et de gutta-percha, et que la vie de famille, qui est la forteresse même de la civilisation, ne puisse profiter de la culture de la musique. comme l'un des liens les plus forts qui unissent mari et femme, fils et filles !

Certains d'entre nous sont trop enclins à considérer la plomberie, le téléphone et les automobiles modernes comme des preuves d'une haute civilisation ou même d'une culture, alors qu'ils ne sont en réalité que des commodités plus ou moins agréables qui contribuent à notre confort mais pas à notre cœur ou à notre tête.

En Europe, les hommes et les femmes partagent plus également l'amour et la culture de la musique, et l'attitude émotionnelle et personnelle des femmes est compensée par l'attitude plus impersonnelle et mentale des hommes. Le résultat se manifeste dans des publics où aucun des deux sexes ne prédomine et, surtout, dans la culture de la musique de chambre à domicile où professionnels et amateurs, hommes et femmes, participent à leur plaisir et à leur développement mutuels. Rien de plus charmant que de telles soirées musicales familiales, au cours desquelles les musiciens s'adonnent aux quatuors à cordes et aux trios avec piano de Mozart, Beethoven et Brahms, avec peut-être un petit public de passionnés composé d'autres membres de la famille et de la moitié d'entre eux. une douzaine d'amis qui se réunissent ensuite pour un joyeux souper composé de pain et de charcuterie, accompagné d'une bonne bouteille de vin ou de bière.

Mon père a porté cette belle coutume dans le Nouveau Monde, et je dois presque toute mon éducation en musique de chambre aux dimanches après-midi chez lui, dont l'atmosphère tranquille et spirituelle est inoubliable.

Il y a quelques années, une réunion s'est tenue au bureau du maire de l'hôtel de ville au cours de laquelle on m'a demandé de parler en faveur de la bonne musique pour les gens le dimanche après-midi et soir. Un ecclésiastique de Brooklyn avait lancé un formidable appel contre toute récréation dominicale et voulait que les échevins fassent revivre les vieilles lois bleues d'il y a deux cents ans. La salle était bondée de monde, et lorsque je parlais de ce que la musique de chambre des dimanches après-midi chez mon père avait signifié pour moi étant enfant, l'auditoire se mit à applaudir avec un tel enthousiasme qu'il n'y avait aucun doute sur l'attitude générale, et mon Les concerts symphoniques du dimanche, que j'ai été le premier à inaugurer à New York, n'ont été gênés qu'une seule fois par les autorités municipales.

Certaines Américaines ont pris conscience de l'état faux et unilatéral de la culture musicale dans notre pays et ont cherché à y remédier en encourageant leurs fils à se lancer dans l'étude d'un instrument de musique. le sentiment du pays n'est pas encore suffisamment éveillé. Platon considérait l'étude et l'appréciation de la musique comme une nécessité éducative pour le jeune Athénien, mais des écoles comme Groton, Saint-Paul et Saint-Marc, par exemple, n'ont pas encore admis la musique dans leur programme régulier et, dans la mesure où elle est étudiée, là, il est plutôt considéré comme un privilège extérieur avec lequel le cursus scolaire n'a aucun lien officiel. Chez les garçons, la nécessité d'exceller dans le football ou le baseball est si soigneusement et constamment insistée sur le fait que presque tout le temps qui reste des heures de classe est consacré à ces sports, et le garçon qui veut continuer l'étude d'un instrument de musique, qu'il aime sa mère a peut-être commencé avec lui avant qu'il entre à l'école, est considérée par les autres garçons comme une poule mouillée. Les normes de conduite personnelle fixées dans ces écoles sont élevées, mais la tendance semble être de rendre les garçons aussi semblables que possible. Beaucoup d'entre eux, s'ils ne sont pas découragés, développeraient un talent artistique affirmé, mais l'individualité et l'indépendance de pensée, qui devraient être la fin et le but de tout enseignement, sont souvent mal vues, et les résultats ne font que contribuer encore davantage à la monotonie de notre société. une vie dans laquelle le courage d'être soi-même est submergé par le désir d'être exactement comme tout le monde.

Les écoles publiques de notre pays font cependant preuve d'une attitude beaucoup plus intelligente qu'autrefois ; et, bien que le temps réservé au chant et à l'étude des débuts de la musique soit encore trop court, la musique est enseignée aux garçons comme aux filles. Le chant des enfants s'est considérablement amélioré et, dans de nombreuses villes, des orchestres scolaires ont été formés, que les garçons et les filles apprécient énormément et dans lesquels la musique de bonne moralité est étudiée.

À Los Angeles et à Berkeley, en Californie, j'ai entendu d'excellents orchestres scolaires, et à Dayton, dans l'Ohio, Mme Talbot s'est personnellement intéressée à ce mouvement avec beaucoup d'enthousiasme et d'excellents résultats.

A New York, mon frère Frank, alors qu'il était surveillant de la musique dans les écoles publiques, effectua une réforme complète dans l'enseignement des enfants et réussit à intéresser les autorités à donner à la musique une place plus importante. Le chant s'est énormément amélioré et depuis sa retraite, M. Gartlan, son successeur, a continué le bon travail. J'ai à plusieurs reprises utilisé des chœurs d'un millier d'écoliers lors des festivals de musique de la Société Oratorio pour produire des œuvres telles que les exquises « Croisade des enfants » et « Les enfants de Bethléem » de Pierné, et les enfants ont chanté les trois- partie des harmonies de leur musique avec une telle pureté et une qualité de son exquise qu'elle fait monter les larmes de joie aux yeux du public.

Des orchestres scolaires ont été formés dans toute la ville et une fois par an, j'emmène tout mon orchestre dans l'un des grands auditoriums des lycées publics et pour deux mille petits musiciens d'orchestre potentiels, nous jouons un programme composé de la musique qu'ils ont j'ai étudié pendant l'hiver. Nous ne jouons jamais devant un public plus enthousiaste et plus charmant.

Il y a trente et un ans, j'ai donné le premier concert d'orchestre pour enfants et il y a vingt-cinq ans, mon frère Frank a fondé les Concerts Symphoniques pour Jeunes, destinés à faire découvrir aux enfants les beautés de la musique orchestrale et, dans un court discours explicatif à percez ses mystères de construction et démontrez les couleurs sonores des différents instruments de l'orchestre. Ces concerts se sont avérés un énorme succès et d'une grande importance pour l'éducation de la génération montante. Lorsque mon frère s'est retiré des travaux publics pour se consacrer exclusivement à la direction de l'Institut d'Art Musical, j'ai repris ces concerts, et j'y ai ajouté depuis un autre cours destiné exclusivement aux petits enfants de sept à douze ans. Les audiences sont vraiment remarquables. Les visages des enfants brillent d'intérêt et d'excitation, et quand je m'assois au piano après avoir joué une ouverture avec l'orchestre et que, répétant une phrase mélodique de celle-ci, je leur demande : « Quel instrument a joué cette mélodie ? leurs petites voix résonnent de toute la salle avec des accents aigus et aigus, comme de petits coups de pistolet : « Le hautbois ! Le hautbois ! La trompette!" Alors je laisse tous ceux qui pensent que c'est le hautbois lever la main, et s'ils ont raison, grand est leur triomphe, et s'ils ont tort, leur chagrin est tout aussi grand. En général, ils ont raison !

Au cours de mes tournées orchestrales, j'ai donné à plusieurs reprises de tels concerts pour enfants l'après-midi précédant la symphonie habituelle du soir, et bien que deux de ces concerts en une journée représentent un grand effort, les enfants exigent surtout une grande dose de vitalité afin de maintenir leur intérêt. Je me suis senti plus que récompensé par les résultats ; dans de nombreuses villes, mon travail dans cette direction a été poursuivi par les orchestres locaux ou les clubs musicaux (encore des femmes !), et avec les résultats les plus heureux.

A New York aussi, les femmes dévouées à la musique ont grandement contribué à son développement, mais parfois le résultat de leurs efforts n'a pas été aussi bénéfique. Il n'y a pas si longtemps, un musicien étranger beau mais incompétent (je ne divulguerai aucun nom ni date dans cette histoire) est venu à New York et a s'est attiré les sympathies de quelques femmes enthousiastes. Comme de nombreuses femmes ont besoin d'une personnalité sur laquelle centrer leur dévotion à l'art, elles ont décidé que New York devrait avoir ce gentleman en particulier pour diriger son avenir symphonique. L'homme d'affaires américain est proverbialement bon enfant envers ses femmes et prêt à dépenser de l'argent pour de la musique à condition de ne pas être obligé de l'écouter. Ces dames ont donc rassemblé un énorme fonds pour donner une série de concerts orchestraux. La somme était suffisante pour maintenir un bon orchestre symphonique entre de bonnes mains pendant tout un hiver, mais dans ce cas, elle ne devait être dépensée que pour six concerts. Le beau jeune étranger donna son premier concert, qui fut un échec si complet et si lamentable — il était non seulement sans réputation, mais presque sans expérience dans des œuvres de ce genre — que même son petit groupe d'adorateurs en fut consterné et proposa d'annuler le concert. reste des concerts. Une dame, cependant, qui avait son chef préféré, suggéra qu'une honte totale pourrait être évitée si son protégé était invité à diriger les concerts restants. Comme il était un excellent artiste et parfaitement habitué à manier les musiciens d'orchestre, les résultats furent si bons et, surtout, contrastèrent tellement avec la terrible tragédie du premier concert que la dévote enthousiaste saisit l'occasion et suggéra de créer un nouvel orchestre. devraient être formés pour l'hiver suivant, dont les concerts seraient dirigés par celui qui leur avait sauvé la situation. New York avait déjà en moyenne au cours de l'hiver cent cinquante concerts symphoniques du New York Philharmonic, du New York Symphony, du Boston Symphony et de l'Orchestre de Philadelphie, et il semblerait que les besoins symphoniques de notre public étaient déjà plus que largement approvisionné ; mais une femme enthousiaste, surtout lorsqu'elle est motivée par son dévouement envers un artiste favori, refuse de reconnaître les conditions pratiques, et ce petit groupe a donc commencé à rassembler davantage de fonds, s'élevant à des centaines de milliers de dollars, afin de mettre correctement le nouvel orchestre sur sa bonne voie. pieds.

Leur première difficulté fut de trouver de bons joueurs. Il n'y a jamais beaucoup d'interprètes symphoniques de premier ordre. Non seulement les deux orchestres new-yorkais de longue date emploient chacun une centaine de musiciens, mais les orchestres d'autres villes viennent à New York pour combler leurs postes vacants. Pendant des années, le Philharmonique, l'Orchestre symphonique de New York et d'autres orchestres de l'extérieur de la ville avaient convenu de ne pas se voler les musiciens des uns et des autres, mais cette nouvelle organisation a immédiatement pris trente-sept musiciens à l'Orchestre philharmonique en leur offrant des prix immensément plus élevés. les salaires. Ils n'ont pas pris un seul musicien de l'Orchestre Symphonique de New York en raison, comme ils l'ont juré, du grand respect personnel qu'ils avaient pour moi, mais je pense que c'était en partie dû au fait que nous avions un contrat de deux ans avec tous nos hommes qui les liait. à nous très efficacement pour une autre saison. Ils ont encore rempli leurs rangs avec des membres de l'Orchestre de Boston et d'autres organisations de l'extérieur de la ville, puis ont entamé leur première saison régulière en tant qu'Orchestre de New York en protestant bruyamment que New York avait enfin une organisation digne de la métropole. Cet orchestre dura deux ans d'existence, au terme desquels il connut une fin lamentable avec une dépense pour les trois saisons dépassant les recettes du box-office de près d'un million de dollars, ce que leurs hommes surpris et dépités les garants ont dû payer. Ce n'est là qu'une des nombreuses entreprises irrégulières de ce type, dont chacune a englouti des centaines de milliers de personnes. On pourrait penser que l'échec inévitable de ces efforts dissuaderait d'autres de les entreprendre, mais tel n'est pas le cas. L'espoir est éternel dans le cœur de la musicienne passionnée et je viens d'entendre parler d'un nouvel orchestre en train d'être formé afin de permettre à un autre étranger, dont les interprétations seront bien sûr une révélation pour notre public, de brandir son bâton dans ce pays. essayer car les siens ont refusé de l'accepter selon sa propre évaluation.

Ces dernières années, la musique de chambre à New York a reçu de grands encouragements et un soutien intelligent de la part des femmes. Mme Frederick S. Coolidge s'est révélée une véritable marraine pour cette belle branche de l'art musical, et chaque automne, les festivals de musique de chambre qu'elle donne à Pittsfield dans les collines du Berkshire rassemblent parmi ses invités des rassemblements notables de musiciens et d'amateurs de musique. Depuis plusieurs années, elle offre de généreux prix lors de concours pour diverses formes de musique de chambre. Mais pour moi, la chose la plus encourageante qu'elle ait faite est de demander à certains compositeurs d'écrire des compositions pour ces festivals. Ni les quatuors à cordes ni les sonates pour violon ne pourront jamais devenir rentables pour le compositeur dans le cadre du commerce ordinaire, car le nombre d'exemplaires pouvant être vendus de ces œuvres est nécessairement limité. Même les jeunes compositeurs américains doivent vivre, et s'ils veulent consacrer leur temps à la création de formes d'art sérieuses, ils devraient être assurés d'au moins une certaine récompense financière pour le temps qu'ils y consacreront.

Mme Ralph Pulitzer a entièrement entretenu un excellent quatuor à cordes au cours des trois dernières années, et j'aimerais voir d'aussi excellents exemples suivis par d'autres parmi nos aisés, car la musique de chambre est essentiellement écrite pour être jouée à la maison et perd beaucoup de son charme et de son intimité s'il est donné dans une salle plus grande et devant des centaines de personnes.

Pendant un certain temps encore, l'initiative d'une éducation musicale plus générale de notre peuple devra venir des femmes. Si les mères américaines exigent et obtiennent pour leurs fils les mêmes privilèges et opportunités musicales dont leurs filles bénéficient actuellement, l'Amérique deviendra rapidement le pays le plus musical du monde.

Beaucoup a déjà été fait, mais il reste encore beaucoup à faire, et j'aimerais vivre cent ans de plus rien que pour observer cette évolution et me réjouir de ses résultats.

XVIII

BOSTON

En 1887, je visitai Boston pour la première fois professionnellement. J'avais commencé mes récitals de conférences wagnériennes à New York un an ou deux auparavant, et ils s'étaient répandus comme une traînée de poudre dans toutes les directions. L'enthousiasme pour Wagner, allumé en une flamme vive par la création par mon père de l'opéra allemand au Metropolitan Opera House, avait engendré un désir largement répandu de mieux connaître la musique de Wagner et ses théories concernant le drame musical.

J'ai reçu une invitation d'un groupe de femmes de Boston, dont Mme John L. Gardner, Mme OB Frothingham, Mme George Tyson et Mme Henry Whitman, pour donner mes récitals de conférences sur la « Trilogie des Nibelungen ».

Boston occupait à cette époque une position unique en tant que seule ville d'Amérique à posséder un orchestre permanent, entretenu par le major Henry Lee Higginson, pour la culture de la musique symphonique. Un petit groupe de Bostoniens très instruits et socialement éminents, appartenant aux plus anciennes familles de la Nouvelle-Angleterre, ont fait de cet orchestre presque le centre de leur vie sociale. Les concerts hebdomadaires étaient les grands événements, les programmes étaient discutés avec enthousiasme, et son chef, Wilhelm Gericke, était tour à tour maudit ou béni selon son attitude à l'égard d'une nouveauté qu'il venait de produire.

Parmi ce groupe, j'ai été chaleureusement accueilli. L'atmosphère était intensément locale, pour ne pas dire provinciale, et face à la vie chercheuse et fébrile d'une grande métropole comme New York, avec ses nombreux intérêts contradictoires et ses courants raciaux, la tranquillité et la qualité purement américaine de la vie de Boston, telle qu'elle se présentait à pour moi, c'était un contraste complet. Je parle du Boston d'il y a trente-cinq ans et de conditions qui ont dans une certaine mesure disparu, car aujourd'hui même les jeunes descendants des habitants de la Nouvelle-Angleterre de cette époque semblent trouver leurs plaisirs d'une manière différente et plus agitée.

Dans le groupe dont j'ai parlé, Mme Gardner était parmi les plus originales et les plus fascinantes. Elle était certainement le levain de la masse de Boston et choquait parfois les éléments les plus posés par ses innovations et son intérêt pour des courants artistiques et littéraires plus modernes que ceux qui avaient jusqu'ici ondulé sa calme surface émersonienne. Boston était peut-être à cette époque le meilleur exemple de cette culture musicale typiquement américaine dont j'ai parlé ailleurs, qui, au lieu de naître des masses, était soigneusement introduite et nourrie par une communauté aristocratique et cultivée à travers des concerts symphoniques et des conférences sur la musique. Son impulsion originelle venait peut-être plus de la tête que du cœur, mais il ne serait donc pas juste de dire que les habitants de la Nouvelle-Angleterre abordaient la musique uniquement d'un point de vue intellectuel. J'ai vu des explosions d'émotion très fortes parmi le public de Boston, à la fois lors de mes récitals Wagner et des années plus tard, lorsque je suis revenu avec la Damrosch Opera Company pour donner les drames musicaux de Wagner. Même s'il est possible qu'ils aient ressenti par la suite une profonde honte de ces enthousiasmes et se soient exclamés : « Est-ce Boston ? il n'en reste pas moins que même un Bostonien est humain, comme les autres Américains, et n'a besoin que d'être encouragé pour prouver qu'il a lui aussi un cœur capable de battre chaleureusement et de répondre aux émotions suscitées par l'art.

Leur capacité d'amitié dans le sens le plus noble du terme est merveilleuse, et j'ai rencontré nombre de mes plus chers amis à cette époque. Depuis lors, nous avons tous beaucoup vieilli, à l'exception de Mme Gardner, sur laquelle les années ne laissent aucune empreinte et dont l'enthousiasme pour la vie et l'art flamboie avec autant d'éclat aujourd'hui qu'à l'époque.

J'étais certainement très jeune à cette époque, et je me souviens qu'après une de mes conférences, qui s'était déroulée avec beaucoup d'enthousiasme, je marchais le long de Boylston Street en direction de mon hôtel, pensant dans ma jeune vanité que j'étais évidemment un personnage remarquable, quand je vis que la rue était remplie de foule et que la police se frayait un passage avec difficulté pour laisser passer une voiture découverte, tirée par deux chevaux. Dedans était assis un monsieur plutôt corpulent, au visage rasé, avec un haut chapeau de soie très brillant, et les gens l'acclamaient comme des fous. "Qui est-ce?" J'ai demandé à un passant. Il m'a lancé un regard méprisant et a arrêté de m'encourager juste le temps de dire : « Vous ne reconnaissez pas John L. Sullivan quand vous le voyez ? J'acceptai docilement la réprimande et entrai dans mon hôtel en homme beaucoup plus modeste que je l'avais quitté quelques heures auparavant. John L. Sullivan, « le plus grand citoyen de Boston », revenait tout juste d'un combat à Londres, mais je ne sais toujours pas s'il a gagné ou perdu.

L'orchestre de Boston était alors dirigé par Wilhelm Gericke, qui l'avait porté à un état de compétence remarquable. J'ai trouvé que c'était un homme très sympathique, un musicien consciencieux et toujours doux et amical dans son attitude. Je l'enviais parce que, alors que je devais alors entretenir mon orchestre par mes propres efforts, il avait derrière lui un grand philanthrope. Son orchestre était engagé à l'année, ne jouait sous la direction d'aucun autre chef et se réunissait chaque matin à 9h30, comme sur des roulettes, pour les répétitions. Gericke a amené l'orchestre à un haut niveau de virtuosité. Son sens des valeurs était absolu, et sous sa formation et grandement aidé par Franz Kneisel, son maître de concert, les cordes acquièrent bientôt une grande unanimité et une qualité de son ravissante. Ses lectures étaient toujours musicales, même si je trouvais parfois qu'elles étaient trop réservées. Il avait horreur de l'exagération des cuivres, et peut-être avait-il commis une erreur en les soumettant trop ; mais lorsqu'il revint, des années après, pour cinq années supplémentaires à Boston, ses lectures avaient gagné en liberté et en élasticité, et l'équilibre des différents chœurs semblait parfaitement ajusté. Boston, et même le pays, lui doivent beaucoup. Il a eu de la chance dans ses opportunités, mais il s'en est montré digne.

À tort ou à raison, le major Higginson s'était donné pour règle de n'engager pour son orchestre que des chefs d'orchestre allemands. Il avait acquis son premier enthousiasme pour la musique symphonique dans sa jeunesse à Vienne et avait fermement en tête l'idée que seule l'Allemagne pouvait donner à son orchestre les chefs dont il avait besoin. Parmi la longue lignée de chefs d'orchestre qui allaient et venaient, tous, bien entendu, n'avaient pas la même valeur. Quelques-uns étaient nettement médiocres, et je me souviens d'un dont l'incompétence et la vanité fanfaronnes ont finalement tellement enragé le major Higginson que, comme ce monsieur ne voulait pas démissionner lorsqu'on le lui demandait parce que son contrat avait encore un an à courir, Higginson lui a envoyé un chèque pour la totalité. montant et l'a licencié. Curieusement, l'impulsion que lui donna la réputation d'avoir été chef du Boston Symphony Orchestra fut si grande qu'elle le conduisit dans deux autres orchestres américains, dont il mena l'un au bord de la ruine et l'autre complètement ruiné, de sorte que la ville qui l'avait fondée et lui avait prodigué des centaines de milliers de dollars est désormais sans orchestre symphonique et semble avoir perdu le courage de recommencer.

Mais parmi les chefs d'orchestre du Boston Orchestra, deux se distinguent comme étant parmi les meilleurs que l'Europe ait envoyés. Il s'agit d'Arthur Nikisch et du docteur Karl Muck. Celui-là est mort l'hiver dernier, aimé et pleuré par le public musical de toute l'Europe et de l'Amérique du Nord et du Sud ; l'autre a été renvoyé de notre pays en Allemagne après la guerre dans une disgrâce méritée, après avoir été interné comme prisonnier de guerre à Fort Oglethorpe.

Lorsque j'ai rencontré Arthur Nikisch pour la première fois en 1887, il était chef d'orchestre à l'Opéra de Leipzig. J'y étais allé pour assister à une réunion et à un festival annuel du Tonkünstler-Verein, une association dont Franz Liszt avait toujours été le président et qui avait été formée à l'origine par un petit groupe d'adhérents de Liszt-Wagner-Berlioz, dont mon père en était un. L'un des événements marquants du festival était une représentation sur scène de « Benvenuto Cellini » de Berlioz, donnée en l'honneur de Liszt. L'œuvre m'a fasciné et sa représentation sous la direction du jeune Nikisch m'a ravi au-delà des mots. En apparence, il avait déjà les mêmes caractéristiques que ses ennemis décriaient mais qui, chez ses amis, ne suscitaient qu'un rire ravi lorsqu'il apparaissait sur l'estrade, et qui se transformaient rapidement en un ouragan d'enthousiasme après qu'il eut démontré son merveilleux talent d'interprète. Je fais référence à la longue mèche noire qui pendait toujours bas sur son front et à ses manchettes blanches encore plus longues qui enveloppaient de plus en plus ses petites mains blanches à mesure que la représentation progressait.

Gericke avait développé l'orchestre pour en faire un instrument parfait et, lorsque Nikisch arriva, il en joua comme un virtuose. J'ai toujours soutenu que Nikisch avait acquis une maîtrise encore plus grande au cours de ses années en Amérique, car jusqu'alors il ne disposait pas d'un tel orchestre. Le célèbre Leipzig Gewandhaus et la Philharmonie de Berlin, qu'il dirigeait, souffrent des troubles communs à toutes les organisations coopératives. Leurs membres dépassent leur période d'utilité et conservent des places permanentes dans l'orchestre après avoir cédé la place à des hommes plus jeunes et meilleurs.

Les lectures de Nikisch étaient nettement personnelles et, par conséquent, parce qu'elles reflétaient sa propre nature, si complaisantes que j'ai souvent apprécié certaines de ses interprétations même si je les considérais comme fausses et contraires aux intentions du compositeur. Nikisch les a rendus convaincants pour le moment.

Le docteur Muck, qui deviendra quelques années plus tard chef d'orchestre de l'Orchestre symphonique de Boston, se montre moins personnel dans ses lectures. Son travail principal en Allemagne avait été la direction d'opéras, et parfois un manque de routine dans le travail symphonique se manifestait par des programmes mal combinés, mais seulement dans ce domaine. En tant que chef d'orchestre des symphonies de Beethoven et de Brahms, il était un maître et, pour moi, ses interprétations de Brahms comptent parmi les plus belles que j'ai entendues. Ce fut une tragédie que cet homme, qui avait non seulement gagné la confiance et le respect de son patron, le major Higginson, plus que tout autre chef d'orchestre de Boston, qui était admiré non seulement à Boston mais dans toutes les villes où l'orchestre visité, et à qui l'Amérique avait donné un éloge sans limites, aurait dû, au moment crucial, se révéler un Prussien hautain et arrogant du pire type de Junker, ingrat envers l'homme à qui il devait ses nombreuses années de succès en Amérique, et finalement même un abject lâche et renégat envers le pays auquel il devait allégeance nationale.

L'histoire dans son intégralité est trop désagréable pour être racontée, mais comme après le retour de Muck en Allemagne, il a jugé bon de se livrer aux diatribes les plus violentes contre l'Amérique et le traitement qu'elle lui a réservé, il est légitime de dire un peu de vérité dans ces pages. .

Pour bien comprendre l'histoire, il est nécessaire de rappeler l'enthousiasme qui a balayé le pays lorsque nous sommes finalement entrés dans la Grande Guerre. Les guerres suscitent autant les préjugés que le patriotisme, la suspicion autant que la foi. L'un des résultats curieux, presque pathologiques, de la psychose de la guerre est la folie des espions, et celle-ci s'est manifestée de manière remarquable dans les années 1917 et 1918, en Amérique comme en Europe. Il suffit de rappeler les nombreuses histoires de courts de tennis en béton découverts et certifiés par des personnes réputées comme ayant été construits des années auparavant par des officiers de l'armée allemande, qui, déguisés en « riches financiers américains » (!), avaient construit de somptueuses propriétés à la campagne le long de la frontière. la côte atlantique , qui possédaient toutes ces remarquables courts de tennis en béton. Ceux-ci devaient soutenir de gros canons qui, le moment venu, devaient faire disparaître la marine américaine ! Il y avait aussi des histoires merveilleuses de fils secrets découverts dans des maisons privées et d'étranges phares s'allumant soudainement à intervalles réguliers le long de la côte pour signaler des messages à quelque mystérieux sous-marin allemand.

Tout cela ressemblait à un roman de guerre d'Oppenheim, et comme certaines de nos dames rejoignirent les services secrets à titre officieux, elles, avec d'autres - qui considéraient que c'était le comble de l'infidélité envers notre pays que d'apprécier une symphonie de Beethoven ou un opéra de Wagner alors que nous étions en guerre contre l'Allemagne - passaient de beaux moments dans l'heureuse illusion qu'ils faisaient un véritable travail de guerre.

Le docteur Muck devint immédiatement un centre de suspicion. Il avait loué un chalet à Seal Harbor, dans le Maine, pour l'été 1917 et, bien sûr, il fut immédiatement accusé de posséder un équipement sans fil et de transmettre des signaux à toute une flotte de sous-marins allemands qui naviguaient au large de l'île des Monts Déserts et dont l'objectif immédiat était , bien sûr, pour capturer tous les millionnaires de Bar Harbor et les retenir captifs contre d'énormes rançons.

Selon d'autres, il avait placé dans la cave de sa maison à Boston un combiné téléphonique qui captait habilement le fil du téléphone de la dame d'à côté, et elle, à sa grande horreur, dut un matin décrocher son téléphone pour appeler chez son boucher, j'ai entendu sa voix allemande « gutturale » converser avec un mystérieux Allemand à l'autre bout du fil au sujet d'une cargaison de dynamite, qui devait être utilisée, bien sûr, pour détruire Faneuil Hall et la maison natale d'Henry W. Longfellow dans le Maine.

Il n'y avait pas d'histoire si folle qu'elle ne gagnât en crédibilité, mais il n'était pas si étrange que beaucoup de ces rumeurs absurdes soient centrées sur le docteur Muck. Son attitude à notre égard était devenue de plus en plus dédaigneuse. Il était peut-être naturel qu'il sympathise avec son propre pays, mais il fallait également s'attendre à ce qu'il fasse preuve de tact et de réticence à cet égard. Il aurait pu prendre exemple sur Fritz Kreisler qui, en tant que citoyen autrichien, a servi au début de la guerre dans l'armée autrichienne, mais a pris sa retraite et est revenu dans ce pays avant que nous n'entrions dans le conflit. À partir de ce moment-là, il a agi avec tant de dignité et de tact, renonçant à jouer en public pendant cette période critique, qu'il a conservé le respect personnel et l'affection de tous les Américains bien pensants.

À mesure que la situation de guerre devenait de plus en plus grave, le docteur Muck semblait devenir de plus en plus hautain. Répondant à une impulsion tout à fait naturelle, le public a exigé que nos orchestres commencent ou terminent leurs concerts par l'hymne national. C'était devenu le symbole de notre patriotisme, et alors que des millions de nos jeunes hommes commençaient à se rassembler dans les camps et à être envoyés à l'étranger dans les transports, « La bannière étoilée » commençait à éveiller dans tous les cœurs des émotions à peine connues. à notre génération d'avant-guerre. Le docteur Muck a refusé de jouer l'hymne. Pas de Boston ni de New York, hélas, mais de Providence, Baltimore et Pittsburgh, des murmures de colère commencèrent à se faire entendre. Ces villes ont insisté pour qu'un orchestre qui, en temps de guerre, n'était pas disposé à jouer notre hymne national ne soit pas autorisé à jouer du tout. Dans une interview accordée au journal, le docteur Muck a répondu qu'il dirigeait une institution artistique et que « La bannière étoilée » n'était pas une œuvre d'art et qu'elle était donc « uniquement adaptée à être jouée par des orchestres de bal et des fanfares militaires ».

Jusqu'alors, j'avais soutenu le docteur Muck dans la mesure où il lui semblait tout aussi de mauvais goût, en tant qu'Allemand, de diriger notre hymne national en temps de guerre avec son pays, que cela l'était pour notre public d'insister pour qu'un Allemand le fasse. donc. Il aurait pu dire : « Je suis Allemand ; mon pays est en guerre contre le vôtre. Je suis votre invité car en 1915 le major Higginson a insisté pour que je retourne en Amérique car il pensait que l'orchestre ne pourrait pas exister sans moi. Je me trouve maintenant dans une position malheureuse. Laissez-moi me retirer de la direction d'orchestre ici pendant la guerre, ou du moins laissez votre hymne national être dirigé par le maître d'orchestre.

Mais cette interview était une esquive désinvolte du véritable sujet en litige, et lorsque le journaliste du *New York Tribune* me l'a apporté, je me suis exclamé que je ne croyais pas que le docteur Muck ait pu dire quelque chose d'aussi scandaleux, sur quoi le journaliste m'a dit que son éditeur s'attendait à ce que je dise cela et avait donc télégraphié à Boston et obtenu une confirmation de l'entretien. Je me suis alors exprimé dans un langage très clair sur l'attitude du docteur Muck, mais sa seule réponse fut une nouvelle interview dans laquelle il déclarait que tout cela était une erreur, qu'il n'était pas allemand mais suisse ! Cette affirmation tardive, basée sur des détails techniques et contraire aux faits, a été immédiatement démentie par le ministre suisse à Washington, et tout à coup le docteur Muck a commencé à diriger « The Star-Spangled Banner », mais de façon apathique, bien qu'une demi-douzaine les villes lui fermèrent alors leurs portes et les concerts de l'orchestre durent être annulés.

Entre-temps, les services secrets du gouvernement suivaient patiemment toutes les rumeurs et tous les indices concernant les prétendues activités d'espionnage de Muck, et même s'ils découvraient que son attitude à notre égard était absolument hostile et qu'il était donc décidément *persona non grata*, il n'y avait aucune raison. fondement de vérité dans les rumeurs le reliant aux fils, aux réseaux sans fil, aux phares, à la dynamite ou aux sous-marins allemands. Les services secrets ont cependant découvert à son égard d'autres choses désagréables qui n'avaient aucun rapport avec la guerre mais qui l'engageaient à être tenu responsable selon les lois de notre pays. Un paquet de lettres incriminantes lui fut montré et, après avoir reconnu qu'il les avait écrites, il eut le choix d'être internement comme prisonnier de guerre à Fort Oglethorpe ou d'être arrêté pour une autre accusation et traduit devant les tribunaux civils pour y être jugé. Il leva naturellement les mains et accepta le premier comme un moindre mal. Comme il a été libéré après la guerre à condition qu'il retourne dans son propre pays, je ne vois qu'il ait autre chose que de la gratitude envers ce pays et son traitement indulgent à son égard.

Toute cette affaire fut un choc terrible pour le major Higginson. C'était un vieil homme et les découvertes concernant le docteur Muck, en qui il avait eu tant de confiance et dont il s'était porté garant si absolument, lui étaient insupportables. Il s'attendait à continuer de soutenir l'orchestre, et il était généralement admis qu'il laisserait à l'organisation une dotation suffisante pour l'entretenir après sa mort. Au lieu de cela, il annonça sa détermination à se retirer complètement et laissa la décision de continuer ou non l'orchestre à un groupe de mélomanes qu'il avait réunis. Pendant un certain temps, son avenir fut fortement mis en doute. Trente des musiciens ont été licenciés en raison de leur nationalité allemande, mais des fonds ont été souscrits par divers citoyens de Boston pour reconstruire l'orchestre, et aujourd'hui, sous la direction de Pierre Monteux, il retrouve rapidement son ancienne excellence. Il n'occupera plus jamais la position unique qu'il occupait il y a vingt-cinq ans et plus, car depuis lors, tant d'autres orchestres symphoniques ont été fondés en Amérique sur des principes similaires et avec des dotations généreuses similaires. Mais le major Higginson retiendra toujours la gloire d'avoir ouvert la voie. Il a établi la norme, et l'Amérique rendra à sa mémoire un respect et une gratitude affectueux.

XIXème

MARGARET ANGLIN ET LES PIÈCES GRECQUES

Au cours de l'hiver 1915, je reçus une lettre de Margaret Anglin, notre éminente actrice américaine, me demandant de composer la musique de scène de deux pièces grecques qu'elle avait l'intention de jouer l'été suivant au grand théâtre grec en plein air de Berkeley, en Californie. Les pièces sélectionnées étaient « Iphigénie en Aulis » d'Euripide et « Médée » de Sophocle. J'étais fasciné par le problème impliqué, car il nécessitait non seulement la composition de la musique mais aussi la création d'une forme dans laquelle elle devait être coulée.

Nous savons très peu de choses sur la musique des Grecs anciens, et si nous cherchions à l'imiter, cela semblerait si archaïque et même si contre nature à nos oreilles modernes qu'il ne parviendrait pas à soutenir correctement les émotions du drame pour nous. Alors que les Grecs avaient développé la technique du drame dans une mesure remarquable, la musique en tant qu'art en était à cette époque à ses balbutiements, même si son importance était pleinement reconnue par Platon et les grands dramaturges.

Le problème pour moi était d'écrire une musique qui tire pleinement parti du développement moderne de l'harmonie et de l'orchestration, et qui forme un courant émotionnel sur lequel le drame puisse flotter sans être en aucune façon submergé. Le traitement du chœur grec était un autre problème pour lequel je n'avais pas de précédent. Mendelssohn avait écrit une musique de scène pour « Antigone », mais cette musique ne représente pas Mendelssohn sous son meilleur jour, car elle est en grande partie de caractère sec et académique.

Les chœurs grecs commencent généralement par le récit d'une vieille histoire mythologique, que tous les Grecs du public de cette époque connaissaient depuis leur enfance. Peu à peu, cette histoire est mise en relation avec la situation scénique et atteint son paroxysme lorsque le chœur implore les acteurs d'en tirer la leçon. Ces chœurs, je les ai traités de diverses manières, selon les besoins de la situation dramatique. Certains étaient récités sur un courant musical doux mais expressif, d'autres étaient chantés et d'autres encore étaient une combinaison des deux. Je ferais réciter l'histoire de la vieille légende grecque par le premier chef de chœur. Ensuite, le deuxième chef, en l'appliquant à la situation dramatique, se mettait à chanter, jusqu'à ce que, dans la troisième phase, le chœur tout entier se joigne à ses plaidoiries ou à ses avertissements passionnés.

Au printemps 1915, j'ai pris un petit cottage à Setauket, Long Island, et là, en six semaines, j'ai écrit la musique entière des deux pièces, les parties d'orchestre étant copiées feuille par feuille au fur et à mesure que ma partition était terminée. En juin, je les ai mis dans mon sac et j'ai voyagé à travers le continent pour rencontrer Margaret Anglin et prendre en charge la partie musicale de la production.

En arrivant à San Francisco, j'ai trouvé la grande Exposition universelle déjà en pleine activité. Son architecture espagnole et la verdure luxuriante dans laquelle il était enfermé en faisaient un parfait rêve de beauté, mais je ne me donnai que peu d'occasions d'en profiter, car ma véritable mission était de l'autre côté de la baie, au Théâtre grec de Berkeley, où Margaret Anglin et un La compagnie des joueurs était déjà occupée, du matin au soir, à répéter. Ils attendaient avec impatience ma musique pour qu'elle s'intègre bien aux arrangements scéniques.

Le Théâtre grec de l'Université de Californie est l'une des structures de ce type les plus remarquables au monde. Construit en amphithéâtre à flanc de colline et absolument sur le modèle des anciens théâtres grecs, son sommet est bordé de sombres eucalyptus.

Quelques années auparavant, j'avais assisté à une représentation de la « Bacchante » d'Euripide donnée par une compagnie d'acteurs romains dans un amphithéâtre antique situé sur le flanc d'une colline surplombant Florence. Une grande partie de cette représentation avait été impressionnante, mais la musique était sordide et, comme la pièce était donnée selon la vieille coutume grecque en fin d'après-midi, le soleil cruel rendait le maquillage des acteurs et les couleurs criardes de leurs costumes doublement prosaïques. . Les Grecs de l'Antiquité n'avaient pas d'éclairage artificiel et étaient donc obligés de donner leurs représentations à la lumière du jour, même s'ils cherchaient à la tempérer pour que la nuit tombe vers la fin de la pièce. Margaret Anglin, avec son génie caractéristique, a compris qu'un glamour et une illusion scénique bien plus grands pourraient être produits en donnant ses représentations la nuit, en laissant le public dans l'obscurité et en délimitant la scène avec de grandes lumières électriques d'en haut, qui pourraient être augmentées ou diminuées. selon les besoins réels du drame.

Si le drame en Amérique avait été traité avec autant de sérieux par ses citoyens cultivés que la musique, Margaret Anglin serait peut-être aujourd'hui la directrice artistique d'un théâtre doté de moyens consacrés aux productions de Shakespeare, Goethe, Molière, Calderon, Eschyle, Sophocle, et Euripide. Ces grands maîtres de la scène constitueront une part tout aussi importante de son répertoire que les symphonies de Beethoven et de Brahms constituent une part importante des programmes du New York Symphony Orchestra. Margaret Anglin est aujourd'hui la plus grande tragédienne de la scène américaine et devrait jouer *Médée* et *Lady Macbeth* . Mais au lieu de cela, elle doit parcourir le pays, jouer « Green Stockings » et autres piffles similaires, et ne se livre à ses ambitions et idéaux artistiques que dans des productions occasionnelles de drames grecs, à ses propres risques et en grande partie à ses propres frais.

J'étais extrêmement intéressé par les répétitions sur la scène du Théâtre grec. Ils commençaient à neuf heures trente du matin et duraient souvent – avec une pause d'une heure ou deux pour le déjeuner – jusqu'à huit heures du soir, mais comme ils se déroulaient en plein air, dans le grand air frais de la Californie, il n'y avait que peu de temps. fatigue, et tous les intéressés se livrèrent avec enthousiasme à la direction et à la conception pittoresque de Miss Anglin.

Elle avait loué un bungalow près du théâtre et un majordome japonais. Ce petit Japonais apparaissait toujours à une heure avec un panier rempli des plats de déjeuner les plus délicieux, décorés artistiquement dans un véritable style japonais par ses propres doigts habiles. Il semblait avoir un grand penchant pour la scène, affirmait qu'il avait joué *Hamlet* au Japon et qu'il restait assis des heures après le déjeuner à regarder la répétition, avec ses petits yeux impénétrables fixés sur la scène. Je me suis souvent demandé si, à son retour au Japon, il avait donné des représentations des pièces grecques à ses propres compatriotes et si de grands changements ou adaptations étaient nécessaires pour les rendre compréhensibles à son public.

Même si le plan général de l'action et du regroupement avait été soigneusement élaboré par Miss Anglin, elle avait l'esprit et les yeux ouverts et modifiait souvent complètement l'arrangement si une amélioration pouvait ainsi être effectuée. Cela signifiait des répétitions incessantes, au cours desquelles sa patience et sa joyeuse courtoisie ne lui faisaient jamais défaut.

Un piano à queue avait été roulé dans un coin de la scène, et j'étais tellement fasciné par les répétitions et l'évolution progressive des tableaux sous ses mains habiles, que j'ai insisté pour toujours jouer moi-même la musique de scène, même si certains des les scènes se sont répétées des dizaines de fois.

Miss Anglin avait fait appel aux services de quatorze des étudiantes les plus charmantes et les plus talentueuses de l'Université de Californie pour former son chœur grec. La beauté semble s'épanouir naturellement sur la côte du Pacifique, et certaines de ces jeunes dames étaient de glorieux spécimens d'un charme véritablement grec et sculptural. La récitation d'un des chœurs, qui devait être dit dans une sorte de rythme élastique sur la musique de l'orchestre, fut confiée à une de ces Dianes de Berkeley, et comme elle n'en avait aucune idée, pour elle, une combinaison nouvelle. , Miss Anglin m'a demandé de lui faire une répétition séparée après le déjeuner. Je me suis assis au piano et lui ai récité le refrain pendant que je jouais la musique qui l'accompagnait. Elle se tenait à mes côtés, écoutant attentivement et ressemblant à une statue de Diane d'Éphèse. Puis, baissant la tête avec une dignité majestueuse, elle dit : « Je te comprends ! » Hélas! l'illusion avait disparu, et sa voix m'a ramené brusquement de mon rêve de 400 avant JC à la Californie de 1915. Elle ne m'avait cependant pas « compris », et j'ai finalement été obligé de confier ce refrain à une autre jeune femme, moins sculpturale en son genre. forme mais plus habile dans la réalisation de l'unité plastique entre la parole et la musique.

Mais mes véritables ennuis ont commencé lorsque j'ai essayé de rassembler un orchestre de cinquante personnes pour les représentations. A cette époque, il n'y avait pas beaucoup de bons musiciens à San Francisco, et même ces quelques-uns étaient engagés en permanence dans le grand orchestre de l'Exposition universelle. Ma première répétition a été vraiment pathétique : j'avais été tellement gâtée par les nombreuses années d' association avec mon adorable orchestre symphonique de New York. Mais quand on veut, on peut, et en volant quelques hommes dans les théâtres locaux et en empruntant quelques autres aux orchestres d'exposition, nous avons pu rassembler un assez bon corps d'hommes.

Le succès des productions de Miss Anglin fut vraiment remarquable. Il y avait dix mille personnes à chaque représentation et « Iphigénie en Aulis » dut être répétée deux fois. Dans cette œuvre, le camp d' *Agamemnon* et son atmosphère de guerre étaient illustrés graphiquement, et cinq cents étudiants de Berkeley, vêtus de façon pittoresque et bien entraînés, donnaient une image très vivante du camp des soldats, surtout à la fin de la pièce lorsque l'Oracle a annoncé que le vent a changé, et ces centaines de soldats se sont précipités sur la scène dans un tumulte de joie pour monter à bord de leurs navires et naviguer vers Troie.

La « Electra », pour laquelle William Furst avait écrit la musique pour Miss Anglin des années auparavant, a également été interprétée. Finalement, j'ai également composé la musique de cette pièce, et les trois drames ont été joués à New York quelques années plus tard, à la demande de M. Flagler, sur la scène du Carnegie Hall, savamment transformée pour l'occasion en théâtre grec. théâtre.

Nous avons tous été émerveillés par la modernité saisissante de ces pièces, écrites il y a plus de deux mille ans, qui semblaient données sous la direction artistique de Margaret Anglin. *Electre* , attendant hors des murs du palais le bruit qui lui annoncera la mort d' *Égisthe* et *de Clytemnestre* ; *Médée* , entrée dans le palais pour tuer ses propres enfants et ceux *de Jason* afin de le punir de son mariage avec la jeune princesse, tandis que le chœur, secouant la grille de fer des portes, implore *Médée* de ne pas tuer ses enfants ; *Iphigénie* , fille cadette d' *Agamemnon* , descendant seule le grand escalier pour souffrir la mort dans le bosquet sacré de la déesse Artémis, afin que sa colère soit apaisée et que des vents favorables envoient les armées d'*Agamemnon* à Troie, ce sont toutes des scènes inoubliables. et j'étais ravi de sentir que la musique que j'avais écrite n'était pas inappropriée, mais formait une bonne toile de fond pour ces moments cruciaux.

vents favorables envoient les armées d'*Agamemnon* à Troie, ce sont toutes des scènes inoubliables. et j'étais ravi de sentir que la musique que j'avais écrite n'était pas inappropriée, mais formait une bonne toile de fond pour ces moments cruciaux.

XX

COMPOSITEURS MORTS

J'ai une grande bibliothèque d'œuvres musicales. Il a été commencé par mon père en 1857 et contient de nombreuses partitions de compositeurs de cette période, qui lui ont été envoyées pour première exécution en Allemagne. Il l'a considérablement enrichi au cours de ses treize années en Amérique en tant que fondateur et chef d'orchestre des Sociétés de Symphonie et d'Oratorio, et je l'ai encore élargi depuis que je suis devenu chef d'orchestre de ces deux organisations. Ma bibliothèque représente désormais virtuellement tout le développement symphonique jusqu'à nos jours, et en parcourant mon catalogue, je suis étonné du nombre de compositeurs morts qu'il contient. Je n'entends pas par là ceux qui sont décédés, mais ceux qui étaient autrefois célèbres et salués comme grands, mais dont les œuvres sont maintenant oubliées et ne reposent sans être dérangées que sur des étagères poussiéreuses comme la mienne, car aucun effort ni aucun art de ménagère n'empêcheront la poussière de s'échapper. s'infiltrant dans les étagères d'une bibliothèque de New York !

Pour citer par ordre alphabétique quelques-uns de ces compositeurs « morts » : qui joue désormais les ouvertures de « La Muette de Portici » et de « Fra Diavolo » d'Auber ? Pourtant, ils figuraient fréquemment dans mes programmes populaires il y a trente ans, et les deux opéras méritent plus qu'une reconnaissance passagère. Le premier fut un coup de génie dans lequel le banal Auber atteint de véritables sommets. L'héroïne est une fille muette, une prima donna sans voix, mais représentée de manière très dramatique par l'orchestre, et l'atmosphère d'un peuple luttant pour la liberté imprègne toute l'histoire. « Fra Diavolo » est un délicieux opéra-comique. Le seul problème est que la musique est trop bonne pour le public abjectement ennuyeux qui fréquente désormais nos théâtres et veut voir un « spectacle musical ». Son intrigue est délicieusement cohérente, ce qui est une autre raison de la considérer avec défaveur aujourd'hui ; mais j'ai toujours regretté le Nemesis qui triomphe *de Fra Diavolo* au dernier acte. Ce charmant voleur s'est tellement fait aimer de nous qu'il devrait être autorisé à s'échapper à la fin, afin que le public puisse vivre dans l'espoir de nouvelles farces et méfaits de sa part.

Il y a trente ans, j'ai donné la première représentation en Amérique d'une « Symphonie en ré mineur » d'Anton Bruckner. C'était un homme avec un cerveau de paysan mais une âme de vrai musicien et doté d'un merveilleux don pour l'improvisation, même s'il était intellectuellement incapable de développer et d'équilibrer correctement ses thèmes. Une fête bruyante à Vienne voulait, à l'époque, acclamer ce disciple de Wagner comme un génie, pour contrecarrer l'admiration sans cesse croissante pour Brahms, et plus récemment des chefs d'orchestre aussi éminents que Mahler ont tenté de populariser les symphonies de Bruckner, mais ils n'ont jamais gagné. une emprise permanente sur notre public. Plusieurs années après avoir interprété sa « Symphonie en ré », j'étais à Berlin et Siegfried Ochs, le chef du célèbre chœur philharmonique, a amené à ma table du Kaiserhof un petit homme chauve de plus de soixante-dix ans. Quand je lui ai été présenté, il m'a soudainement saisi la main et m'a dit : « Vous êtes le M. Damrosch qui a donné ma symphonie en Amérique ! il se mit, à mon grand embarras, à couvrir ma main de baisers.

Vienne regorge d'histoires sur sa douceur et sa modestie enfantines. Hans Richter l'invita un jour à diriger une de ses propres symphonies avec le célèbre orchestre de la Société viennoise des amis de la musique. Lors de la répétition, il se tenait sur la tribune du chef d'orchestre, un bâton à la main, avec un sourire béat sur le visage. L'orchestre était prêt à commencer, mais il ne voulut pas lever son bâton pour donner le signal. Finalement Rosé, le maître de concert, lui dit : « Nous sommes tout à fait prêts. Commencez, Herr Bruckner. "Oh, non," répondit-il. « Après vous, messieurs !

A cette époque, il reçut également l'ordre de se présenter devant le vieil empereur François-Joseph pour recevoir une décoration. Après qu'il eut été décoré, l'Empereur se tourna vers lui et lui dit très gentiment : « Herr Bruckner, puis-je faire autre chose pour vous ? Bruckner répondit d'une voix tremblante : « Ne voudriez-vous pas, s'il vous plaît, parler à M. Hanslick (le célèbre critique musical de Vienne) pour qu'il ne fasse pas de critiques aussi méchantes sur mes symphonies ?

À l'époque de mon père, l'ouverture de « Anacréon » de Cherubini occupait une place fréquente et honorable dans ses programmes. Un public moderne le voterait trop sec et démodé.

La musique de Niels W. Gade était une des préférées de nos grands-pères et grands-mères, mais elle est insupportable aujourd'hui.

Une nouvelle composition orchestrale de Carl Goldmark était attendue avec impatience, il y a quarante ans, et il y avait une grande rivalité entre mon père et Theodore Thomas pour savoir qui aurait le privilège de l'interpréter en premier. On se délectait autrefois de son « orchestration exotique et luxuriante », mais aujourd'hui ses couleurs se sont estompées devant les plus grandes gloires de Strauss, de Debussy et de Ravel, et seule sa « Symphonie rustique » figure occasionnellement à nos programmes.

Durant la deuxième année de l'opéra allemand au Metropolitan, la « Reine de Saba » de Goldmark connut un succès qui égalait celui des opéras de Wagner. Le temple de Salomon peint en or, les rituels juifs, les harmonies orientales et la naïve surprise du public en voyant des personnages bibliques sur une scène d'opéra moderne, tout concourt à faire de l'œuvre un succès sensationnel. Aujourd'hui, il a complètement disparu du répertoire des opéras européens et américains.

Le sort de Franz Liszt en tant que compositeur est encore plus tragique car il est en partie immérité. Il a créé la forme du poème symphonique, mais ceux qui lui ont succédé l'ont tellement développée qu'ils laissent ses œuvres quelque peu submergées. J'ai toujours une grande admiration pour sa Symphonie « Faust », mais ni moi ni d'autres de mes collègues qui partagent cette admiration n'avons réussi à rendre cette œuvre réellement populaire auprès du grand public. Ses Symphonies « Dante », « Festklänge » et « Orphée » sont encore moins jouées en public, et son « Ce qu'on entend sur les montagnes » n'a jamais été joué ici à ma connaissance. Mais « Les Préludes » et les deux Concertos pour piano, au contraire, sont toujours joués *ad nauseam*
.

Les symphonies de Gustav Mahler n'ont jamais reçu ici une véritable reconnaissance, bien qu'il ait été une apparition très intéressante dans le domaine musical. Il était un musicien profond et l'un des meilleurs chefs d'orchestre d'Europe, et il est possible que, dans cette dernière qualité, il se soit occupé si intensément et constamment de l'analyse et de l'interprétation des œuvres des grands maîtres qu'il a perdu le pouvoir de se développer. en tant que compositeur sur des lignes originales. Il a composé toute sa vie, mais ses moments de vraie beauté sont trop rares, et l'auditeur doit parcourir des pages de vide morne qu'aucun lien artificiel avec des idées philosophiques ne peut remplir d'une réelle importance. L'agitation fébrile caractéristique de l'homme se reflète dans sa musique, qui est de caractère fragmentaire et manque de continuité de pensée et de développement. Il pouvait écrire intelligemment dans le style de Haydn, de Berlioz ou de Wagner, sans oublier Beethoven, mais il n'a jamais été capable d'écrire dans le style de Mahler.

Parmi tous les plus grands compositeurs des cent dernières années, aucun n'a été tué plus souvent que Mendelssohn, et pourtant il semble toujours revenir avec une nouvelle renaissance. Sa musique pour « Athalie », sa Symphonie « Réforme », ses ouvertures pour « Mélusine » et « Ruy Blas » sont mortes comme un clou de porte, mais son Concerto pour violon reste l'exemple le plus parfait du genre, son « Midsummer Night's Dream », la meilleure musique de scène jamais conçue pour une pièce shakespearienne, son « Elijah » l'oratorio le plus dramatique jamais écrit, et les Symphonies écossaises et italiennes possèdent toujours un charme délicieux et éternel.

Les œuvres de Meyerbeer, au contraire, ont à juste titre disparu même de nos programmes populaires. Ces « Danses aux flambeaux » vides et la vulgaire musique de ballet du Prophète ! J'avoue cependant que j'ai toujours un penchant sournois pour la « Marche du Couronnement », peut-être parce que j'ai dû la diriger tant de fois au Metropolitan, lorsque j'ai commencé à y diriger les opéras. Que le même homme qui a écrit le glorieux quatrième acte des Huguenots ait pu se contenter des bêtises vides de sens qui prédominent pendant le reste de cet opéra, est un des mystères éternels.

Il y a une trentaine d'années, Moritz Moszkowski était l'un des compositeurs les plus populaires de l'époque, en particulier pour le piano, mais les oreilles modernes n'ont que peu d'utilité pour son charme délicat, bien qu'évanescent, et ses suites orchestrales sont rarement entendues aujourd'hui. Il vit à Paris depuis de nombreuses années et a beaucoup souffert pendant la guerre. L'âge avancé et une longue maladie l'avaient laissé très faible, et il semblait presque que le monde musical dans lequel il avait été une figure si populaire l'avait complètement oublié.

Mais l'hiver dernier, Ernest Schelling, l'un de nos meilleurs pianistes américains et un vieil ami de Moszkowski, a eu l'heureuse idée de donner en son honneur un concert témoignage, qui devrait être tout à fait original. Lui et son distingué collègue Harold Bauer s'assurèrent donc la coopération de douze autres pianistes célèbres qui étaient en Amérique pendant l'hiver. Cette liste, vraiment remarquable, comprenait Elly Ney, Ignaz Friedman, Ossip Gabrilowitsch, Rudolph Ganz, Leopold Godowsky, Percy Grainger, Ernest Hutcheson, Alexander Lambert, Josef Lhevinne, Yolanda Mero, Germaine Schnitzer et Sigismond Stojowski.

M. Flagler a proposé les services de notre orchestre, mais comme la scène devait être entièrement remplie de quatorze pianos à queue, il n'y avait pas de place pour un orchestre, et j'ai dû me contenter de la possibilité d'être engagé comme déménageur de pianos, car j'avais envie de prendre part à l'affaire à quelque titre que ce soit. Cependant, le matin avant le concert, j'ai reçu un appel téléphonique SOS précipité d'Ernest Schelling. Il a déclaré : « S'il vous plaît, venez immédiatement chez Steinway et aidez-nous. Les quatorze pianistes sont tous là pour répéter. Nous avons prévu que plusieurs compositions soient jouées par nous tous, mais hélas, chacune a sa propre interprétation et rien ne semble nous faire jouer ensemble. Nous avons besoin d'un chef d'orchestre !

Quand je suis arrivé dans la salle de répétition, la confusion était en effet indescriptible et il a fallu un certain temps pour mettre de l'ordre dans le chaos. Il y avait là quatorze des plus grands pianistes du monde, véritables prima donnas du piano, mais plusieurs n'avaient jamais appris à s'adapter pour jouer ensemble dans un but musical commun, et lorsque j'ai frappé sur mon stand pour obtenir le silence afin de commencer les « Danses espagnoles » de Moszkowski, au moins cinq ou six ont continué leurs improvisations infernales, leurs jeux de gammes et leurs feux d'artifice pianistiques. Par des mesures héroïques, je produisis peu à peu un semblant d'ordre et donnai le signal du début de la musique. L'effet était extraordinaire ! Plusieurs de ces pianistes n'avaient jamais suivi le rythme d'un chef d'orchestre, et après les dix premières mesures, deux d'entre eux se sont précipités vers moi, l'un s'exclamant violemment que le tempo était trop rapide, et l'autre insistant avec la même véhémence qu'il était trop lent. Finalement, j'obtins le silence et dis à mon orchestre pianistique qu'ils étaient sans aucun doute les quatorze plus grands pianistes du monde et que l'interprétation de chacun d'eux était sans doute également la plus grande du monde, mais comme ils représentaient quatorze grades et degrés différents, nuances d'interprétation, j'avais l'intention de prendre les choses en main et ils n'auraient qu'à suivre mon rythme, qu'ils aiment ou non mon tempo. Cela fut accueilli par un rugissement d'approbation, et nous nous attelâmes maintenant au travail de répétition aussi solennellement que si ces prima donnas des ivoires étaient des musiciens d'orchestre et des membres réguliers de l'Union Musicale de New York. L'ordre a suivi l'anarchie, et les résultats obtenus n'étaient pas dénués d' un plus grand intérêt artistique, d'autant plus que j'ai détaillé des musiciens aussi accomplis et routiniers que Harold Bauer, Ernest Schelling et Ossip Gabrilowitsch utiliser leur propre discrétion pour « orchestrer » les « Danses ». Gabrilowitsch, par exemple, se réservait l'entrée des « cuivres » ; Bauer a investi certaines des parties les plus délicates avec des séquences agiles de flûtes et de clarinettes, tandis que Schelling a imité les timbales et les cymbales avec un effet passionnant.

Carnegie Hall était bondé et le public plongé dans un vent de bonheur lors d'un déroulement très original. La scène était tellement remplie de quatorze immenses pianos que, après m'être faufilé parmi eux pour présenter Mme. Alma Gluck, qui devait vendre aux enchères l'un des programmes, j'ai dit que ce dont ce concert avait évidemment le plus besoin n'était pas un chef d'orchestre mais un agent de la circulation.

L'aspect le plus artistique du programme a peut-être été la représentation des « Scènes de carnaval » de Schumann, dans lesquelles chaque petit mouvement représente une figure distincte du carnaval. Les quatorze pianistes ont tiré au sort lequel devait jouer quoi. L'introduction a été jouée par tous, mais après cela, dans une succession kaléidoscopique rapide, les différents personnages du carnaval dansaient équitablement de la scène vers le public, alors qu'un pianiste d'un côté de la scène commençait, suivi d'un autre de l'autre côté, et bientôt. Ce fut une occasion des plus remarquables de comparer les caractéristiques interprétatives des différents pianistes.

Les recettes furent considérablement gonflées par la vente aux enchères de programmes et de photographies dédicacées de Moszkowski, et quinze mille dollars furent le résultat d'un divertissement vraiment unique dans l'histoire de la musique.

Le compositeur symphonique moderne le plus populaire des années 70 était Joachim Raff. C'était un jeune Suisse qui, sans un centime en poche, avait parcouru des kilomètres à pied depuis son petit village pour entendre Liszt jouer lors d'un concert à Zurich. Liszt s'intéresse à son talent incontestable et l'emmène avec lui à Weimar comme secrétaire musical. Raff, von Bülow et mon père sont devenus de grands amis. Mais alors que tout le monde s'attendait à ce que Raff demeure un véritable disciple de Liszt et écrive dans le style révolutionnaire de son maître, il se détourne peu à peu de lui et s'appuie de plus en plus sur les modèles classiques, même si dans plusieurs de ses symphonies il conserve le style lisztien. idée de musique à programme. À mesure qu'il grandissait, son conservatisme devenait de plus en plus marqué. Il était d'une grande facilité et exécutait des œuvres dans toutes les formes connues de musique, et sa vanité lui faisait peu à peu croire que ses quatuors à cordes étaient égaux à ceux de Mozart, ses symphonies à celles de Beethoven et ses oratorios à ceux de Haendel et de Mendelssohn. Sa fécondité était étonnante, mais sa plume était trop fluide pour une réelle profondeur musicale. Cependant, il n'y a pratiquement pas eu d'hiver où Théodore Thomas ou mon père n'ont pas interprété « Im Wald e » ou la très programmatique Symphonie « Lenore ». Cette œuvre, dont le dernier mouvement suit de près et de façon dramatique la célèbre ballade de Burger, jouit d'une énorme popularité et est parfois interprétée par nous aujourd'hui, mais en général, le nom de Raff n'a que peu de signification pour les spectateurs modernes.

Mais la plus grande tragédie de toutes fut peut-être Anton Rubinstein, qui devint, après Liszt, le plus grand virtuose du piano au monde. Le monde l'a fêté, l'a gâté et l'a rassasié d'adulation. Tout cela ne lui apportait aucune satisfaction. Il était dévoré par l'ambition d'être considéré comme un grand compositeur et écrivait sans cesse, sans jamais critiquer ce qu'il écrivait. Sa Symphonie « Océan » jouissait d'une immense popularité à New York il y a cinquante ans, mais aujourd'hui personne ne veut l'écouter. Son «Concerto en ré mineur» a été joué *ad nauseam* par tous les pianistes, mais il est aujourd'hui usé jusqu'à la corde et effiloché sur les bords. Seule la maîtrise suprême d'un Josef Hofmann peut rendre son « Concerto en sol majeur » supportable et masquer son vide musical. Il écrivit opéra sur opéra dans un désir fiévreux d'éclipser Wagner, qu'il détestait et dont il enviait la popularité, et après que « Parsifal » eut été proclamé à Bayreuth « pièce de théâtre sacrée du festival », il entreprit immédiatement d'écrire un opéra sur la vie du Christ, qui est si ennuyeuse et peu convaincante qu'elle n'a pratiquement jamais été représentée nulle part.

Sa popularité personnelle était si grande que Pollini, l'astucieux directeur de l'Opéra de Hambourg, avait l'habitude de monter occasionnellement un de ses opéras à condition qu'il vienne lui-même à Hambourg pour diriger la représentation d'ouverture. Sa présence assurerait une salle bondée.

Lors de la dernière répétition d'un de ces opéras, Rubinstein était si satisfait du travail de l'orchestre qu'il se tourna vers eux et leur dit : « Messieurs, si mon opéra est un succès, vous devez tous venir à mon hôtel après la représentation pour un verre de champagne. souper." Malheureusement, l'opéra fut un véritable gel et le public si peu démonstratif que Rubinstein, absolument dégoûté, posa le bâton après le deuxième acte et, ordonnant au chef d'orchestre local de terminer l'opéra, retourna tristement à son hôtel et se coucha. A onze heures, on frappa à sa porte. "Qui est-ce?" » cria-t-il avec une grande irritation. "C'est moi, Herr Rubinstein, le contrebassiste de l'orchestre de l'opéra." "Que veux-tu?" "Je suis venu pour le dîner au champagne." "Quelle absurdité!" ragea Rubinstein. "L'opéra a été un échec cuisant." "Eh bien, Herr Rubinstein", répondit le contrebassiste assoiffé et intrépide, " *j'ai* aimé ça!"

La disparition des symphonies de Schumann des programmes de concerts est due au fait qu'il n'a jamais été à l'aise pour écrire pour l'orchestre. Son instrumentation est si épaisse et si turgescente qu'elle provoque le désespoir des chefs d'orchestre. Une grande partie de la musique est exquise, mais elle est comme un joyau précieux noyé dans une substance étrangère que les chefs tentent en vain de supprimer en modifiant la dynamique de tel ou tel instrument, ou en supprimant un dédoublement inutile de certaines harmonies. Mais tous ces appareils ne peuvent pas faire grand-chose. Des mesures plus héroïques sont nécessaires , et j'ai été très intéressé l'été dernier lorsque Sir Edward Elgar m'a demandé ce que je penserais de sa réorchestration délibérée d'une symphonie entière de Schumann. J'ai chaleureusement applaudi une telle idée et je l'ai prié de la mettre à exécution au plus vite, car il n'y a peut-être personne aujourd'hui qui connaisse mieux les couleurs de l'orchestre et qui sache produire les nuances les plus subtiles dans le mélange des différents instruments. Entre-temps, Frederick Stock, le célèbre chef d'orchestre de l'Orchestre de Chicago, a pris le taureau par les cornes et a écrit une nouvelle orchestration de la « Symphonie rhénane » de Schumann que j'espère produire cet hiver.

Les marches de Sousa sont-elles jouées de nos jours ? Ils devraient être. Elles sont meilleures que les marches militaires européennes d'aujourd'hui, et bien qu'on ne puisse pas les classer dans la catégorie des efforts musicaux supérieurs, ce sont les seules compositions américaines de valeur musicale qui se soient propagées triomphalement dans le monde entier.

Richard Strauss, qui était il y a vingt-cinq ans la star la plus intéressante du firmament musical, a vécu assez longtemps pour avoir survécu à une partie de sa popularité. Il n'a jamais créé de forme musicale, mais a pris comme modèles le poème symphonique de Liszt et le drame musical de Wagner. Son travail est infiniment plus grand que celui de Liszt, son contrepoint prodigieux par son audace, et dans son traitement de l'orchestre, il transcende parfois même Wagner dans l'originalité de ses combinaisons orchestrales. Mais ses compositions n'ont pas l'idéalité de l'un ou l'autre de ces maîtres, et pour cette raison et malgré son merveilleux attirail, ses œuvres semblent porter en elles les germes de leur propre décadence.

Les dieux ont peut-être doté cet homme à sa naissance plus richement que n'importe quel autre musicien de notre temps, mais quelque chose en lui l'a fait renoncer au plus grand de leurs dons et l'a tourné vers des idéaux moins purs. Dans la « Sinfonia Domestica », la vie quotidienne du mari, de la femme et du bébé est caractérisée par un orchestre de cent dix musiciens avec une fureur si bruyante et une prose si réaliste qu'elle donne un aperçu totalement déformé de ce qui est censé être une page du journal du compositeur. Mais la musique qui décrit le compositeur qui, après ces effroyables querelles domestiques, se retire dans son atelier, allume sa lampe et commence à communiquer avec sa muse, est si belle qu'elle nous remplit d'un profond regret qu'un homme si ailé pour s'enfuir dans l'éther devrait être si content de marcher sur la terre.

Les dispositifs instrumentaux qui retracent l'aventure *de Don Quichotte* avec le mouton et son combat avec le moulin à vent, qui provoquèrent tant d'étonnement et d'admiration lors de leur première écoute, ont déjà perdu leur effet et sont écoutés aujourd'hui sans sourire. La scène finale, cependant, représentant la mort de *Don Quichotte* , est si belle et si tragique dans son expression qu'elle fait pleurer l'auditeur. Le « Heldenleben » est pour moi une œuvre de vide grandiloquent et bruyant du début à la fin, et on pourrait la qualifier de typique de certains courants allemands d'aujourd'hui. Il serait cependant manifestement injuste de la qualifier de typiquement allemande, car une race qui a produit Bach, Mozart, Beethoven et Wagner trouvera sûrement d'autres hommes pour perpétuer ses glorieuses traditions.

La renommée d'un compositeur ne s'affirme pas par les musiciens professionnels mais par le grand public dont le jugement est finalement infaillible. Un grand chef-d'œuvre qui n'est pas détruit finira toujours par être reconnu comme tel, que, comme la « Vénus de Milo », il soit resté caché pendant des siècles sous la terre ou, comme la « Passion selon Matthieu » de Bach, également caché dans les étagères poussiéreuses. de la Bibliothèque royale de Berlin, qui sera redécouverte par Mendelssohn et considérée comme la plus grande œuvre chorale religieuse jamais écrite.

Les deux œuvres de Strauss qui ont conservé leur popularité auprès du public sont sans doute ses meilleures, car leurs exigences ne font pas appel à des qualités qu'il ne possède pas ou qu'il n'a pas cherché à développer. Dans «Till

Eulenspiegel», le talent de Strauss pour le réalisme mordant trouve sa pleine expression. Les farces sauvages d' *Eulenspiegel* se succèdent dans un humour fou et cynique, et, sous la forme limitée d'une musique à programme, l'œuvre est sans faille.

Sa « Salomé » s'unit aussi parfaitement à la merveilleuse pièce d'Oscar Wilde que les « Péléas » et « Mélisande » de Maeterlinck et Debussy. Dans les deux cas, les compositeurs se sont tellement imprégnés de l'esprit du poème qu'ils en rehaussent la beauté. Mais malgré toute mon admiration pour « Salomé », je n'ai jamais pu assister à la scène finale sans un sentiment de dégoût, allant parfois jusqu'à la nausée physique. Quand *Salomé* chante son horrible musique d'amour à la tête de *Jean-Baptiste,* cela m'a toujours semblé une parodie du glorieux final de « Tristan et Isolde ».

J'ai parlé dans un autre chapitre de la visite de Tchaïkovski en Amérique en 1891 en tant qu'invité de la Symphony Society. Pendant vingt-cinq ans, sa popularité fut énorme et la simple annonce de sa « Symphonie Pathétique » suffisait à attirer une salle comble. Ses symphonies figuraient plus souvent dans nos programmes de concerts que celles de tout autre compositeur. Ils ont une force rythmique et élémentaire qui séduit même les non-musiciens, mais on remarque aujourd'hui une nette diminution de cette popularité. Il y a un manque de véritable développement symphonique de ses thèmes, et certaines grossièretés de fabrication ressortent plus clairement à mesure que les œuvres deviennent plus connues. Les jeunes chefs d'orchestre, avides d'applaudissements immédiats et bon marché, choisissent encore pour leurs débuts une de ses symphonies, et le charme mélodique de sa musique plus légère, s'il n'est pas entendu trop souvent, conservera encore longtemps sa place dans l'affection de notre public.

Et maintenant nous arrivons au plus grand génie du XIXe siècle : Richard Wagner. "Quoi!" s'exclame mon lecteur. « Le considérez-vous comme mort ? Dieu pardonne! Les ailes de son génie planent encore dans l'éther, mais il ne fait aucun doute que l'attitude du monde d'aujourd'hui à l'égard de sa musique est absolument différente de celle d'il y a cinquante ou soixante ans, lorsqu'il électrisa ou exaspéra pour la première fois un public. , émerveillé par ses innovations audacieuses. L'inévitable s'est produit : Wagner est devenu un « classique ».

J'avais quinze ans lorsque j'ai entendu la première représentation de « Lohengrin » à l'ancienne Académie de Musique. L'opéra a été chanté en italien avec Italo Campanini dans le rôle *de Lohengrin* , Valeria dans le rôle d' *Elsa* et notre propre Anne Louise Cary dans le rôle d' *Ortrude* . Le chef d'orchestre était le vieux Luigi Arditi. J'étais assis au premier rang dans le cercle familial et j'étais tellement excité par le drame et la musique qu'à la fin du double chœur d'hommes - qui accompagne l'approche de *Lohengrin* dans la barque tirée par le cygne en tant que libérateur envoyé de Dieu d' *Elsa* - les larmes coulaient sur mes joues. Mais c'étaient des larmes de joie et un soulagement naturel de la tension que la musique avait créée en moi.

Chaque opéra ultérieur de Wagner fut une révélation similaire. J'ai étudié les partitions de la « Trilogie des Nibelungen » pendant chaque heure qui me restait du travail scolaire et de la pratique du piano. En fait, je volais souvent du temps à ces derniers et j'aurais volontiers abandonné toute mon école si mes parents ne m'avaient pas très bien gardé à ma place. Plus tard, la création de la Damrosch Opera Company, dans le seul but de produire des opéras de Wagner, m'a semblé une nécessité intérieure et j'y ai été poussé par une force plus forte que moi. Pendant des années, un programme de Wagner, que ce soit lors d'un concert symphonique à New York, ou en Oklahoma lors d'une tournée occidentale, ou lors des concerts d'été de Willow Grove, a attiré le plus grand public, et les mêmes extraits orchestraux ont été répétés par moi et d'autres chefs d'orchestre. année après année et accueilli par notre public avec un enthousiasme enthousiaste. Aujourd'hui, l'étonnement que provoquait sa musique n'est plus apparent. Il est admiré et aimé, mais les nerfs de la jeune génération ne sont pas excités par ses harmonies comme l'étaient les nôtres. Ses ouvrages reposent sur nos étagères reliés de maroquin et d'or et occupent des places d'honneur, mais, hélas, sur plusieurs d'entre eux la poussière commence à s'accumuler et beaucoup de jeunes d'aujourd'hui trouvent « Lohengrin » monotone et votent à l'unanimité. que le récit *de Tannhäuser* sur son pèlerinage à Rome est trop long.

Le temps et l'occupation continue de la musique de Wagner m'ont peut-être rendu plus critique et analytique, et je ne suis plus en accord complet et enthousiaste avec certaines de ses théories concernant le drame musical. Mais une grande partie de sa musique m'emporte encore, et son « Meistersinger » – qui est un compromis si heureux et si parfait entre l'opéra et la musique-drame – reste pour moi la plus grande œuvre musicale de notre époque.

J'ai parlé plus haut de la finalité du jugement du public sur la vitalité ultime d'une œuvre d'art. Les chefs d'orchestre ont eu leurs convictions personnelles et ont essayé de les imposer à notre public, mais à moins que ces convictions ne soient fondées sur une valeur réelle, le public les a finalement rejetées, consciemment ou inconsciemment. Parfois, des compositeurs indignes ont connu une popularité momentanée, mais ils sont nés pour danser au soleil un jour et mourir ensuite.

Mes parties orchestrales des symphonies de Beethoven, Mozart et Brahms sont anciennes et usées par de nombreuses répétitions et représentations, et certaines d'entre elles ont été rafistolées et collées par mon bibliothécaire tellement de fois qu'elles ont dû être remplacées par de nouvelles. deux fois. Je les interprète depuis près de quarante ans, et les petits-enfants de mon public de 1885 les écoutent maintenant avec un égal bonheur. Il y a quelques années, j'ai découvert une jolie symphonie de Mozart, qui n'avait jamais été jouée à New York, et j'en étais aussi fier que s'il s'agissait de la quatrième dimension.

Les œuvres de ces maîtres sont élevées au-dessus de la mode du moment, et leurs créateurs nous sourient sereinement et éternellement du ciel où ils demeurent comme des dieux parmi les dieux.

FRITZ KREISLER, HAROLD BAUER, PABLO CASALS
ET WALTER DAMROSCH

XXI

POSTLUDE

Ces réminiscences commencèrent à New York en avril 1922 et se terminèrent en août suivant à Bar Harbor, dans le Maine. Mes amis m'avaient poussé depuis un certain temps à écrire mes expériences parce qu'ils pensaient que les événements nombreux et variés d'une longue vie musicale s'avéreraient intéressants pour les musiciens et les lecteurs américains en général.

Je ne sais pas. En relisant les pages précédentes des épreuves, je sens que de nombreux événements qui m'ont semblé d'une grande importance peuvent s'avérer une lecture ennuyeuse pour d'autres. Mais au moins j'ai essayé de raconter une histoire véridique et de rendre compte honnêtement de mes aspirations et de mes luttes.

J'ai gravi quelques collines, mais seulement pour voir les montagnes au-delà s'élever de plus en plus haut, le chemin vers le haut étant souvent indiscernable à travers les brumes entourant les sommets.

J'aime les gens parmi lesquels mon père s'est installé parce qu'il croyait fermement qu'en Amérique ses enfants auraient de plus grandes chances de développement que dans la vieille Europe.

Le domaine musical en Amérique est certainement merveilleux dans ses possibilités, et toute ma vie, j'ai tendu la main à deux mains et j'ai travaillé sans cesse et avec enthousiasme dans ma vocation. J'ai essayé, au moins en partie, de rembourser ce que je dois à mes compatriotes pour leur confiance et leur aide. Mais le pouvoir de l'individu est relativement petit, et même si nos musiciens ont déjà accompli des miracles au cours de la courte période pendant laquelle la musique a joué un rôle dans notre civilisation, il reste encore tellement à faire que j'aspire à au moins cent années supplémentaires de vie, en partie pour continuer mon travail mais plus encore pour satisfaire ma vive curiosité quant à l'avenir musical de notre peuple.

Si ce livre sert à encourager mes jeunes collègues dans leurs efforts pour accroître l'amour et l'appréciation de la musique dans notre pays, il n'a pas été écrit en vain.
